解读

最高人民法院司法指导性文件

商事卷

人民法院出版社　编

人民法院出版社

图书在版编目（CIP）数据

解读最高人民法院司法指导性文件．商事卷/人民法院出版社编．—北京：人民法院出版社，2019.5
ISBN 978-7-5109-2537-5

Ⅰ.①解…　Ⅱ.①人…　Ⅲ.①商法—法律解释—汇编—中国　Ⅳ.①D920.5

中国版本图书馆 CIP 数据核字（2019）第 087836 号

解读最高人民法院司法指导性文件　商事卷
人民法院出版社　编

责任编辑	王　婷　　**执行编辑**　陈　思
出版发行	人民法院出版社
地　　址	北京市东城区东交民巷 27 号（100745）
电　　话	（010）67550596（责任编辑）　67550558（发行部查询） 65223677（读者服务部）
客 服 QQ	2092078039
网　　址	http://www.courtbook.com.cn
E - mail	courtpress@sohu.com
印　　刷	三河市国英印务有限公司
经　　销	新华书店
开　　本	787×1092 毫米　1/16
字　　数	335 千字
印　　张	17.25
版　　次	2019 年 5 月第 1 版　2019 年 5 月第 1 次印刷
书　　号	ISBN 978-7-5109-2537-5
定　　价	52.00 元

编辑出版说明

最高人民法院司法指导性文件是除司法解释以及司法行政管理、人事管理类文件之外的，涉及法律适用问题的司法文件。根据最高人民法院周强院长主编的《最高人民法院司法解释汇编（1949～2013）》一书的界定和分类，1997 年 4 月 1 日以后，最高人民法院或者最高人民法院有关部门单独以及联合其他有关部门发布的涉及法律适用问题但不是以“法释”字编号的规范性文件；1997 年 4 月 1 日以前，最高人民法院或者最高人民法院有关部门仅针对某一具体案件的个案答复，以及由外单位牵头、最高人民法院会签的文件，最高人民法院重要工作会议领导讲话和会议纪要等文件，均属于此类。

司法指导性文件虽然不属于司法解释，不能在人民法院裁判文书中援引作为裁判依据，但公认对各级人民法院审判执行工作具有重要的指导意义。

本书精选最高人民法院近年来制发的司法指导性文件，涵盖“意见”“决定”“纪要”“通知”“讲话”等不同文体种类。为便于读者准确理解，对部分司法指导性文件约请司法指导性文件的起草人撰写对该指导性文件内容及背景加以分析和阐述的解读性文章。本书共分为六卷，即综合卷、刑事卷、民事卷、商事卷、知识产权·行政卷、民事诉讼卷。

本书的特点：1. 权威。司法指导性文件的来源权威准确，现行有效。解读性文章也均由司法指导性文件起草人撰写，从中可以了解最高人民法院对一些法律问题的司法政策、观点。2. 全面。几乎涵盖了近年来最高人民法院作出的全部现行有效的司法指导性文件。3. 实用。分类清楚，方便读者查检使用。

本书同我社的《解读最高人民法院司法解释（含指导性案例）》《解读最高人民法院司法复函》共同构成了“解读最高人民法院司法文件书系”，其各有侧重、互为补充、相得益彰，是审判人员在审判实践中可资参考的工具书，也可供律师、仲裁员等办案时参考使用。本书此次再版，与《解读最高人民法院司法解释（含指导性案例）》《解读最高人民法院司法复函》首次一齐推出。使用本书时，应注意国家最新公布的法律和最高人民法院最新颁布的司法解释，凡与前者有抵触的，应以前者为准。

本卷收录商事方面的司法指导性文件共36件。

人民法院出版社

2019年5月

总 目 录

第一编 商 事

第二编 海商 海事

目　录

第一编　商　事

（一）综　合

（二）公司、企业

（三）企业破产

（四）商事合同

（五）不良资产转让

第二编　海商　海事

（一）海商　海事

（二）海事诉讼程序

第一编　商　事

（一）综　　合

最高人民法院
印发《关于人民法院为防范化解金融风险和推进金融改革发展提供司法保障的指导意见》的通知

2012年2月10日　　　　法发〔2012〕3号

各省、自治区、直辖市高级人民法院，解放军军事法院，新疆维吾尔自治区高级人民法院生产建设兵团分院：

现将最高人民法院《关于人民法院为防范化解金融风险和推进金融改革发展提供司法保障的指导意见》印发给你们，请认真贯彻执行。

附：

关于人民法院为防范化解金融风险和推进金融改革发展提供司法保障的指导意见

随着经济发展方式转变和结构调整，我国经济社会发展对金融改革和发展提出了更高的要求。国际金融危机使世界经济金融格局发生深刻变化，我国经济和金融开放程度不断提高，金融风险隐患也在积聚。中央经济工作会议和第四次全国金融工作会议提出了今后一个时期我国金融工作的总体要求，突出强调要显著增强我国金融业综合实力、国际竞争力和抗风险能力，全面推动金融改革、开放和发展。规范金融秩序，防范金融风险，推动金融改革，支持金融创新，维护金融安全，不仅是今后一个时期金融改革发展的主要任务，也是人民法院为国家全面推进金融改革发展提供司法保障的重要方面。各级人民法院要充分认识为防范化解金融风险和推进金融改革发展提供司法保障的重要性和紧迫性，充分发挥审判职能作用，深化能动司法，把握好“稳中求进”的工作总基调，为全面推进金融改革发展，保障实体经济平稳健康发展提供有力的司法保障。

一、制裁金融违法犯罪，积极防范化解金融风险

金融风险突发性强、波及面广、危害性大，积极防范化解金融风险是金融工作的生命线。各级人民法院必须充分认识当前国际金融局势的复杂性以及国内金融领域的突出问题和潜在风险，通过审判工作严厉打击金融犯罪活动，制裁金融违法行为，防范化解金融风险，保障国家金融改革发展任务的顺利进行。

1. 依法惩治金融犯罪活动。各级人民法院要充分发挥刑事审判职能，依法惩治金融领域的犯罪行为。要依法审理贷款、票据、信用证、信用卡、有价证券、保险合同方面的金融诈骗案件，加大对操纵市场、欺诈上市、内幕交易、虚假披露等行为的刑事打击力度，切实维护金融秩序。要通过对非法集资案件的审判，依法惩治集资诈骗、非法吸收或变相吸收公众存款、传销等经济犯罪行为，以及插手民间借贷金融活动的黑社会性质组织犯罪及其他暴力性犯罪，维护金融秩序和人民群众的财产安全。要依法审判洗钱、伪造货币、贩运伪造的货币，逃汇套汇、伪造变造金融凭证等刑事案件，努力挽回经济损失。

2. 依法制裁金融违法行为。各级人民法院在审理金融民商事纠纷案件中，要注意其中的高利贷、非法集资、非法借贷拆借、非法外汇买卖、非法典当、非法发行证券等金融违法行为；发现犯罪线索的，依法及时移送有关侦查机关。对于可能影响社会稳定的金融纠纷案件，要及时与政府和有关部门沟通协调，积极配合做好处理突发事件的预案，防范少数不法人员煽动、组织群体性和突发性事件而引发新的社会矛盾。

3. 支持清理整顿交易场所。各级人民法院要根据国务院《关于清理整顿各类交易场所切实防范金融风险的决定》（国发〔2011〕38 号）精神，高度重视各类交易场所违法交易活动中蕴藏的金融风险，对于“清理整顿各类交易场所部际联席会议”所提出的工作部署和政策界限，要予以充分尊重，积极支持政府部门推进清理整顿交易场所和规范金融市场秩序的工作。要审慎受理和审理相关纠纷案件，防范系统性和区域性金融风险，维护社会稳定。

4. 切实防范系统金融风险。各级人民法院要妥善审理因民间借贷、企业资金链断裂、中小企业倒闭、证券市场操纵和虚假披露等引发的纠纷案件，发现有引发全局性、系统性风险可能的，及时向公安、检察、金融监管、工商等部门通报情况。要正确适用司法强制措施，与政府相关部门一道统筹协调相关案件的处理，防止金融风险扩散蔓延。要加强对融资性担保公司、典当行、小

额贷款公司、理财咨询公司等市场主体融资交易的调研和妥善审理相关纠纷案件，规范融资担保和典当等融资行为，切实防范融资担保风险向金融风险的转化。要依法审理地方政府举债融资活动中出现的违规担保纠纷，依法规范借贷和担保各方行为，避免财政金融风险传递波及。要加强与银行、证券、保险等金融监管部门的协调配合，确有必要时，可建立相应的金融风险防范协同联动机制。

二、依法规范金融秩序，推动金融市场协调发展

金融市场的稳定运行和健康发展，直接关涉金融秩序和社会政治的稳定。各级人民法院要通过切实有效地开展好各类金融案件的审判工作，促进多层次金融市场体系建设，维护金融市场秩序，推动金融市场全面协调发展。

5. 保障信贷市场规范健康发展。各级人民法院要根据《最高人民法院关于依法妥善审理民间借贷纠纷案件，促进经济发展维护社会稳定的通知》的精神，妥善审理民间借贷等金融案件，保障民间借贷对正规金融的积极补充作用。要依法认定民间借贷合同的效力，保护合法的民间借贷法律关系，提高资金使用效率，推动中小微企业“融资难、融资贵”问题的解决。要依法保护合法的借贷利息，遏制民间融资中的高利贷化和投机化倾向，规范和引导民间融资健康发展。要高度重视和妥善审理涉及地下钱庄纠纷案件，严厉制裁地下钱庄违法行为，遏制资金游离于金融监管之外，维护安全稳定的信贷市场秩序。

6. 保障证券期货市场稳定发展。各级人民法院要从保护证券期货市场投资人合法权益、维护市场公开公平公正的交易秩序出发，积极研究和妥善审理因证券机构、上市公司、投资机构内幕交易、操纵市场、欺诈上市、虚假披露等违法违规行为引发的民商事纠纷案件，消除危害我国证券期货市场秩序和社会稳定的严重隐患。要妥善审理公司股票债券交易纠纷、国债交易纠纷、企业债券发行纠纷、证券代销和包销协议纠纷、证券回购合同纠纷、期货纠纷、上市公司收购纠纷等，保障证券期货等交易的安全进行。

7. 依法保障保险市场健康发展。各级人民法院要妥善审理因销售误导和理赔等引发的保险纠纷案件，规范保险市场秩序，推动保险服务水平的提高。要在保险合同纠纷案件审理中，注意协调依法保护投保人利益和平等保护市场各类主体、尊重保险的精算基础和保护特定被保险人利益、维护安全交易秩序和尊重便捷保险交易规则、防范道德风险和鼓励保险产品创新等多种关系，要积极支持保险行业协会等调处各类保险纠纷，维护保险业对经济社会发展的“助推器”和“稳定器”功能，促进保险业的健康持续发展。

8. 促进金融中介机构规范发展。各级人民法院在金融纠纷案件审理过程中，发现中介机构存在不实披露或不合理估价等违法违规情形的，应当及时向

金融监管部门通报相关情况，提高中介机构信息披露的透明度，加大会计机构对复杂金融产品信息的披露，强化中介机构对金融产品的合理估价。要妥善审理违法违规提供金融中介服务的纠纷案件，正确认定投资咨询机构、保荐机构、信用评级机构、保险公估机构、财务顾问、会计师事务所、律师事务所等中介机构的民事责任，努力推动各类投资中介机构规范健康发展。

9. 完善金融企业市场退出机制。各级人民法院要妥善审理金融企业的重整和破产案件，规范金融企业和投资者的行为，建立合理的金融企业市场退出机制，维护金融市场稳健运行，夯实金融市场规范发展的基础，为金融企业破产立法奠定扎实的实证基础。要以优化证券市场优胜劣汰机制为导向，根据国家关于稳步推进上市公司退市制度改革的部署，加强对上市公司破产案件的受理和审理的调研工作，不断提高审判能力，最大限度地保障投资者合法权益，保障上市公司破产重整过程规范有序，促进证券市场法制环境的不断优化。

三、依法保障金融债权，努力维护国家金融安全

金融安全关乎国家安全和社会和谐稳定。保障金融债权的实现程度，是衡量金融安全水平的重要因素。各级人民法院要自觉服从和服务于国家经济发展的大局，依法支持金融监管机构有效行使管理职能，担负起保护金融债权、维护国家金融安全的职责。

10. 妥善审理金融不良债权案件。金融不良债权的处置事关国家利益和金融改革，各级人民法院要继续按照《关于审理涉及金融资产管理公司收购、管理、处置国有银行不良贷款形成的案件适用法律若干问题的规定》和《关于审理涉及金融不良债权转让案件工作座谈会纪要》等司法解释和司法政策的规定和精神审理相关案件，保障国家金融债权顺利清收，防止追偿诉讼成为少数违法者牟取暴利的工具，依法维护国有资产安全。

11. 依法制裁逃废金融债务行为。在审理金融纠纷案件中，要坚持标准，认真把关，坚决依法制止那些企图通过诉讼逃债、消债等规避法律的行为。对弄虚作假、乘机逃废债务的，要严格追究当事人和相关责任人的法律责任，维护信贷秩序和金融安全。针对一些企业改制、破产活动中所存在的“假改制，真逃债”“假破产、真逃债”的现象，各级人民法院要在党委的领导下，密切配合各级政府部门，采取一系列积极有效的措施，依法加大对“逃废金融债务”行为的制裁，协同构筑“金融安全区”，最大限度地保障国有金融债权。

12. 继续加大金融案件执行力度。各级人民法院要在最高人民法院的指导和部署下，继续通过集中时间、集中力量、统一调度、强化力度等多种方式，有计划地开展金融案件专项执行活动。在必要时，要在各级党委领导下，各级政府支持下，通过执行联动机制，加大金融案件的执行力度，确保金融案件的

顺利执行。要妥善运用诸如以资产使用权抵债、资产抵债返租、企业整体承包经营、债权转股权以及托管等执行方式，努力解决难以执行的金融纠纷案件。

四、依法保障金融改革，积极推进金融自主创新

随着金融改革的日益深入和金融创新的不断发展，金融改革和创新业务引发的纠纷案件显著增多，呈现出案件类型多样化、法律关系复杂化、利益主体多元化等特点。人民法院要妥善处理鼓励金融改革创新和防范化解金融风险之间的关系，依法保护各类金融主体的合法权益。

13. 妥善审理金融创新涉诉案件，推动金融产品创新。各级人民法院要关注和有效应对金融创新业务涉诉问题，加强对因股权出质、浮动抵押、保理、“银证通”清算、抵押贷款资产证券化信托、黄金期货交易委托理财、代客境外理财产品（QDII）、外汇贷款利率、货币掉期合约、外汇汇率锁定合约、信用证议付、独立保函等引发的新型案件的调研，上级人民法院要及时总结审判经验，加强对下级人民法院的审判指导。人民法院在审查金融创新产品合法性时，对于法律、行政法规没有规定或者规定不明确的，应当遵循商事交易的特点、理念和惯例，坚持维护社会公共利益原则，充分听取金融监管机构的意见，不宜以法律法规没有明确规定为由，简单否定金融创新成果的合法性，为金融创新活动提供必要的成长空间。

14. 妥善审理金融知识产权案件，保障金融自主创新。随着金融机构在金融创新领域中投入的不断加大，知识产权已经成为有效提升银行竞争力的重要手段。各级人民法院要加强对金融业务电子化和网络化进程中基础性金融技术知识产权的司法保护，加大对商业银行、保险公司、证券公司自主开放的软件和数据库的保护力度。要加强对知识产权担保、信托、保险、证券化等新情况、新问题的调研。在案件审理中注意金融法律和知识产权法律适用的衔接与协调，要通过对金融知识产权案件审理，切实保护金融知识产权人的合法权益，激励和保护金融创新，维护金融业公平竞争秩序。

15. 依法妥善运用各种司法措施，保护金融信息安全。各级人民法院要从防范系统性金融风险和保障国家金融安全的高度，认识依法保护金融信息安全的重要性和紧迫性，妥善运用各种司法措施，保障国家金融网络安全和金融信息安全。要依法打击攻击金融网络、盗取金融信息、危害金融安全的违法犯罪行为，依法审理金融电子化产品运用中引发的侵害金融债权纠纷案件，保护金融债权人合法的财产和信息安全，维护国家金融网络安全和信息安全。

五、深化能动司法理念，全面提升金融审判水平

化解金融纠纷的创新性和前沿性，要求人民法院必须大力开展调查研究，

发挥司法建议功能，延伸能动司法效果，构建专业审判机制，拓展金融解纷资源，不断提高金融审判水平。

16. 发挥司法建议功能，延伸能动司法效果。各级人民法院要关注金融纠纷的市场和法律风险，加强各种信息的搜集、分析、研判，充分发挥司法建议的预警作用。要通过对审理案件过程中发现的问题，有针对性地提出对策建议，有效帮助金融机构完善产品设计。要通过行政审判，探索符合金融领域规律的审查标准和方式，促进政府依法行政和有效防范化解金融风险。要充分发挥金融商事审判的延伸服务功能，对金融机构自身管理方面存在的缺陷，要及时发现，及时反馈，为金融监管部门和金融机构查堵漏洞、防范风险提出司法建议。

17. 加强监督指导工作，回应金融案件审判需求。各级人民法院要在审判工作中密切关注因金融改革和创新而出现的各种新情况和新问题，深入开展前瞻性调查研究，及时总结审判经验。要发挥指导性案例以及其他典型案件的规范指引作用，通过多种信息披露形式展示指导性案例和其他典型案例的处理模式和思路，引导金融市场主体预防避免类似金融纠纷。最高人民法院将加紧制定物权法担保物权、保险法、融资租赁、证券市场虚假陈述、质押式国债回购、票据贴现回购、国家资本金、银行卡以及利息裁判标准等方面的司法解释和指导意见，以有效回应金融审判实践的需求。

18. 构建专业审判机制，拓展金融解纷资源。各级人民法院要积极培育和利用专业资源，探索构建高效的专业审判模式。要大力培养专家型法官，加强与专业研究机构、高校的合作与资源共享，努力打造金融专家法官队伍。要针对金融案件专业性强的特点，积极借助外部智力资源，建立专家咨询、专家研讨机制，努力提高金融案件审判的专业化水平。要尝试专家陪审机制，通过聘请金融法律专家作为专家陪审员，充分发挥金融专业人士在专业性强、案件类型新、社会影响大的金融案件审判中的作用。

19. 探索集中审理制度，完善统一协调机制。对于众多债权人向同一金融机构集中提起的系列诉讼案件、金融机构破产案件、集团诉讼案件、群体性案件等，可能引发区域性或系统性金融风险和存在影响社会和谐稳定因素的特殊类型民商事金融案件，相关的不同地区、不同审级法院之间应加强信息沟通，在上级法院的统一指导下探索集中受理、诉讼保全、集中协调、集中审理、集中判决、协调执行，以防范金融风险扩散，避免各地法院针对同一金融机构的同类案件出现裁判标准不统一，以及针对同一金融机构的多个案件在执行中出现矛盾和冲突的现象，依法平等保护各地债权人的合法权益。

20. 加强司法宣传工作，发挥审判导向作用。各级人民法院要加强金融法制宣传工作，及时通过召开新闻发布会、组织专题或系列报道等多种形式，教育和引导各类金融主体增强依法经营和风险防范意识，倡导守法诚信的金融市场风尚，努力营造公平规范有序的金融市场交易秩序。

我国金融发展已经处于一个新的历史起点，人民法院为防范化解金融风险和推进金融改革发展提供司法保障的范围之广阔，任务之艰巨，将大大超过以往任何时期。各级人民法院要把中央经济工作会议和第四次全国金融工作会议的精神，切实贯彻到金融案件的审判和执行实践中，进一步增强大局意识和风险意识，坚持“为大局服务，为人民司法”工作主题，践行社会主义法治理念，充分发挥审判职能作用，共同为防范化解金融风险，维护金融秩序稳定，推动金融市场协调发展，保障金融改革创新，保障国家金融安全做出新的更大的贡献。

【解　读】

解读《关于人民法院为防范化解金融风险和推进金融改革发展提供司法保障的指导意见》

最高人民法院围绕中央经济工作会议和第四次全国金融工作会议提出的以后一个时期我国金融工作的总体要求，于2012年2月10日发布了《关于人民法院为防范化解金融风险和推进金融改革发展提供司法保障的指导意见》（以下简称《指导意见》）。

该《指导意见》提出，中央经济工作会议和第四次全国金融工作会议突出强调要显著增强我国金融业综合实力、国际竞争力和抗风险能力，全面推动金融改革、开放和发展。因此，规范金融秩序，防范金融风险，推动金融改革，支持金融创新，维护金融安全，不仅是今后一个时期金融改革发展的主要任务，也是人民法院为国家全面推进金融改革发展提供司法保障的重要方面。

《指导意见》的主旨内容是“防风险、护安全、保发展、促创新”。具体而言，《指导意见》提出四项措施防风险、三项措施护安全、五项措施保发展、三项措施促创新。

一、防风险：四项措施防范化解金融风险

1. 依法惩治金融犯罪活动。人民法院将依法审理贷款、票据、信用证、信用卡、有价证券、保险合同、非法集资方面的金融诈骗案件，操纵市场、欺诈上市、内幕交易、虚假披露、洗钱、伪造货币、贩运伪造的货币，逃汇套汇、伪造变造金融凭证等刑事案件以及插手民间借贷金融活动的黑社会性质的组织犯罪及其他暴力性犯罪，切实维护金融秩序和人民群众的财产安全，努力挽回国家经济损失。

2. 依法制裁金融违法行为。人民法院将在金融民商事案件审理中关注高利贷、非法集资、非法借贷拆借、非法外汇买卖、非法典当、非法发行证券等金融违法行为，维护金融秩序，防范金融风险；发现犯罪线索的，依法及时移送有关侦查机关。

3. 支持清理整顿交易场所。人民法院将根据国务院国发〔2011〕38 号《关于清理整顿各类交易场所切实防范金融风险的决定》精神，积极支持政府部门推进清理整顿交易场所和规范金融市场秩序的工作。将妥善受理和审理相关纠纷案件，防范系统性和区域性金融风险，维护社会稳定。

4. 切实防范系统金融风险。人民法院将妥善审理因民间借贷、企业资金链断裂、中小企业倒闭、证券市场操纵和虚假披露等引发的纠纷案件；加强对融资性担保公司、典当行、小额贷款公司、理财咨询公司等市场主体融资交易的调研和妥善审理相关纠纷案件，切实防范融资担保风险向金融风险的转化。依法审理地方政府举债融资活动中出现的违规担保纠纷，避免财政金融风险传递波及。将加强与金融监管部门的协调配合，在确有必要时将建立相应的金融风险防范协同联动机制。

二、护安全：三项措施维护国家金融安全

1. 妥善审理金融不良债权案件。人民法院将继续按照《关于审理涉及金融资产管理公司收购、管理、处置国有银行不良贷款形成的案件适用法律若干问题的规定》和《关于审理涉及金融不良债权转让案件工作座谈会纪要》等司法解释和司法政策的规定和精神审理相关案件，保障国家金融债权顺利清收，依法维护国有资产安全。

2. 依法制裁逃废金融债务行为。人民法院将依法制止那些企图通过诉讼逃债、消债等规避法律的行为。对一些企业改制、破产活动中所存在的“假改制，真逃债”“假破产，真逃债”的现象，将在党委的领导下，密切配合各级政府部门，采取一系列积极有效的措施，协同构筑“金融安全区”，最大限度地保障国有金融债权。

3. 继续加大金融案件执行力度。人民法院将在最高人民法院的指导和部署下，继续通过集中时间、集中力量、统一调度、强化力度等多种方式，有计划地开展金融案件专项执行活动。在必要时，要在各级党委领导下，各级政府支持下，通过执行联动机制，加大金融案件的执行力度，确保金融案件的顺利执行。

三、保发展：五项措施保障金融市场协调发展

1. 保障信贷市场规范健康发展。人民法院将妥善审理民间借贷等金融案件，依法认定民间借贷合同的效力，保护合法的民间借贷法律关系，提高资金使用效率，保障民间借贷对正规金融的积极补充作用，推动中小微企业“融资难、融资贵”问题的解决。将依法遏制民间融资中的高利贷化和投机化倾向，规范和引导民间融资健康发展。将妥善审理涉及地下钱庄纠纷案件，维护安全稳定的信贷市场秩序。

2. 保障证券期货市场稳定发展。人民法院将积极研究和妥善审理因证券机构、上市公司、投资机构内幕交易、市场操纵、欺诈上市、虚假披露等违法违规行为引发的民商事纠纷案件，消除危害我国证券期货市场秩序和社会稳定的严重隐患。要妥善审理公司股票债券交易纠纷、国债交易纠纷、企业债券发行纠纷、证券代销和包销协议纠纷、证券回购合同纠纷、期货纠纷、上市公司收购纠纷等，保障证券期货等交易的安全进行。

3. 依法保障保险市场健康发展。人民法院将妥善审理因销售误导和理赔等引发的保险纠纷案件，规范保险市场秩序。将在保险合同纠纷案件审理中，注意协调依法保护投保人利益和平等保护市场各类主体、尊重保险的精算基础和保护特定被保险人利益、维护安全交易秩序和尊重便捷保险交易规则、防范道德风险和鼓励保险产品创新等多种关系，促进保险业的健康持续发展。

4. 促进金融中介机构规范发展。人民法院将在金融纠纷案件审理过程中强化中介机构对金融产品的合理估价。将妥善审理违法违规提供金融中介服务的纠纷案件，正确认定投资咨询机构、保荐机构、信用评级机构、保险公估机构、财务顾问、会计师事务所、律师事务所等中介机构的民事责任，努力推动各类投资中介机构规范健康发展。

5. 完善金融企业市场退出机制。人民法院将妥善审理金融企业的重整和破产案件，建立合理的金融企业市场退出机制，维护金融市场稳健运行。将以优化证券市场优胜劣汰机制为导向，加强对上市公司破产案件的受理和审理的调研工作，最大限度地保障投资者合法权益，保障上市公司破产重整过程规范有序。

四、促创新：三项措施推动金融自主创新

1. 妥善审理金融创新涉诉案件，推动金融产品创新。人民法院将关注和有效应对金融创新业务涉诉问题，加强对因金融创新而引发的新型案件的调研和审判指导。在审查金融创新产品合法性时，对于法律、行政法规没有规定或者规定不明确的，应当遵循商事交易的特点、理念和惯例，坚持维护社会公共

利益原则，充分听取金融监管机构的意见，不宜以法律法规没有明确规定为由，简单否定金融创新成果的合法性，为金融创新活动提供必要的成长空间。

2. 妥善审理金融知识产权案件，保障金融自主创新。人民法院将加强对金融业务电子化和网络化进程中基础性金融技术知识产权的司法保护，加大对商业银行、保险公司、证券公司自主开放的软件和数据库的保护力度。将加强对知识产权担保、信托、保险、证券化等新情况、新问题的调研。将在案件审理中切实保护金融知识产权人的合法权益，激励和保护金融创新，维护金融业公平竞争秩序。

3. 依法妥善运用各种司法措施，保护金融信息安全。人民法院将依法打击攻击金融网络、盗取金融信息、危害金融安全的违法犯罪行为，依法审理金融电子化产品运用中引发的侵害金融债权纠纷案件，维护国家金融网络安全和信息安全。

（撰稿人：王　闯）

最高人民法院
关于为自由贸易试验区建设提供司法保障的意见

2016 年 12 月 30 日　　　　　　法发〔2016〕34 号

为充分发挥人民法院的审判职能作用，保障我国自由贸易试验区（以下简称自贸试验区）的建设，根据全国人民代表大会常务委员会相关决定，结合审判实践，对人民法院涉自贸试验区案件的审判工作提出以下意见：

一、提高认识，切实增强为自贸试验区建设提供司法保障的责任感和使命感

1. 深刻认识自贸试验区建设的重大意义。自贸试验区是我国改革开放的试验田，是我国构建开放型经济新体制的重要窗口。自贸试验区的建设，对完善我国经济体制机制是有力的推动，在法律实施方面有重大影响。各级人民法院应当积极做好司法应对，从全面推进依法治国的高度树立大局意识，严格依法办事，公正、高效审理各类涉自贸试验区的案件，平等保护中外当事人合法权利，为自贸试验区的建设提供优质高效的司法保障。

2. 依法保障自贸试验区建设的制度创新。自贸试验区的建设肩负着为我

国全面深化改革和扩大开放探索新途径、积累新经验的历史使命，也是对凡属重大改革都要于法有据的中央决策的积极尝试。各级人民法院应探索为自贸试验区提供司法保障的改革举措，同时，要确保这些改革举措的探索在法律框架内进行。在准确适用法律的基础上，注重及时调整裁判尺度，积极支持政府职能转变，尊重合同当事人的意思自治，维护交易安全。

积极参与自贸试验区的治理体系和治理能力现代化建设。在自贸试验区进行的政府职能转变、投资领域开放、贸易发展方式转变、金融领域开放创新、完善法治保障等各项工作中，各级人民法院要结合自身的司法实践，积极配合各项改革措施的实施，主动完善工作机制，创新工作方法，为营造公正、公开、透明的法治环境和法治化、国际化、便利化的营商环境作出积极贡献。

二、充分发挥审判职能作用，为促进自贸试验区健康发展提供司法保障

3. 积极行使刑事审判职能，依法打击涉自贸试验区的刑事犯罪。打击破坏自贸试验区建设、滥用自贸试验区特殊市场监管条件进行的犯罪，维护自贸试验区社会稳定及市场秩序。重视解决侵犯知识产权跨境犯罪问题。依法惩治涉自贸试验区的走私、非法集资、逃汇、洗钱等犯罪行为。同时注意区分虚报注册资本罪、虚假出资罪、抽逃出资罪以及非法经营罪的罪与非罪的界限。

4. 加强涉自贸试验区的民事审判工作，依法保护当事人的民事权益。加强劳动保护，正确处理用人单位与劳动者的劳动争议，促进自贸试验区内企业用工制度的健康发展。保护消费者权益，维护消费者个人信息的安全，严格对服务领域合同格式条款的审查，惩治利用虚假广告侵害消费者的行为。保护生态环境，积极审理有关机关和组织对损害社会公共利益或者具有重大风险的污染环境、破坏生态行为提起的诉讼。

正确处理在自贸试验区较为常见的“民宅商用”“一址多照”问题。正确理解和适用《中华人民共和国物权法》第七十七条规定的将住宅改变为经营性用房的限制条件，保障人民群众正常的生活秩序。对多个公司使用同一地址作为住所地登记的，在审理相关案件时要注意是否存在财产混同、人格混同等情况，依法维护债权人利益。

加强对自贸试验区内知识产权的司法保护。鼓励自主创新，提高侵权成本。完善有关加工贸易的司法政策，促进加工贸易的转型升级。准确区分正常的贴牌加工行为与加工方擅自加工、超范围超数量加工及销售产品的行为。妥善处理商标产品的平行进口问题，合理平衡消费者权益、商标权人利益和国家贸易政策。鼓励以知识产权为标的的投资行为，推动商业模式创新，简化维权程序，提升维权质效。鼓励知识产权质押融资活动，促进知识产权的流转利用。

加强海事审判。规范航运市场建设，支持自贸试验区航运服务业开放、提升国际航运服务能级和增强国际航运服务功能。关注与船舶登记制度改革及其他与航运有关的新类型案件，研究新型海事法律关系的法律适用和专门管辖问题。及时通过典型案件的审理确认有关规则，引导行业行为，促进行业发展。

5. 积极行使行政审判职能，支持和监督政府在自贸试验区依法行政。支持和监督市场监管部门创新服务模式，依法行政。以审判活动促进和规范政府信息公开。通过外商投资项目备案的企业，其签订的合同违反自贸试验区行业准入要求，导致事实上或法律上不能履行，当事人请求继续履行的，人民法院不予支持。

对在案件审理过程中发现的与自贸试验区市场规则有关的制度缺陷及行政行为不规范等问题，人民法院应及时向行政管理部门反馈意见，或者提出司法建议，促进自贸试验区法治建设的完善。

三、依法支持自贸试验区企业的创新做法，鼓励其探索新的经营模式

6. 鼓励自贸试验区内融资租赁业的创新发展。积极支持自贸试验区内的融资租赁企业在核准的经营范围内依法开展融资业务。充分尊重中外当事人对融资租赁合同纠纷有关管辖和法律适用的约定。正确认定融资租赁合同效力，不应仅以未履行相关程序等事由认定融资租赁合同无效。

7. 支持自贸试验区发展跨境电子商务服务。合理认定消费者与跨境电商企业之间的合同性质。合同约定消费者个人承担关税和邮寄风险的，可认定消费者和跨境电商企业之间成立委托合同关系。电商企业批量进口、分批销售，消费者主张其与电商企业之间成立买卖合同关系的，人民法院应予支持。电商企业以其提供的合同文本与消费者订立仲裁条款，应专门提示，消费者同意的，应认定双方达成了仲裁合意。

四、重视自贸试验区的特点，探索审判程序的改革与创新

8. 完善司法审查、司法确认制度，支持自贸试验区的多元化纠纷解决机制。鼓励运用仲裁、调解等多元化机制解决自贸试验区民商事纠纷，进一步探索和完善诉讼与非诉讼相衔接的矛盾纠纷解决机制。支持仲裁机构、人民调解委员会、商事和行业调解组织的创新发展，为多元化解决自贸试验区民商事纠纷提供司法便利。

加强自贸试验区内法院机构及审判组织建设。自贸试验区所在地基层人民法院可以根据受理案件的数量、种类、性质等实际情况设立专门的法庭或合议庭，审理涉自贸试验区的案件，积累审判经验，统一裁判尺度。鼓励各级人民法院在总结审判经验的基础上形成符合地域特点的审判机制。

9. 正确认定仲裁协议效力，规范仲裁案件的司法审查。在自贸试验区内注册的外商独资企业相互之间约定商事争议提交域外仲裁的，不应仅以其争议不具有涉外因素为由认定相关仲裁协议无效。

一方或者双方均为在自贸试验区内注册的外商投资企业，约定将商事争议提交域外仲裁，发生纠纷后，当事人将争议提交域外仲裁，相关裁决做出后，其又以仲裁协议无效为由主张拒绝承认、认可或执行的，人民法院不予支持；另一方当事人在仲裁程序中未对仲裁协议效力提出异议，相关裁决作出后，又以有关争议不具有涉外因素为由主张仲裁协议无效，并以此主张拒绝承认、认可或执行的，人民法院不予支持。

在自贸试验区内注册的企业相互之间约定在内地特定地点、按照特定仲裁规则、由特定人员对有关争议进行仲裁的，可以认定该仲裁协议有效。人民法院认为该仲裁协议无效的，应报请上一级法院进行审查。上级法院同意下级法院意见的，应将其审查意见层报最高人民法院，待最高人民法院答复后作出裁定。

10. 探索审判程序创新，公正高效审理涉自贸试验区案件。管辖自贸试验区内一审民商事案件的人民法院，在审理涉自贸试验区案件时，当事人一方或双方为港澳台民事主体的，可以探索选任港澳台居民作为人民陪审员参加合议庭。

人民法院审理涉自贸试验区的涉外、涉港澳台一审民商事案件，事实简单、法律关系明确的，可以探索适用简易程序。

妥善处理以“区内注册、区外经营”的企业为当事人的案件中存在的送达难问题。对在自贸试验区内注册的法人和其他组织，以其注册地为人民法院诉讼文书的送达地址，可以邮寄送达。境外民事主体在自贸试验区设立企业或办事处作为业务代办人的，可以向其业务代办人送达。境外民事主体概括指定其分支机构工作人员或者境内律师事务所律师作为特定时间、特定区域或者特定业务的诉讼代理人的，可以向其送达诉讼文书。

11. 建立合理的外国法查明机制。人民法院审理的涉自贸试验区的涉外民商事案件，当事人约定适用外国法律，在人民法院指定的合理期限内无正当理由未提供该外国法律或者该国法律没有规定的，适用中华人民共和国法律；人民法院了解查明途径的，可以告知当事人。当事人不能提供、按照我国参加的国际条约规定的途径亦不能查明的外国法律，可在一审开庭审理之前由当事人共同指定专家提供。根据冲突法规范应当适用外国法的，人民法院应当依职权查明外国法。

12. 审理好涉自贸试验区案件，总结可复制经验。各高级人民法院应当充分重视涉自贸试验区案件的审理，加强前瞻性研究工作。各地人民法院对在审理与自贸试验区相关的案件中发现的热点、难点问题，应当及时研究总结，形成应对意见，并及时向最高人民法院提出建议。

【解　　读】

解读《关于为自由贸易试验区建设提供司法保障的意见》

2016年12月30日，最高人民法院印发了《关于为自由贸易试验区建设提供司法保障的意见》（以下简称《意见》），对人民法院涉自由贸易试验区（以下简称自贸试验区）案件的审判工作提出了指导性意见。为便于准确理解和适用，笔者特撰本文介绍《意见》的制定背景、指导方针和主要内容。

一、《意见》的制定背景和意义

2013年9月29日，中国（上海）自由贸易试验区正式成立。2015年4月8日，国务院印发广东、天津、福建自贸试验区总体方案和进一步深化上海自贸试验区改革开放方案。2016年党中央、国务院决定，在辽宁省、浙江省、河南省、湖北省、重庆市、四川省、陕西省新设7个自贸试验区，自贸试验区继续扩容。自贸试验区内的有效制度创新，将不定期在全国范围内推广。自贸试验区建设现已进入关键阶段。前不久，习近平总书记对上海自贸试验区的建设作出了重要指示，希望在深入总结评估的基础上，坚持五大发展理念引领，研究明确下一步的重点目标任务，大胆试、大胆闯、自主改，力争取得更多可复制推广的制度创新成果，进一步彰显全面深化改革和扩大开放的试验田作用。

人民法院承担着为自贸试验区建设提供司法保障的重大职责，为贯彻中央决策和习近平总书记指示，在自贸试验区运行三周年之际，适时总结审判经验，为全国各级人民法院涉自贸试验区案件的审判工作提供审判指导，已成为司法实践的迫切需要。最高人民法院在前期进行了为时三年的“中国（上海）自由贸易区司法保障及相关法律问题研究”专题调研、建立自贸试验区司法保障研究基地、举办自贸试验区司法论坛的基础上，经过多次实地考察、征求专家和各地法院意见，制定了本《意见》。目的是发挥最高人民法院的业务指导作用，统一认识，更新审判理念，以实际举措支持自贸试验区内实施的各项改革措施，同时解决涉自贸试验区司法实践中迫切需要解决的、带有普遍性的问题。

二、制定《意见》的主要指导方针

根据工作安排，最高人民法院民四庭负责起草制定本《意见》，其主要遵循了以下指导方针：

一是推动司法工作人员更新观念，树立正确的大局意识。自贸试验区是我国改革开放的试验田，是我国构建开放型经济新体制的重要窗口。建设自贸试验区是在改革进入攻坚期、开放进入新阶段、发展进入新常态的大背景下，党中央、国务院审时度势，从统筹国内国际两个大局的高度，作出建设自贸试验区的重大决策，对推进改革开放和现代化建设具有重要而深远的意义。各级人民法院应当积极做好司法应对，从全面推进依法治国的高度树立大局意识，严格依法办事，公正、高效审理各类涉自贸试验区的案件，平等保护中外当事人的合法权利，为自贸试验区建设提供优质高效的司法保障。

二是坚持法治先行，把握正确的执法尺度。“法治先行”是习近平总书记对全面深化改革提出的要求。2014年2月28日，习近平同志在中央全面深化改革领导小组第二次会议上强调：凡属重大改革都要于法有据。在整个改革过程中，都要高度重视运用法治思维和法治方式，加强对相关立法工作的协调。由于《中华人民共和国外资企业法》《中华人民共和国中外合资经营企业法》和《中华人民共和国中外合作经营企业法》《台湾同胞投资保护法》在试验区的调整实施，一些重大事项的审批改为备案制管理，调整裁判尺度已经成为涉自贸试验区司法实践的客观要求。人民法院需要在准确适用法律的基础上，及时调整裁判尺度，积极支持政府职能转变，同时最大限度地尊重合同当事人的意思自治，维护交易安全。

三是坚持改革理念，促进自由贸易试验区制度创新。制度创新是自贸试验区改革措施的关键特征。根据现有的四个自贸试验区的《总体方案》的内容，自贸试验区在加快政府职能转变、扩大投资领域的开放、推进贸易发展方式转变、深化金融领域的开放创新、完善法制领域方面要推行制度性保障，形成与国际投资、贸易通行规则相衔接的基本制度框架。自贸试验区改革任务的实质在于制度创新与建设。习近平总书记指出：自贸试验区建设的核心任务是制度创新。要深化完善基本体系，突破瓶颈、疏通堵点、激活全盘，聚焦商事制度、贸易监管制度、金融开放创新制度、事中事后监管制度等，率先形成法治化、国际化、便利化的营商环境，加快形成公平、统一、高效的市场环境。

在新的历史时期，人民法院将充分发挥审判职能作用，为促进自贸试验区健康发展提供坚实可靠的司法保障。

三、《意见》的主要内容

《意见》共12条，分为4部分。

(一) 第一部分为“提高认识，切实增强为自贸试验区建设提供司法保障的责任感和使命感”

该部分包含了人民法院涉自贸试验区审判工作的基本原则，也是上文介绍的制定《意见》的主要指导方针。

(二) 第二部分为“充分发挥审判职能作用，为促进自贸试验区健康发展提供司法保障”

人民法院为自贸试验区建设提供的司法保障是全面的，要求充分发挥刑事、民事、行政等各方面的审判职能作用。

积极行使刑事审判职能，依法打击涉自贸试验区的刑事犯罪。《意见》第3条提出，要注重打击破坏自贸试验区建设、滥用自贸试验区特殊市场监管条件进行的犯罪，打击侵犯知识产权跨境犯罪，惩治走私、非法集资、逃汇、洗钱等犯罪行为。同时，要正确划分罪与非罪的界限。2014年4月24日，第十二届全国人民代表大会常务委员会第八次会议通过立法解释，规定刑法第一百五十八条、第一百五十九条规定的虚报注册资本罪和虚假出资、抽逃出资罪，只适用于依法实行注册资本实缴登记制的公司。人民法院要根据上述立法解释以及自贸试验区的具体情况正确界定罪与非罪。

加强涉自贸试验区的民事审判工作，依法保护当事人的民事权益。《意见》第4条首先强调了人民法院要通过民事审判工作，加强劳动保护、消费者权益保护、生态环境保护，以维护基本的公平正义和社会稳定。

在民商事审判工作中，针对自贸试验区的“民宅商用”“一址多照”等问题提出要求，具有针对性和一定的前瞻性。《中华人民共和国物权法》第七十七条规定：“业主不得违反法律、法规以及管理规约，将住宅改变为经营性用房。业主将住宅改变为经营性用房的，除遵守法律、法规以及管理规约外，应当经有利害关系的业主同意。”由于自贸试验区范围有限、房屋稀缺，民宅商用及市场主体使用同一地址作为住所登记已不鲜见，尤其是“一址多照”问题，在上海已经比较普遍。目前，各地在贯彻《注册资本登记制度改革方案》的过程中，已经允许集中办公区以同一地址作为多家市场主体的经营场所登记、允许有直接或间接投资关联关系的市场主体使用同一地址作为住所登记等规定，登记机关对场所的产权权属、使用功能、法定用途都不再予以审查。对此，司法审判中应注意可能出现的人格混同问题，特别是当几家公司地址相同，公司法定代表人或控制股东又相同时，易出现人格混同情形。

在知识产权司法保护方面，鼓励自主创新，提高侵权成本。自贸试验区进出口货物商标保护问题是目前的焦点问题：1. 外贸贴牌加工中的商标保护问题。在上海自贸区乃至全国，以贴牌加工为主的加工贸易在我国的对外贸易中一直占有重要地位。对贴牌加工行为是否构成侵权，主要争议存在于贴牌行为是否属于商标法第五十二条规定的“使用”行为。对此，最高人民法院已通过颁布相关文件及案例予以规范：（1）加工方对商标的有权使用有必要的审查注意义务（2009 年 4 月《最高人民法院关于当前经济形势下知识产权审判服务大局若干问题的意见》的通知）；（2）贴牌加工专供出口的产品不属于商标使用行为［最高人民法院 2012 年 6 月 29 日在（2012）行提字第 2 号判决书，关于株式会社良品计画诉国家工商行政管理总局商标评审委员会商标异议复审行政纠纷一案］。2. 商标产品的平行进口问题。平行进口问题是知识产权的地域性和贸易自由化之间的矛盾。对于专利产品的平行进口，我国采取“国际用尽原则”。《中华人民共和国专利法》第六十九条第一项规定：“专利产品或者依照专利方法直接获得的产品，由专利权人或者经其许可的单位、个人售出后，使用、许诺销售、销售、进口该产品的，不视为侵犯专利权。”商标产品的平行进口涉及消费者权益、商标权人利益和国家贸易政策，需要根据不同情形进行区别化处理。针对自由贸易区的创新实践，意见特别提及促进知识产权的投、融资及流转的要求。

海事审判对保障自贸试验区建设有特别的意义。几个自贸试验区的《总体方案》均提出了“提升国际航运服务能级”“增强国际航运服务功能”的建设目标，规定允许从事国际船舶代理业务的外方持股比例放宽至 51%，充分利用现有中资“方便旗”船税收优惠政策，允许中资公司拥有或控股拥有的非五星旗船，试点开展外贸集装箱在国内沿海港口和自贸试验区内港口之间的沿海捎带业务。有关沿海捎带业务的规定已经突破了海商法第四条关于只能由“五星旗船”经营沿海运输的规定。在海事司法实践中，国际海上货物运输适用海商法，而国内沿海运输（中华人民共和国港口之间）则是适用合同法、国务院《国内水路运输管理条例》并参照交通部《国内水路运输管理规定》《国内水路货物运输规则》。在自贸区成立之前，由于国内沿海运输未对外籍船舶开放，采取这种双轨制并不会产生法律适用的冲突，“中资外籍船舶沿海捎带”的实质性启动，其航线性质如何界定，将直接影响到法律适用的选择。对于上述发展和变化，《意见》提出要关注与船舶登记制度改革及其他与航运有关的新类型案件，研究新型海事法律关系的法律适用和专门管辖问题。及时通过典型案件的审理确认有关规则，引导行业行为，促进行业发展。

积极行使行政审判职能，支持和监督政府在自贸试验区依法行政。《意见》第 5 条对涉自贸试验区的行政审判工作提出了新要求。自贸试验区对于外商投资准入实行负面清单管理模式，此外，还应依法进行国家安全审查和反垄断审查，因此，《意见》提出，通过外商投资项目备案的企业，其签订的合同违反自贸试验区行业准入要求，导致事实上或法律上不能履行，当事人请求继续履行的，人民法院应不予支持。此外，意见提出，以审判活动促进和规范政府信息公开，并充分发挥司法建议在促进法治建设中的重要作用，对在司法实践中发现的法律问题加以总结并及时反馈给行政管理部门，这对于促进自贸试验区依法行政具有重要意义。

（三）第三部分为“依法支持自贸试验区企业的创新做法，鼓励其探索新的经营模式”

为了支持企业创新，人民法院应充分尊重当事人的意思自治，特别是尊重当事人对法律适用和管辖的约定，依法维护合同效力。根据自贸试验区的产业特点，《意见》着重对人民法院审理自贸试验区的融资租赁（第6条）和跨境电子商务（第7条）案件提出了指导性意见，以促进产业发展。

自贸试验区的融资租赁标的物有许多来自境外，融资租赁合同关系往往具有涉外因素，应当允许当事人依法协议选择争议解决方式和管辖法院，选择合同准据法。《中华人民共和国涉外民事关系法律适用法》第四十一条规定：“当事人可以协议选择合同适用的法律。”在判断融资租赁合同关系是否具有涉外因素时，宜采取宽松态度。对于法律、行政法规规定某些融资租赁合同应当经过审批或者登记等手续生效的，如未办理相应手续，应依照《中华人民共和国合同法》第四十四条的规定认定为合同未生效，而非无效。

由于自贸试验区内施行的“一线放开、二线管住”的进出口管理措施，自贸试验区内已经形成了“境内关外”的特殊监管区域，跨境交易成本大降，跨境电子商务行为将日益增多。合理认定消费者与电商企业之间存在的买卖合同关系或委托合同关系，对处理类似合同纠纷、分配关税等费用的缴纳责任具有重要的现实性、基础性意义。电商企业以其提供的格式合同与消费者订立合同时，应注意保护处于弱势地位的消费者的利益。我国法律对仲裁协议的订立和有效性有严格要求，如采取书面形式、必须选定仲裁委员会等。对于消费合同中仲裁条款的效力认定，本条规定采取了务实的做法，即有条件地承认其效力。条件为电商企业应进行专门提示。

（四）第四部分为“重视自贸试验区的特点，探索审判程序的改革与创新”

该部分包括人民法院对多元化纠纷解决机制的支持、法院机构和审判组织建设、审判程序改革创新和外国法查明等方面。

在支持多元化纠纷解决机制方面，人民法院要进一步探索和完善诉讼与非诉讼的衔接，支持各种形式的调解工作，对多元化纠纷解决提供司法便利。为了给自贸试验区企业提供更大的选择争端解决方式的空间，《意见》加大了对仲裁的支持力度。第9条以尽力认定仲裁协议有效为抓手，扩大仲裁对案件的管辖范围。国务院印发的《进一步深化中国（上海）自由贸易试验区改革开放方案》第11条规定：进一步对接国际商事争议解决规则，优化自贸试验区仲裁规则，支持国际知名商事争议解决机构入驻，提高商事纠纷仲裁国际化程度；探索建立全国性的自贸试验区仲裁法律服务联盟和亚太仲裁机构交流合作机制，加快打造面向全球的亚太仲裁中心。《意见》第9条也是对上述国务院文件的具体回应。其主要内容如下：

1. 允许自贸试验区内的外商独资企业在相互之间的合同中选择域外仲裁。典型的案例是西门子国际贸易（上海）有限公司申请承认和执行新加坡仲裁裁决案。西门子国际贸易（上海）有限公司与上海黄金置地有限公司均为在上海自贸试验区内注册成立的外商独资企业。双方约定将合同争议提交新加坡国际仲裁中心进行仲裁解决。在确定是否承认和执行该裁决时，关键问题是双方之间的合同关系是否具有涉外因素。如果是涉外合同关系，当事人可以选择在域外仲裁。反之，中国法院不承认有关仲裁协议的效力。上海市第一中级人民法院认为，当事人双方均为在中国注册的公司法人，合同约定的交货地、作为合同标的物的设备目前所在地均在我国境内，该合同表面上看并不具有典型的涉外因素。然而，综观本案合同所涉的主体、履行特征等方面的实际情况，该合同与普通国内合同明显不同，该合同关系可以认定为涉外民事法律关系。该院认为，双方注册地均在上海自贸试验区区域内，且其性质均为外商独资企业，由于此类公司的资本来源、最终利益归属、公司的经营决策一般均与其境外投资者关联密切，故此类主体与普通内资公司相比具有较为明显的涉外因素。在自贸试验区推进投资贸易便利的改革背景下，上述涉外因素更应给予必要重视。

2. 贯彻“禁止反言”的法律原则。仲裁申请人申请仲裁后，如果仲裁裁决结果对发起仲裁一方不利，该方当事人或许又会以仲裁协议无效为由否定仲裁管辖权，进而达到不承认和执行仲裁裁决的目的。这种行为是不诚信的，违反了“禁止反言”原则，不应予以支持。其他企业与自贸试验区内企业订立域外仲裁条款并在仲裁进行时无异议的，裁决作出后，又以所涉争议无涉外因素导致仲裁协议无效申请人民法院撤销的，人民法院同样不予支持。上述规定都是为了支持当事人按照自愿选择的方式解决争端，客观上会产生支持仲裁事业发展的效应。

3. 根据先行先试的原则和精神，允许自贸试验区内的企业之间订立仲裁协议，以临时仲裁的方式解决纠纷。临时仲裁是国际上普遍使用的一种商事纠纷解决手段。我国法院依照《纽约公约》、双边协定以及有关司法解释承认和执行域外的临时仲裁裁决。而我国仲裁法是20余年前制定的，只规定了机构仲裁，未规定临时仲裁这种形式。随着经济社会的发展，人们对临时仲裁这种灵活高效的方式越来越感兴趣，特别是在国际化程度高的自贸区，不少企业提出了这方面的需求。为此，《意见》对临时仲裁采取了宽容的态度。根据自贸试验区先行先试的原则和精神，人民法院应当充分尊重自贸试验区内注册企业的意思自治，如果它们之间根据真实意思表示约定了特定形式的仲裁方式，应当予以认可。与此同时，我们将这种特定形式的仲裁严格限制在自贸试验区注册企业之间，仲裁地点为内地，且通过法院审级监督的形式予以规范，待经过自贸试验区先行先试后，及时总结实践经验，并上升为可复制推广的做法，推动相关法律的修订。

《意见》第8条第二款旨在强化涉自贸试验区审判工作的专业性。自贸试验区的民事、商事、行政、知识产权、刑事案件许多带有鲜明的自贸试验区特点，与自贸试验区政策息息相关。设立专门法庭（如上海市浦东新区人民法院自由贸易区法庭）或者合议庭（如深圳市南山区人民法院设立了专门的审判团队），有利于相关案件正确审理。在深圳市设立的深圳前海合作区人民法院，服务广东自由贸易试验区前海蛇口片区和深圳前海深港现代服务业合作区，在广州市设立的广东自由贸易区南沙片区人民法院，都进行了许多有益的探索。对于以上探索和创新中取得的可复制的经验，予以推广。

在审判程序改革创新方面，《意见》第10条对人民陪审制度、简易程序、送达等提出了切实可行的意见。《全国人民代表大会常务委员会关于授权在部分地区开展人民陪审员制度改革试点工作的决定》（2015年4月24日）授权最高人民法院进行改革试点。广东省、福建省等地法院均已试行任命港澳台人民陪审员参与案件审理。有关简易程序在涉外案件中的适用、针对自贸试验区存在“区内注册、区外经营”当事人的送达方式等，上海、广州等地法院均进行了有益而富有成效的探索。本条肯定了各地相关法院的做法，并拟推广适用于其他自贸试验区。《民事诉讼法》第一百五十七条规定：“基层人民法院和它派出的法庭审理事实清楚、权利义务关系明确、争议不大的简单的民事案件，适用简易程序；基层人民法院和它派出的法庭审理前款规定以外的民事案件，当事人双方也可以约定适用简易程序。”对于事实简单、法律关系明确、争议不大的涉自贸试验区的涉外、涉港澳台案件，适用简易程序进行审理，可以极大提高司法效率。“送达难”是涉外、涉港澳台审判中普遍存在的问题，这一问题在涉自贸试验区案件的审理中也比较突出。意见明确规定邮件送达、向特定业务代办人和诉讼代理人送达等方式，可以在一定程度上解决“送达难”问题。

建立合理的外国法查明机制是涉自贸试验区民商事审判工作提出的迫切要求。自贸试验区倡导国际化的营商环境，人民法院依法尊重当事人对准据法包括外国法的选择。当事人约定适用外国法的，应在人民法院指定的期限内提供外国法律。《意见》第 11 条还明确了如何发挥外国法专家在外国法查明中的作用，强调了在根据冲突法规范应当适用外国法的情形下，人民法院应当依职权查明外国法。

自贸试验区建设是一项创举，改革措施层出不穷。为此，《意见》最后一条要求各级人民法院加强实时调研，及时发现问题，探索解决问题的办法与措施，并及时向最高人民法院报告情况，提出建议。

（撰稿人：张勇健　刘敬东　奚向阳　杨兴业）

【链　　接】

发挥审判职能作用　促进自贸试验区健康发展

——最高人民法院民四庭负责人就《关于为自由贸易试验区建设提供司法保障的意见》答记者问

日前，最高人民法院出台了《关于为自由贸易试验区建设提供司法保障的意见》(以下简称《意见》)。值此《意见》公布之际，最高人民法院民四庭负责人就《意见》的有关问题接受了记者的采访。

一、《意见》出台的背景和意义

问：最高人民法院发布该指导意见的背景是什么？

答： 2015 年 4 月 8 日，国务院正式印发广东、天津、福建自由贸易试验区（以下简称自贸试验区）总体方案和进一步深化上海自贸试验区改革开放方案，自贸区继续扩容。自贸试验区内的有效制度创新，不定期在全国范围内推广。2016 年 8 月，党中央、国务院又决定在辽宁、浙江、河南、湖北、重庆、四川、陕西新设立七个新的自贸试验区，自贸试验区建设进入关键阶段。三年多来，自贸试验区各项建设取得重大进展。

前不久，习近平总书记对上海自贸试验区建设作出重要指示，要求在深入总结评估的基础上，坚持五大发展理念引领，把握基本定位，强化使命担当，继续解放思想、勇于突破、当好标杆，对照最高标准、查找短板弱项，研究明确下一步的重点目标任务，大胆试、大胆闯、自主攻，力争取得更多可复制推广的制度创新成果，进一步彰显全面深化改革和扩大开放的试验田作用。

人民法院承担着为自贸试验区建设提供司法保障的重大职责，为服务与保障自贸试验区这一全面深化改革和扩大开放战略举措，贯彻落实习近平总书记关于自贸试验区建设的重要指示精神，在自贸试验区运行三周年之际，最高人民法院总结三年多来涉自贸试验区案件的审判经验和自贸试验区各项制度创新实践，起草出台《意见》，用以指导全国各级人民法院进一步做好涉自贸试验区案件的审判工作，为实现自贸试验区下一阶段重点目标任务做好司法保障工作。

二、《意见》遵循的基本原则

问：该指导意见遵循了哪些基本原则？

答：《意见》在起草过程中遵循了以下几项基本原则：第一，支持和保障自贸试验区建设中的制度创新。自贸试验区的建设肩负着为我国全面深化改革和扩大开放探索新途径、积累新经验的历史使命，也是对凡属重大改革都要于法有据的中央决策的积极尝试。各级人民法院应探索为自贸试验区提供司法保障的改革举措；第二，坚持法治化先行。强调要确保自贸实验区改革举措的探索在法律框架内进行；第三，以全国人大常委会针对自贸试验区做出的相关决定为依据，在准确适用法律的基础上，注重及时调整裁判尺度；第四，积极支持政府职能转变，同时强调尊重合同当事人的意思自治，维护交易安全。

问：该指导意见对于较为典型或者多发的涉自贸试验区民商事纠纷，有哪些具有针对性的内容？

答：《意见》制定过程中进行了广泛的调研，对于具有自贸试验区特点的民商事纠纷，提出了具有针对性的指导意见。例如：

对于自贸实验区内较为普遍的“民宅商用”“一址多照”问题。《意见》提出，应正确理解和适用《中华人民共和国物权法》第七十七条规定的将住宅改变为经营性用房的限制条件，保障人民群众正常的生活秩序。对多个公司使用同一地址作为住所地登记的，在审理相关案件时要注意是否存在财产混同、人格混同等情况，依法维护债权人利益。

自贸试验区进出口货物商标保护问题是目前反映较多的焦点问题。与法院工作密切相关的内容是：（一）外贸贴牌加工中的商标保护问题。在上海自贸区乃至全国，以贴牌加工为主的加工贸易在我国的对外贸易中一直占有重要地位。（二）关于专利产品的平行进口和商标的平行进口问题。商标产品的平行进口涉及消费者权益、商标权人利益和国家贸易政策，需要区分情形进行区别化处理。另外，该指导意见针对自由贸易区的创新实践，特别提及促进知识产权的投、融资及流转的要求。

有关海事审判工作，几个自贸试验区的《总体方案》均提出了“提升国际航运服务能级”“增强国际航运服务功能”的建设目标，规定允许从事国际船船代理业务的外方持股比例放宽至51%，充分利用现有中资“方便旗”船税收优惠政策，允许中资公司拥有或控股拥有的非五星旗船，试点开展外贸集装箱在国内沿海港口和自贸试验区内港口之间的沿海捎带业务。对此，该指导意见均作出司法政策方面的回应。

三、《意见》的主要内容

问：该指导意见在支持自贸试验区企业创新性经营方面有哪些具体要求？

答：《意见》要求，依法支持自贸试验区企业创新性经营模式，例如，特别要鼓励自贸试验区内融资租赁业的创新发展。一是尊重融资租赁合同当事人对管辖和法律适用的约定，二是不能仅以未履行相关程序等事项为由认定融资租赁合同无效，维护融资租赁交易安全，促进融资租赁业大发展。

《意见》还特别提出支持自贸试验区发展跨境电子商务服务。由于自贸试验区内施行的“一线放开、二线管住”的进出口管理措施，自贸试验区内已经形成了“境内关外”的特殊监管区域，跨境交易成本大降，跨境电子商务行为将日益增多。合理认定消费者与电商企业之间存在的买卖合同关系或委托合同关系，对处理类似合同纠纷、分配关税等费用的缴纳责任具有重要的现实性、基础性意义。

问：在鼓励和支持涉自贸试验区多元化纠纷解决机制方面，该指导意见有哪些创新？

答：《意见》提出，应当鼓励运用仲裁、调解等多元化机制解决涉自贸试验区民商事纠纷，进一步探索和完善诉讼与非诉讼相衔接的矛盾纠纷解决机制。支持仲裁机构、人民调解委员会、商事和行业调解组织的创新发展，为多元化解决涉自贸试验区民商事纠纷提供司法便利。

《意见》对自贸试验区内外商投资企业相关仲裁协议效力问题特别作出规定，旨在为自贸区的建设和发展创造良好的投资环境，吸引更多的外资投资自贸试验区。

《意见》还根据自贸试验区的特点，在自贸区法院聘请港澳台人士做陪审员、涉自贸区案件的送达、外国法查明等程序性事项方面作出创新性规定。

问：我们注意到，该指导意见规定在自贸试验区内注册的企业相互之间约定在内地特定地点、按照特定仲裁规则、由特定人员对有关争议进行仲裁的，可以认定该仲裁协议有效。这是否意味着中国已允许进行临时仲裁？

答：临时仲裁是国际上普遍使用的一种商事纠纷解决手段，目前，我国法院对于符合法律规定的外国临时仲裁裁决均依照《纽约公约》予以承认和执行，而我国仲裁法尚未规定临时仲裁这种形式。根据自贸试验区先行先试的原则和精神，该指导意见要求，人民法院应当充分尊重自贸试验区内注册的企业意思自治，如果它们之间根据真实意思表示约定了特定形式的仲裁方式，应当予以认可。与此同时，我们将这种特定形式的仲裁严格限制在自贸试验区注册企业之间，且通过法院审级监督的形式予以规范，待经过自贸试验区先行先试后，及时总结实践经验，并上升为可复制推广的做法，推动相关法律的修订。

最高人民法院　司法部　中国银监会
关于充分发挥公证书的强制执行效力
服务银行金融债权风险防控的通知

2017年7月13日　　　　司发通〔2017〕76号

各省、自治区、直辖市高级人民法院、司法厅（局），解放军军事法院，新疆维吾尔自治区高级人民法院生产建设兵团分院、新疆生产建设兵团司法局；各银监局，各政策性银行、大型银行、股份制银行，邮储银行，外资银行，金融资产管理公司，其他有关金融机构：

为进一步加强金融风险防控，充分发挥公证作为预防性法律制度的作用，提高银行业金融机构金融债权实现效率，降低金融债权实现成本，有效提高银行业金融机构防控风险的水平，现就在银行业金融机构经营业务中进一步发挥公证书的强制执行效力，服务银行金融债权风险防控通知如下：

一、公证机构可以对银行业金融机构运营中所签署的符合《公证法》第37条规定的以下债权文书赋予强制执行效力：

（一）各类融资合同，包括各类授信合同，借款合同、委托贷款合同、信托贷款合同等各类贷款合同，票据承兑协议等各类票据融资合同，融资租赁合同，保理合同，开立信用证合同，信用卡融资合同（包括信用卡合约及各类分期付款合同）等；

（二）债务重组合同、还款合同、还款承诺等；

（三）各类担保合同、保函；

（四）符合本通知第二条规定条件的其他债权文书。

二、公证机构对银行业金融机构运营中所签署的合同赋予强制执行效力应当具备以下条件：

（一）债权文书具有给付货币、物品、有价证券的内容；

（二）债权债务关系明确，债权人和债务人对债权文书有关给付内容无疑义；

（三）债权文书中载明债务人不履行义务或不完全履行义务时，债务人愿意接受依法强制执行的承诺。该项承诺也可以通过承诺书或者补充协议等方式在债权文书的附件中载明。

三、银行业金融机构申办强制执行公证，应当协助公证机构完成对当事人身份证明、财产权利证明等与公证事项有关材料的收集、核实工作；根据公证机构的要求通过修改合同、签订补充协议或者由当事人签署承诺书等方式将债务人、担保人愿意接受强制执行的承诺、出具执行证书前的核实方式、公证费和实现债权的其他费用的承担等内容载入公证的债权文书中。

四、公证机构在办理赋予各类债权文书强制执行效力的公证业务中应当严格遵守法律、法规规定的程序，切实做好当事人身份、担保物权属、当事人内部授权程序、合同条款及当事人意思表示等审核工作，确认当事人的签约行为的合法效力，告知当事人申请赋予债权文书强制执行效力的法律后果，提高合同主体的履约意识，预防和降低金融机构的操作风险。

五、银行业金融机构申请公证机构出具执行证书应当在《中华人民共和国民事诉讼法》第二百三十九条所规定的执行期间内提出申请，并应当向公证机构提交经公证的具有强制执行效力的债权文书、申请书、合同项下往来资金结算的明细表以及其他与债务履行相关的证据，并承诺所申请强制执行的债权金额或者相关计算公式准确无误。

六、公证机构受理银行业金融机构提出出具执行证书的申请后，应当按照法律法规规定的程序以及合同约定的核实方式进行核实，确保执行证书载明的债权债务明确无误，尽力减少执行争议的发生。

公证机构对符合条件的申请，应当在受理后十五个工作日内出具执行证书，需要补充材料、核实相关情况所需的时间不计算在期限内。

七、执行证书应当载明被执行人、执行标的、申请执行的期限。因债务人不履行或不完全履行而发生的违约金、利息、滞纳金等，以及按照债权文书的约定由债务人承担的公证费等实现债权的费用，有明确数额或计算方法的，可以根据银行业金融机构的申请依法列入执行标的。

八、人民法院支持公证机构对银行业金融机构的各类债权文书依法赋予强制执行效力，加大对公证债权文书的执行力度，银行业金融机构提交强制执行申请书、赋予债权文书强制执行效力公证书及执行证书申请执行公证债权文书符合法律规定条件的，人民法院应当受理，切实保障银行业金融机构快速实现金融债权，防范金融风险。

九、被执行人提出执行异议的银行业金融机构执行案件，人民法院经审查认为相关公证债权文书确有错误的，裁定不予执行。个别事项执行标的不明确，但不影响其他事项执行的，人民法院应对其他事项予以执行。

十、各省（区、市）司法行政部门要会同价格主管部门合理确定银行业金融债权文书强制执行公证的收费标准。公证机构和银行业金融机构协商一致的，可以在办理债权文书公证时收取部分费用，出具执行证书时收齐其余费用。

十一、银行业监督管理机构批准设立的其他金融机构，以及经国务院银行业监督管理机构公布的地方资产管理公司，参照本通知执行。

最高人民法院
印发《关于进一步加强金融审判工作的若干意见》的通知

2017 年 8 月 4 日　　　　法发〔2017〕22 号

各省、自治区、直辖市高级人民法院，解放军军事法院，新疆维吾尔自治区高级人民法院生产建设兵团分院：

现将最高人民法院《关于进一步加强金融审判工作的若干意见》印发给你们，请认真贯彻执行。

附：

关于进一步加强金融审判工作的若干意见

金融是国家重要的核心竞争力，金融安全是国家安全的重要组成部分，金融制度是经济社会发展中重要的基础性制度。为充分发挥人民法院金融审判职能作用，促进经济和金融良性循环、健康发展，现提出以下指导意见。

一、统一思想，提高认识，深入学习贯彻习近平总书记在全国金融工作会议上的重要讲话精神

习近平总书记在第五次全国金融工作会议上发表的重要讲话，科学回答了我国金融改革发展稳定中的重大理论和实践问题，具有很强的思想性、指导性、实践性，为做好新形势下金融工作提供了根本遵循，为人民法院金融审判工作指明了方向。全国各级人民法院要深入学习贯彻会议精神，切实把思想和行动统一到以习近平同志为核心的党中央对金融工作的形势分析判断和决策部署上来，牢牢坚持党对金融工作的统一领导，紧紧围绕服务实体经济、防控金融风险、深化金融改革三项任务，积极稳妥开展金融审判工作，切实维护国家金融安全，促进经济和金融良性循环、健康发展。

二、以服务实体经济作为出发点和落脚点，引导和规范金融交易

1. 遵循金融规律，依法审理金融案件。以金融服务实体经济为价值本源，依法审理各类金融案件。对于能够实际降低交易成本，实现普惠金融，合法合规的金融交易模式依法予以保护。对以金融创新为名掩盖金融风险、规避金融监管、进行制度套利的金融违规行为，要以其实际构成的法律关系确定其效力和各方的权利义务。对于以金融创新名义非法吸收公众存款或者集资诈骗，构成犯罪的，依法追究刑事责任。

2. 严格依法规制高利贷，有效降低实体经济的融资成本。金融借款合同的借款人以贷款人同时主张的利息、复利、罚息、违约金和其他费用过高，显著背离实际损失为由，请求对总计超过年利率 24%的部分予以调减的，应予支持，以有效降低实体经济的融资成本。规范和引导民间融资秩序，依法否定民间借贷纠纷案件中预扣本金或者利息、变相高息等规避民间借贷利率司法保护上限的合同条款效力。

3. 依法认定新类型担保的法律效力，拓宽中小微企业的融资担保方式。丰富和拓展中小微企业的融资担保方式，除符合合同法第五十二条规定的合同无效情形外，应当依法认定新类型担保合同有效；符合物权法有关担保物权的规定的，还应当依法认定其物权效力，以增强中小微企业融资能力，有效缓解中小微企业融资难、融资贵问题。

4. 规范和促进直接服务实体经济的融资方式，拓宽金融对接实体经济的渠道。依法保护融资租赁、保理等金融资本与实体经济相结合的融资模式，支持和保障金融资本服务实体经济。对名为融资租赁合同、保理合同，实为借款合同的，应当按照实际构成的借款合同关系确定各方的权利义务，防范当事人以预扣租金、保证金等方式变相抬高实体经济融资成本。

5. 优化多层次资本市场体系的法治环境，满足多样化金融需求。依法审理证券、期货民商事纠纷案件，规范资本市场投融资秩序，引导把更多金融资源配置到经济社会发展的重点领域和薄弱环节，更好满足实体经济多样化的金融需求。

6. 准确适用保险法，促进保险业发挥长期稳健风险管理和保障的功能。妥善审理保险合同纠纷案件，依法保障各方当事人利益。充分发挥保险制度的核心功能，管理和分散实体经济运行中的自然灾害、意外事故、法律责任以及信用等风险。依法规范保险合同纠纷当事人、保险中介等各类市场主体行为，防范不同主体的道德风险，构建保险诚信法治体系。

7. 依法审理互联网金融纠纷案件，规范发展互联网金融。依法认定互联网金融所涉具体法律关系，据此确定各方当事人的权利义务。准确界定网络借贷信息中介机构与网络借贷合同当事人之间的居间合同关系。网络借贷信息中介机构与出借人以居间费用形式规避民间借贷利率司法保护上限规定的，应当认定无效。依法严厉打击涉互联网金融或者以互联网金融名义进行的违法犯罪行为，规范和保障互联网金融健康发展。

8. 加强新类型金融案件的研究和应对，统一裁判尺度。高度关注涉及私募股权投资、委托理财、资产管理等新类型金融交易的案件，严格按照合同法、公司法、合伙企业法、信托法等法律规范，确定各方当事人的权利义务。发布指导性案例，通过类案指导，统一裁判尺度。

9. 依法规制国有企业的贷款通道业务，防范无金融资质的国有企业变相从事金融业务。无金融资质的国有企业变相从事金融业务，套取金融机构信贷资金又高利转贷的，应当根据最高人民法院《关于审理民间借贷案件适用法律若干问题的规定》第十四条的规定，依法否定其放贷行为的法律效力，并通过向相应的主管部门提出司法建议等方式，遏制国有企业的贷款通道业务，引导其回归实体经济。

10. 依法打击资金掮客和资金融通中的违法犯罪行为，有效规范金融秩序。对于民间借贷中涉及商业银行工作人员内外勾结进行高利转贷、利益输送，或者金融机构工作人员违法发放贷款，以及公司、企业在申请贷款过程中虚构事实、隐瞒真相骗取贷款、实施贷款诈骗构成犯罪的，依法追究刑事责任。

三、有效防范化解金融风险，切实维护金融安全

11. 依法处置“僵尸企业”推动经济去杠杆。加强破产审判工作和体制机制建设，充分发挥破产程序在依法处置“僵尸企业”中的制度功能。对于已不具备市场竞争力和营运价值的“僵尸企业”，及时进行破产清算，有序退出市场，切实减少无效供给、化解过剩产能、释放生产要素、降低企业杠杆率，为深化供给侧结构性改革提供有力的司法服务和保障。

12. 充分发挥破产重整制度的拯救功能，促进有价值的危困企业再生。健全完善破产企业识别机制，对于虽然丧失清偿能力，但仍能适应市场需要、具有营运价值的企业，要综合运用破产重整、和解制度手段进行拯救，优化资源配置，实现企业再生。破产重整程序要坚持市场化导向，更加重视重整中的营业整合和资产重组，严格依法审慎适用重整计划强制批准权。

13. 积极预防破产案件引发金融风险，维护社会稳定。依法审慎处理可能引发金融风险、影响社会稳定的破产案件，特别是涉及相互、连环担保以及民间融资、非法集资的企业破产案件，避免引发区域性风险和群体性事件。进一步完善上市公司、金融机构等特定主体的破产制度设计，预防个案引发系统性金融风险。严格审查破产程序中的恶意逃废债务行为。依法适用关联企业合并破产、行使破产撤销权和取回权等手段，查找和追回债务人财产。对于隐匿、故意销毁会计账册、会计凭证，拒不执行法院判决、裁定等犯罪行为，依法追究刑事责任。

14. 依法保护金融债权，提升金融债权实现效率。依法打击逃废金融债权的行为，明确责任主体和责任范围，切实保护金融债权。根据具体金融借款合同纠纷案件的特点，分别适用普通程序、简易程序、特别程序、督促程序等不同程序，提高审判效率。有效发挥具有强制执行效力的公证书的作用，降低金融债权实现成本。

15. 依法审理票据纠纷案件，妥善化解票据风险。认真研究应对因违法票据融资行为可能引发的金融风险，准确适用票据法审理票据纠纷案件，有效防范和遏制票据风险，促进票据市场安全稳定发展。

16. 依法审理金融不良债权案件，保障金融不良债权依法处置。加强研究新形势下金融不良债权处置过程中出现的新情况新问题，统一裁判标准，促进金融不良债权处置的市场化、法治化进程。

17. 持续保持对非法集资犯罪打击的高压态势，有效维护社会稳定。依法公正高效审理非法集资案件，严厉打击非法集资犯罪行为。针对非法集资犯罪案件参与人数多、涉案金额大、波及面广、行业和区域相对集中的特点，加强与职能机关、地方政府的信息沟通和协调配合，提升处置效果，切实保障被害人的合法权益，有效维护社会稳定。

18. 依法保障房地产市场平稳健康发展，防范房地产市场的金融风险传导。高度重视房地产市场波动对金融债权的影响，依法妥善审理相关案件，有效防范房地产市场潜在风险对金融稳定和金融安全的传导与冲击。统一借名买房等规避国家房产限购政策的合同效力的裁判标准，引导房产交易回归居住属性。

19. 依法严厉惩治证券犯罪行为，维护资本市场秩序。依法审理欺诈发行股票、债券案件，违规披露、不披露重要信息案件，内幕交易案件，利用未公开信息交易案件和操纵证券、期货市场案件，防范和化解资本市场的系统性风险，促进资本市场的持续健康发展。

20. 加强投资者民事权益的司法保护，维护投资者的财产安全。依法审理证券市场虚假陈述、内幕交易、操纵市场的民事案件，保障证券投资者的合法权益。支持证券投资者保护机构以诉讼代表人的身份接受投资者委托提起诉讼或者提供专门法律服务，拓展投资者维权方式。探索建立证券侵权民事诉讼领域的律师调查令制度，提高投资者的举证能力。依法充分运用专家证人、专家陪审员制度，扩充证券案件审理的知识容量和审理深度，提高证券案件审判的专业性和公信力。引导金融产品提供者及服务提供者切实履行投资者适当性审查义务、信息披露义务和最大损失揭示义务，依法维护投资者的正当权益。

21. 规范整治地方交易场所的违法交易行为，防范和化解区域性金融风险。对地方交易场所未经许可或者超越经营许可范围开展的违法违规交易行为，要严格依照相关法律和行政法规的禁止性规定，否定其法律效力，明确交易场所的民事责任。切实加强涉地方交易场所案件的行政处置工作与司法审判工作的衔接，有效防范区域性金融风险。

22. 依法审理涉地方政府债务纠纷案件，防范地方政府债务风险。依法认定政府违法提供担保的法律责任，规范政府行为。依法认定地方政府利用平台公司融资、政府和社会资本合作（PPP）、投资基金、购买服务等方式变相举债作出的行政行为或者签订的行政协议的性质、效力和责任，明确裁判规则，划出责任边界，有效防范地方政府债务风险的集聚。

23. 依法审理涉外投资案件，加强外部金融风险的防范应对。加强对“一带一路”战略下跨境投资的金融安全与金融风险问题的研究应对，准确认定规避国家外汇管制政策的跨境投资行为的法律效力。

四、依法服务和保障金融改革，建立和完善适应金融审判工作需要的新机制

24. 支持金融监管机构依法履职，监督和促进金融监管机构依法行政。紧密配合金融改革和金融监管机构调整的要求，维护金融监管机构依法履行监管职责。依法审理涉及金融监管机构履行行政许可和审批、作出行政处罚和处理、公开政府信息及不履行法定职责等方面的各类行政案件，积极推动、监督和支持金融监管机构依法行政。

25. 加强与金融监管机构的协调配合，推动完善金融法治体系。探索建立人民法院与金融监管机构之间的沟通机制，定期通报涉及金融风险防范与金融安全的重要案件情况，强化金融监管和金融审判的衔接配合，推动形成统一完善的金融法治体系。

26. 有效引入外部资源，探索完善金融案件的多元化纠纷解决机制。推广证券期货行业、保险行业的诉讼与调解对接机制的成功经验，联合相关金融监管机构、行业协会和投资者保护机构，发挥专业资源优势，防范和化解金融纠纷。进一步畅通当事人的诉求表达和权利救济渠道，通过立案前委派调解、立

案后委托调解等方式，促进金融纠纷依法、公正、高效解决，有效维护各方当事人的合法权益。

27. 建立金融审判信息平台，不断提升金融审判的信息化水平。结合“智慧法院”建设，探索建立金融审判信息平台，研究建立以金融机构为当事人的民商事案件信息管理系统，实时反映金融机构涉诉信息。建立重大金融案件的信息专报制度，及时研究应对措施，有效防范金融风险的传导和扩大。充分挖掘运用司法大数据，加强对金融案件的审判管理和分析研判，定期形成金融审判大数据分析报告，研究解决具有普遍性、趋势性的法律问题，为区域性、行业性、系统性金融风险的防范预警和重大决策提供信息支持。

五、加强司法能力建设，不断提升金融审判的专业化水平

28. 根据金融案件特点，探索建立专业化的金融审判机构。根据金融机构分布和金融案件数量情况，在金融案件相对集中的地区选择部分法院设立金融审判庭，探索实行金融案件的集中管辖。在其他金融案件较多的中级人民法院，可以根据案件情况设立专业化的金融审判庭或者金融审判合议庭。

29. 加强金融审判队伍的专业化建设，为金融审判提供人才保障。充实各级人民法院的金融审判队伍，完善与金融监管机构交流挂职、联合开展业务交流等金融审判专业人才的培养机制，有针对性地开展金融审判专题培训，努力造就一支既懂法律、又懂金融的高素质金融审判队伍，不断提升金融审判的专业化水平。

30. 加强金融司法研究，推动金融法治理论与金融审判实践的深度融合。加强与学术机构、高等院校的合作，围绕金融审判实务问题，深入开展金融审判的理论研究，为金融审判提供智力支持。

最高人民法院
印发《关于为改善营商环境提供司法保障的若干意见》的通知

2017 年 8 月 7 日　　　　　　　　法发〔2017〕23 号

各省、自治区、直辖市高级人民法院，解放军军事法院，新疆维吾尔自治区高级人民法院生产建设兵团分院：

现将《最高人民法院关于为改善营商环境提供司法保障的若干意见》印发给你们，请认真贯彻执行。

附：

关于为改善营商环境提供司法保障的若干意见

为改善投资和市场环境，营造稳定公平透明、可预期的营商环境，加快建设开放型经济新体制提供更加有力的司法服务和保障，结合人民法院审判执行工作实际，制定本意见。

一、依法平等保护各类市场主体，推动完善社会主义市场经济主体法律制度

1. 坚持平等保护原则，充分保障各类市场主体的合法权益。全面贯彻平等保护不同所有制主体、不同地区市场主体、不同行业利益主体的工作要求，坚持各类市场主体法律地位平等、权利保护平等和发展机会平等的原则，依法化解各类矛盾纠纷，推动形成平等有序、充满活力的法治化营商环境。严格落实《最高人民法院关于依法平等保护非公有制经济促进非公有制经济健康发展的意见》，为非公有制经济健康发展提供良好的司法环境。

2. 根据《中华人民共和国民法总则》法人制度的规定，进一步完善法人规则体系。针对《中华人民共和国民法总则》法人制度部分的变化，及时总结具体适用过程中存在的问题，区分情况加以研究解决，推动社会主义市场经济法人制度的进一步完善。

3. 加强中小股东保护，推动完善公司治理结构。适时出台公司法相关司法解释，正确处理公司决议效力、股东知情权、利润分配权、优先购买权和股东代表诉讼等纠纷案件，依法加强股东权利保护，促进公司治理规范化，提升我国保护中小股东权益的国际形象，增强社会投资的积极性。

二、准确把握市场准入标准，服务开放型经济新体制建设

4. 做好与商事制度改革的相互衔接，推动形成更加有利于大众创业、万众创新的营商氛围。妥善应对商事登记制度改革对司法审判工作的影响，切实推动解决注册资本认缴登记制改革后的法律适用问题。利用大数据和现代信息技术，积极推动建立全国统一的各类财产权属登记平台和金融交易登记平台，让市场交易更加便利、透明。

5. 准确把握外商投资负面清单制度，促进外资的有效利用。在处理外商投资企业纠纷的案件中，依法落实外商投资管理体制改革的各项举措，准确把握外商投资负面清单制度的内容以及清单变化情况，妥善处理在逐步放开外商投资领域时产生的涉及外资准入限制和股比限制的法律适用问题，形成更加开放、公平、便利的投资环境。

6. 依法审理各类涉外商事海事案件，服务和保障“一带一路”等国家重大战略的实施。充分发挥审判职能作用，依法行使司法管辖权，公正高效审理各类涉外商事海事案件，平等保护中外当事人程序权利和实体权益。按照《最高人民法院关于人民法院为“一带一路”建设提供司法服务和保障的若干意见》，加强与“一带一路”沿线国家的国际司法协助，完善相关工作机制，及时化解争议纠纷，为“一带一路”建设营造良好法治环境。

7. 加强涉自贸试验区民商事审判工作，为开放型经济新体制建设提供司法保障。落实《最高人民法院关于为自由贸易试验区建设提供司法保障的意见》，积极配合自贸试验区政府职能转变、投资领域开放、贸易发展方式转变、金融领域开放创新等各项改革措施，公正高效审理各类涉自贸试验区案件，依法保障自贸试验区建设的制度创新。对案件审理过程中发现与自贸试验区市场规则有关的制度缺陷问题，及时提出司法建议，持续推进自贸试验区法治建设。

8. 适时提出立法、修法建议和制定、修订司法解释，为外商投资提供良好的法制保障。清理涉及外商投资的司法解释及政策文件，对于已与国家对外开放基本政策、原则不符的司法解释及政策文件，及时修订或废止。对于需要通过制定相关法律法规予以解决的问题，及时提出立法、修法建议；对于需要出台司法解释解决的问题，及时出台司法解释。

三、保障市场交易公平公正，切实维护市场交易主体合法权益

9. 加大产权保护力度，夯实良好营商环境的制度基础。严格落实《中共中央、国务院关于完善产权保护制度依法保护产权的意见》及《最高人民法院关于充分发挥审判职能作用切实加强产权司法保护的意见》，完善各类市场交易规则，妥善处理涉产权保护案件，推动建立健全产权保护法律制度体系。深入研究和合理保护新型权利类型，科学界定产权保护边界，妥善调处权利冲突，切实实现产权保护法治化。

10. 依法审理各类合同案件，尊重契约自由，维护契约正义。尊重和保护市场主体的意思自治，合理判断各类交易模式和交易结构创新的合同效力，促进市场在资源配置中起决定性作用，提升市场经济活力。严格按照法律和司法解释规定，认定合同性质、效力、可撤销、可解除等情形，维护契约正义。通过裁判案件以及适时发布指导性案例等形式，向各类市场主体宣示正当的权利行使规则和违反义务的法律后果，强化市场主体的契约意识、规则意识和责任意识。妥善处理民行、民刑交叉问题，厘清法律适用边界，建立相应机制，准确把握裁判尺度。

11. 妥善审理各类金融案件，为优化营商环境提供金融司法支持。依法审理金融借款、担保、票据、证券、期货、保险、信托、民间借贷等案件，保护合法交易，平衡各方利益。以服务实体经济为宗旨，引导和规范各类金融行为。慎重审查各类金融创新的交易模式、合同效力，加快研究出台相应的司法解释和司法政策。严厉打击各类金融违法犯罪行为，维护金融秩序。加强对金融消费者的保护，切实维护其合法权益。加强金融审判机构和队伍的专业化建设，持续提升金融审判专业化水平。

12. 严格依法审理各类知识产权案件，加大知识产权保护力度，提升知识产权保护水平。严格落实《中国知识产权司法保护纲要（2016—2020）》，持续推进知识产权审判工作。加强对新兴领域和业态知识产权保护的法律问题研究，适时出台司法解释和司法政策，推动知识产权保护法律法规和制度体系的健全完善。加强知识产权法院体系建设，充分发挥审判机构专门化、审判人员专职化和审判工作专业化的制度优势。进一步发挥知识产权司法监督职能，加大对知识产权授权确权行政行为司法审查的深度和广度，推动完善知识产权诉讼中的权利效力审查机制，合理强化特定情形下民事诉讼对民行交叉纠纷解决的引导作用，促进知识产权行政纠纷的实质性解决。综合运用民事、行政和刑事手段从严惩处各类知识产权侵权违法犯罪行为，依法让侵权者付出相应代价。

13. 推动建立统一开放的社会主义市场体系，促进市场有序竞争。严格依

据相关竞争法律法规，规制各类垄断行为和不正当竞争行为，妥善处理破坏市场竞争规则的案件，充分发挥司法裁判对公平竞争市场环境的维护和指引作用。进一步规范行政机关的行政许可和审批行为，并通过建立完善与行政区划适当分离的司法管辖制度等方式，打破部门垄断和地方保护，推动形成权责明确、公平公正、透明高效、法治保障的市场监管格局，为维护公平有序的市场竞争环境提供司法保障。

14. 加强执行工作，充分保障胜诉当事人合法权益的实现。全面构建综合治理执行难工作格局，按照《关于落实“用两到三年时间基本解决执行难问题”的工作纲要》要求，完善执行法律规范体系，加强执行信息化建设，加大执行力度，规范执行行为，切实增强执行威慑，优化执行效果。严格依据刑法及司法解释的规定，依法追究拒不执行人民法院判决、裁定的被执行人、协助执行义务人、担保人的刑事责任。

四、加强破产制度机制建设，完善社会主义市场主体救治和退出机制

15. 完善破产程序启动机制和破产企业识别机制，切实解决破产案件立案难问题。按照法律及司法解释的相关规定，及时受理符合立案条件的破产案件，不得在法定条件之外设置附加条件。全力推进执行案件移送破产审查工作，实现“能够执行的依法执行，整体执行不能符合破产法定条件的依法破产”的良性工作格局。积极探索根据破产案件的难易程度进行繁简分流，推动建立简捷高效的快速审理机制，尝试将部分事实清楚、债权债务关系清晰或者“无产可破”的案件，纳入快速审理范围。

16. 推动完善破产重整、和解制度，促进有价值的危困企业再生。引导破产程序各方充分认识破产重整、和解制度在挽救危困企业方面的重要作用。坚持市场化导向开展破产重整工作，更加重视营业整合和资产重组，严格依法适用强制批准权，以实现重整制度的核心价值和制度目标。积极推动构建庭外兼并重组与庭内破产程序的相互衔接机制，加强对预重整制度的探索研究。研究制定关于破产重整制度的司法解释。

17. 严厉打击各类“逃废债”行为，切实维护市场主体合法权益。严厉打击恶意逃废债务行为，依法适用破产程序中的关联企业合并破产、行使破产撤销权和取回权等手段，查找和追回债务人财产。加大对隐匿、故意销毁会计凭证、会计账簿、财务会计报告等犯罪行为的刑事处罚力度。

18. 协调完善破产配套制度，提升破产法治水平。推动设立破产费用专项基金，为“无产可破”案件提供费用支持。将破产审判工作纳入社会信用体系整体建设，对失信主体加大惩戒力度。推动制定针对破产企业豁免债务、财产处置等环节的税收优惠法律法规，切实减轻破产企业税费负担。协调解决重整

或和解成功企业的信用修复问题，促进企业重返市场。推进府院联动破产工作统一协调机制，统筹推进破产程序中的业务协调、信息提供、维护稳定等工作。积极协调政府运用财政奖补资金或设立专项基金，妥善处理职工安置和利益保障问题。

19. 加强破产审判组织和破产管理人队伍的专业化建设，促进破产审判整体工作水平的持续提升。持续推进破产审判庭室的设立与建设工作，提升破产审判组织和人员的专业化水平。研究制定关于破产管理人的相关司法解释，加快破产管理人职业化建设。切实完善破产审判绩效考核等相关配套机制，提高破产审判工作效能。

五、推动社会信用体系建设，为持续优化营商环境提供信用保障

20. 充分运用信息化手段，促进社会信用体系建设的持续完善。探索社会信用体系建设与人民法院审判执行工作的深度融合路径，推动建立健全与市场主体信用信息相关的司法大数据的归集共享和使用机制，加大守信联合激励和失信联合惩戒工作力度。

21. 严厉惩处虚假诉讼行为，推进诉讼诚信建设。严格依照法律规定，追究虚假诉讼、妨害作证等行为人的刑事法律责任。适时出台相关司法解释，明确虚假诉讼罪的定罪量刑标准。完善对提供虚假证据、故意逾期举证等不诚信诉讼行为的规制机制，严厉制裁诉讼失信行为。

22. 强化对失信被执行人的信用惩戒力度，推动完善失信惩戒机制。按照中共中央办公厅、国务院办公厅印发的《关于加快推进失信被执行人信用监督、警示和惩戒机制建设的意见》要求，持续完善公布失信被执行人名单信息、限制被执行人高消费等制度规范，严厉惩戒被执行人失信行为。推动完善让失信主体“一处失信、处处受限”的信用惩戒大格局，促进社会诚信建设，实现长效治理。

最高人民法院办公厅
关于印发《最高人民法院国际商事法庭程序规则（试行）》的通知

2018年11月21日　　　　法办发〔2018〕13号

各省、自治区、直辖市高级人民法院，解放军军事法院，新疆维吾尔自治区高级人民法院生产建设兵团分院；本院各单位：

为方便当事人通过最高人民法院国际商事法庭解决纠纷，最高人民法院审判委员会第1751次会议2018年10月29日审议通过了《最高人民法院国际商事法庭程序规则（试行）》，现予以印发。

附：

最高人民法院国际商事法庭程序规则（试行）

为方便当事人通过最高人民法院国际商事法庭（以下简称国际商事法庭）解决纠纷，根据《中华人民共和国民事诉讼法》《最高人民法院关于设立国际商事法庭若干问题的规定》（以下简称《规定》）等法律和司法解释的规定，制定本规则。

第一章　一般规定

第一条　国际商事法庭为当事人提供诉讼、调解、仲裁有机衔接的国际商事纠纷解决机制，公正、高效、便捷、低成本地解决纠纷。

第二条　国际商事法庭依法尊重当事人意思自治，充分尊重当事人解决纠纷方式的选择。

第三条　国际商事法庭平等保护中外当事人的合法权益，保障中外当事人充分行使诉讼权利。

第四条　国际商事法庭支持通过网络方式受理、缴费、送达、调解、阅卷、证据交换、庭前准备、开庭等，为诉讼参加人提供便利。

第五条　当事人可以通过国际商事法庭官方网站（cicc. court. gov. cn）上

的诉讼平台向国际商事法庭提交材料。如确有困难，当事人可以采取以下方式提交材料：

（一）电子邮件；

（二）邮寄；

（三）现场提交；

（四）国际商事法庭许可的其他方式。

通过前款第二项、第三项方式提交的，应提供纸质文件并按对方当事人人数提供副本，附光盘或其他可携带的储存设备。

第六条 国际商事法庭根据当事人的申请，为当事人提供翻译服务，费用由当事人负担。

第七条 国际商事法庭设立案件管理办公室，负责接待当事人，受理和管理案件，协调诉讼与调解、仲裁等诉讼外纠纷解决方式的衔接，统筹管理翻译、域外法律查明等事务。

第二章 受理

第八条 原告根据《规定》第二条第一项向国际商事法庭提起诉讼，应当提交以下材料：

（一）起诉状；

（二）选择最高人民法院或第一国际商事法庭、第二国际商事法庭管辖的书面协议；

（三）原告是自然人的，应当提交身份证明。原告是法人或者非法人组织的，应当提交营业执照或者其他登记证明、法定代表人或者负责人身份证明；

（四）委托律师或者其他人代理诉讼的，应当提交授权委托书、代理人身份证明；

（五）支持诉讼请求的相关证据材料；

（六）填妥的《送达地址确认书》；

（七）填妥的《审前分流程序征询意见表》。

前款第三项、第四项规定的证明文件，在中华人民共和国领域外形成的，应当办理公证、认证等证明手续。

第九条 国际商事法庭在接收原告根据第八条提交的材料后，出具电子或纸质凭证，并注明收到日期。

第十条 高级人民法院根据《规定》第二条第二项报请最高人民法院审理的，在报请时，应当说明具体理由并附有关材料。最高人民法院批准的，由国际商事法庭受理。

第十一条 最高人民法院根据《规定》第二条第三项、第五项决定由国际商事法庭审理的案件，国际商事法庭应予受理。

第十二条 国际商事法庭对符合民事诉讼法第一百一十九条规定条件的起诉，且原告在填妥的《审前分流程序征询意见表》中表示同意审前调解的，予以登记、编号，暂不收取案件受理费；原告不同意审前调解的，予以正式立案。

第三章 送达

第十三条 国际商事法庭应向被告及其他当事人送达原告提交的起诉状副本、证据材料、《审前分流程序征询意见表》和《送达地址确认书》。

第十四条 当事人在《送达地址确认书》中同意接收他方当事人向其送达诉讼材料，他方当事人向其直接送达、邮寄送达、电子方式送达等，能够确认受送达人收悉的，国际商事法庭予以认可。

第十五条 当事人在《送达地址确认书》中填写的送达地址变更的，应当及时告知国际商事法庭。

第十六条 因受送达人拒不提供送达地址、提供的送达地址不准确、送达地址变更未告知国际商事法庭，导致相关诉讼文书未能被实际接收的，视为送达。

第四章 审前调解

第十七条 案件管理办公室在起诉材料送达被告之日起七个工作日内（有多名被告的，自最后送达之日起算）召集当事人和/或委托代理人举行案件管理会议，讨论、确定审前调解方式，并应当商定调解期限，一般不超过二十个工作日；当事人不同意审前调解的，确定诉讼程序时间表。

当事人同意由最高人民法院国际商事专家委员会成员（以下简称专家委员）进行审前调解的，可以共同选择一至三名专家委员担任调解员；不能达成一致的，由国际商事法庭指定一至三名专家委员担任调解员。

当事人同意由国际商事调解机构进行审前调解的，可以在最高人民法院公布的国际商事调解机构名单中共同选择调解机构。

第十八条 案件管理会议以在线视频方式召开。不适宜以在线视频方式召开的，通知当事人和/或委托代理人到场召开。

第十九条 案件管理会议结束后，案件管理办公室应当形成《案件管理备忘录》并送达当事人。

当事人应当遵循《案件管理备忘录》确定的事项安排。

第二十条 专家委员主持调解，应当依照相关法律法规，遵守本规则以及《最高人民法院国际商事专家委员会工作规则（试行）》对调解的有关规定，在各方自愿的基础上，促成和解。

第二十一条　专家委员主持调解不公开进行。调解应当记录调解情况，当事人和调解员应当签署。

第二十二条　专家委员主持调解过程中，有下列情形之一的，应当终止调解：

（一）各方或者任何一方当事人书面要求终止调解程序；

（二）当事人在商定的调解期限内未能达成调解协议，但当事人一致同意延期的除外；

（三）专家委员无法履行、无法继续履行或者不适合履行调解职责且不能另行选定或者指定专家委员；

（四）其他情形。

第二十三条　国际商事调解机构主持调解，应当依照相关法律法规，遵守该机构的调解规则或者当事人协商确定的规则。

第二十四条　经专家委员或者国际商事调解机构主持调解，当事人达成调解协议的，国际商事专家委员会办公室或者国际商事调解机构应在三个工作日内将调解协议及案件相关材料送交案件管理办公室，由国际商事法庭依法审查后制发调解书；当事人要求发给判决书的，国际商事法庭可以制发判决书。

第二十五条　当事人未能达成调解协议或者因其他原因终止调解的，国际商事专家委员会办公室或者国际商事调解机构应在三个工作日内将《调解情况表》及案件相关材料送交案件管理办公室。

案件管理办公室收到材料后，应当正式立案并确定诉讼程序时间表。

第二十六条　调解记录及当事人为达成调解协议作出妥协而认可的事实，不得在诉讼程序中作为对其不利的根据，但是当事人均同意的除外。

第五章　审理

第二十七条　国际商事法庭在答辩期届满后召开庭前会议，做好审理前的准备。有特殊情况的，在征得当事人同意后，可在答辩期届满前召开。

庭前会议包括下列内容：

（一）明确原告的诉讼请求和被告的答辩意见；

（二）审查处理当事人增加、变更诉讼请求的申请和提出的反诉，以及第三人提出的与本案有关的诉讼请求；

（三）听取对合并审理、追加当事人等事项的意见；

（四）听取回避申请；

（五）确定是否公开开庭审理；

（六）根据当事人的申请决定证人出庭、调查收集证据、委托鉴定、要求当事人提供证据、进行勘验、进行证据保全；

（七）组织证据交换；

（八）明确域外法律的查明途径；

（九）确定是否准许专家委员出庭做辅助说明；

（十）归纳案件争议焦点；

（十一）进行调解；

（十二）安排翻译；

（十三）当事人申请通过在线视频方式开庭的，由国际商事法庭根据情况确定；

（十四）其他程序性事项。

第二十八条　庭前会议可以采取在线视频、现场或国际商事法庭认为合适的其他方式进行。

第二十九条　庭前会议可以由合议庭全体法官共同主持，也可以由合议庭委派一名法官主持。

第三十条　通过在线视频方式开庭，除经查明属网络故障、设备损坏、电力中断或者不可抗力等原因外，当事人不按时参加在线庭审的，视为拒不到庭；庭审中擅自退出的，视为中途退庭。

第三十一条　在案件审理过程中，合议庭认为需要就国际条约、国际商事规则以及域外法律等专门性法律问题向专家委员咨询意见的，应当根据《最高人民法院国际商事专家委员会工作规则（试行）》向国际商事专家委员会办公室提出，并指定合理的答复期限，附送有关材料。

第六章　执行

第三十二条　国际商事法庭作出的发生法律效力的判决、裁定和调解书，当事人可以向国际商事法庭申请执行。国际商事法庭可以交相关执行机构执行。

第三十三条　国际商事法庭作出的发生法律效力的判决、裁定和调解书，如果被执行人或者其财产不在中华人民共和国领域内，当事人请求执行的，依照民事诉讼法第二百八十条第一款的规定办理。

第七章　支持仲裁解决纠纷

第三十四条　当事人依照《规定》第十四条第一款的规定，就标的额人民币三亿元以上或其他有重大影响的国际商事案件申请保全的，应当由国际商事仲裁机构将当事人的申请依照民事诉讼法、仲裁法等法律规定提交国际商事法庭。国际商事法庭应当立案审查，并依法作出裁定。

第三十五条　当事人依照《规定》第十四条第二款的规定，对国际商事仲裁机构就标的额人民币三亿元以上或其他有重大影响的国际商事案件作出的仲裁裁决向国际商事法庭申请撤销或者执行的，应当提交申请书，同时提交仲裁裁决书或者调解书原件。国际商事法庭应当立案审查，并依法作出裁定。

第八章　费用承担

第三十六条　对国际商事法庭立案审理的案件，当事人应当按照《诉讼费用交纳办法》的规定交纳案件受理费和其他诉讼费用。

第三十七条　由专家委员调解的案件，专家委员为调解支出的必要费用，由当事人协商解决；协商不成的，由当事人共同承担。

第三十八条　由国际商事调解机构调解的案件，调解费用适用该调解机构的收费办法。

第九章　附则

第三十九条　本规则自 2018 年 12 月 5 日起施行。

第四十条　本规则由最高人民法院负责解释。

最高人民法院办公厅
关于印发《最高人民法院国际商事专家委员会工作规则（试行）》的通知

2018 年 11 月 21 日　　　　法办发〔2018〕14 号

各省、自治区、直辖市高级人民法院，解放军军事法院、新疆维吾尔自治区高级人民法院生产建设兵团分院；本院各单位：

为规范最高人民法院国际商事专家委员会的工作，为最高人民法院国际商事法庭构建调解、仲裁、诉讼有机衔接的多元化纠纷解决平台提供支持与保障，最高人民法院审判委员会第 1751 次会议 2018 年 10 月 29 日审议通过了《最高人民法院国际商事专家委员会工作规则（试行）》，现予以印发。

附：

最高人民法院国际商事专家委员会工作规则（试行）

为规范最高人民法院国际商事专家委员会（以下简称国际商事专家委员会）的工作，根据《最高人民法院关于设立国际商事法庭若干问题的规定》，制定本规则。

第一条 最高人民法院设立国际商事专家委员会，为最高人民法院国际商事法庭（以下简称国际商事法庭）构建调解、仲裁、诉讼有机衔接的多元化纠纷解决机制提供支持与保障。

第二条 国际商事专家委员会由最高人民法院聘任的中外专家组成。

国际商事专家委员会成员（以下简称专家委员）应符合下列条件：

（一）在国际贸易、投资等国际商事法律领域具有精深造诣并在国际上具有较高影响力；

（二）品行高尚、公道正派；

（三）能够按照本规则认真履职尽责。

第三条 专家委员可以根据国际商事法庭的委托，承担下列职责：

（一）主持调解国际商事案件；

（二）就国际商事法庭以及各级人民法院审理案件所涉及的国际条约、国际商事规则、域外法律的查明和适用等专门性法律问题提供咨询意见；

（三）就国际商事法庭的发展规划提供意见和建议；

（四）就最高人民法院制定相关司法解释及司法政策提供意见和建议；

（五）国际商事法庭委托的其他事项。

第四条 专家委员应遵守下列规定：

（一）结合专业特长，以个人身份独立、客观、公正地提供咨询意见及建议；

（二）中立、公正调解国际商事案件，平等对待当事人；

（三）遵守专家委员行为守则规定的其他事项。

第五条 专家委员由最高人民法院根据工作需要择优聘任。

专家委员每届聘期四年，期满可以续聘。

聘期内因个人意愿、身体健康等原因无法继续担任专家委员，或因其他原因不适合继续担任专家委员的，最高人民法院可以决定终止聘任。

第六条 最高人民法院设立国际商事专家委员会办公室，作为国际商事专家委员会的日常办事机构，并承担下列职责：

（一）为专家委员与国际商事法庭之间的沟通协调和联络提供服务与保障；

（二）为专家委员从事调解、咨询、意见和建议工作提供服务与保障；

（三）登记、备案案件材料及裁判文书；

（四）筹备、组织国际商事专家委员会研讨会及咨询会，制作简报，汇编、存档会议资料；

（五）定期向专家委员发送国际商事法庭运行情况以及中国法治发展信息；

（六）其他日常管理事务。

第七条　国际商事专家委员会办公室可以根据工作需要在专家委员中指定一人担任国际商事专家委员会会议召集人，并受国际商事专家委员会办公室委托处理有关事宜。

第八条　最高人民法院可以根据工作需要决定召开国际商事专家委员会研讨会或组织部分专家委员召开咨询会，由召集人或者国际商事专家委员会办公室主任负责召集。

召集人至迟应于会议召开三个月前通过国际商事专家委员会办公室向专家委员发送会议通知，专家委员应在收到通知后七个工作日内答复是否参加。

确有紧急情况，需要召开临时会议的，在取得专家委员同意的情况下，可不限于第二款规定的期限。

会议可以采用在线视频方式或者现场会议方式进行。

第九条　国际商事法庭根据《最高人民法院国际商事法庭程序规则（试行）》第十七条委托专家委员调解的，应在受理案件后七个工作日内将《委托调解征询意见函》、选定或指定的专家委员名单报送国际商事专家委员会办公室，并附《审前分流程序征询意见表》及案件相关材料副本。

国际商事专家委员会办公室应在收到上述材料后七个工作日内联络专家委员，征询其意见。

专家委员应在收到《委托调解征询意见函》后七个工作日内予以回复。

国际商事专家委员会办公室应在收到专家委员回复后三个工作日内书面告知国际商事法庭。

第十条　专家委员同意主持调解的，应签署无利益冲突的书面声明，明确其不存在可能影响调解独立性、公正性的情形。

专家委员同意接受选定或者指定的，国际商事法庭应于三个工作日内出具《委托调解书》，并通知当事人。

第十一条　专家委员主持调解，应当依照相关法律法规，遵守本规则以及《最高人民法院国际商事法庭程序规则（试行）》对调解的有关规定，参照国际惯例、交易习惯，在各方自愿的基础上，根据公平、合理、保密的原则进行，促进当事人互谅互让，达成和解。

调解可以通过在线视频方式或者现场方式进行。

第十二条　根据《最高人民法院国际商事法庭程序规则（试行）》第二十二条终止调解时，专家委员应于终止调解后七个工作日内填妥《调解情况表》，连同案件相关材料，送交国际商事专家委员会办公室。国际商事专家委员会办公室应于收到后三个工作日内将《调解情况表》及案件相关材料，送交国际商事法庭，并保留副本。

第十三条　经专家委员主持达成调解协议，并由国际商事法庭依照法律规定制发调解书或判决书的，国际商事法庭应在作出调解书或者判决书后三个工作日内，将调解书或者判决书副本送交国际商事专家委员会办公室备存。

国际商事专家委员会办公室应于收到调解书或者判决书后三个工作日内，向专家委员发送副本。

第十四条　受理案件的国际商事法庭或者其他人民法院根据本规则第三条第二项的规定向专家委员进行咨询的，应以咨询函的形式向国际商事专家委员会办公室提出，并附相关材料。

咨询函应列明被咨询的专家委员姓名、所咨询的法律问题以及答复期限，答复期限一般不少于二十个工作日。

国际商事专家委员会办公室应于收到咨询函后三个工作日内联系专家委员，征询其意见。

专家委员同意接受咨询的，应按期制作书面答复意见，签字确认后送交国际商事专家委员会办公室。必要时，可以由若干名专家委员召开专家咨询会，形成书面答复意见并共同签字确认。

第十五条　对于专家委员受国际商事法庭委托出具的关于国际条约、国际商事规则以及域外法律等专门性法律问题的咨询意见，案件当事人申请专家委员出庭作辅助说明的，国际商事法庭应在收到申请后七个工作日内通过国际商事专家委员会办公室征询专家委员的意见。专家委员同意的，可以出庭作辅助说明。

第十六条　国际商事法庭根据本规则第三条第三项、第四项的规定委托专家委员提出意见和建议等事项的，应以委托函的方式向国际商事专家委员会办公室提出，并附相关材料。

委托函应当列明受委托的专家委员姓名、委托事项以及答复期限，答复期限一般不少于二十个工作日。

国际商事专家委员会办公室应于收到委托函后三个工作日内联系专家委员，征询其意见。

专家委员同意接受委托的，应按期制作书面答复意见，签字确认后送交国际商事专家委员会办公室。必要时，可以由若干名专家委员召开专家咨询会，形成书面答复意见并共同签字确认。

第十七条　最高人民法院为专家委员履行职责提供相应的保障。

第十八条　最高人民法院支持专家委员通过国际商事专家委员会办公室，对国际商事专家委员会及国际商事法庭的运行及发展提出意见和建议，并为专家委员和国际商事法庭之间、专家委员之间开展调研活动、信息交流以及各种形式的法律合作提供相应的便利条件。

第十九条　本规则自 2018 年 12 月 5 日起施行。

第二十条　本规则由最高人民法院负责解释。

（二）公司、企业

最高人民法院
关于审理中央级财政资金转为部分中央企业国家资本金有关纠纷案件的通知

2012 年 12 月 11 日　　　　法〔2012〕295 号

各省、自治区、直辖市高级人民法院，解放军军事法院，新疆维吾尔自治区高级人民法院生产建设兵团分院：

7 月 18 日，国务院国有资产监督管理委员会、国家发展和改革委员会、财政部联合下发了《关于进一步做好中央级财政资金转为部分中央企业国家资本金有关工作的通知》（国资发法规〔2012〕103 号，以下简称《通知》）。为妥善审理涉及中央级财政资金转为部分中央企业国家资本金的有关纠纷案件，现将该《通知》转发给你们。同时，经商国务院相关部委，就有关问题通知如下：

一、有关中央企业就《通知》所涉中央级财政资金转为国家资本金引发的确认公司或企业出资人权益、返还资金等纠纷提起民事诉讼的，人民法院应予受理。《通知》发布前人民法院已经受理的相关案件，人民法院可以继续审理。

有关中央企业请求返还资金案件的案由为资金返还纠纷。

二、《通知》发布前，当事人之间就确认公司或企业出资人权益、资金返还等达成的协议，不违反国家关政策规定的，其效力应予认可。

三、除人民法院已经受理的案件外，有关中央企业返还资金请求权的诉讼时效期间自《通知》第五条规定的期限届满之日起算。

当事人主张确认公司或企业出资人权益请求权不适用诉讼时效的规定。

四、有关中央企业请求用资企业返还资金，并请求按照银行同时期同档次贷款基准利率自《通知》第五条规定的期限届满之日起计付利息的，人民法院应予支持。

五、本通知发布前尚未审结的一、二审案件适用本通知；本通知发布前已经审结的案件，当事人申请再审或按审判监督程序提起再审的案件，不适用本通知。但依照最高人民法院《关于因政府调整划转企业国有资产引起的纠纷是否受理问题的批复》（法复〔1996〕4号）的规定或者以相关政策不明确为由，作出不予受理或者驳回起诉裁定的案件除外。

各级人民法院在审理涉及中央级财政资金转为部分中央企业国家资本金纠纷案件过程中遇到的问题，可逐级报告最高人民法院。

【解　　读】

解读《关于审理中央级财政资金转为部分中央企业国家资本金有关纠纷案件的通知》

2012年12月11日，最高人民法院发布了法〔2012〕295号《关于审理中央级财政资金转为部分中央企业国家资本金有关纠纷案件的通知》（以下简称本《通知》），在转发国务院国有资产管理委员会、国家发展和改革委员会、财政部2012年7月18日联合发布的国资发法规〔2012〕103号《关于进一步做好中央级财政资金转为部分中央企业国家资本金有关工作的通知》（以下简称103号《通知》）的同时，就人民法院审理涉及中央级财政资金转为部分中央企业国家资本金（以下简称国家资本金）纠纷案件中亟需解决的问题，经商国务院相关部委后，予以明确。

一、国家资本金政策的历史背景及内容

始于20世纪70年代末的中央级财政资金使用改革，是我国由计划经济向市场经济转变的一项重要措施，先后经历了“拨改贷”和“贷改投”两个阶段。所谓“拨改贷”是指国家将对企业的预算内基本建设投资由财政直接拨款

改为通过银行转贷。在原来的计划经济体制下，国家财政资金以拨款的方式无偿提供给国有企业使用。1984 年 12 月 4 日，全国人大六届二次会议的《政府工作报告》提出有偿使用财政资金、提高经济效益的原则，据此精神，原国家计委、财政部、中国人民建设银行联合发布实施《关于国家预算内基本建设投资全部由拨款改发贷款的暂行规定》(〔1984〕计资 2850 号)，决定从 1985 年起，凡是由国家预算安排的基本建设投资全部由财政拨款改为银行贷款。这是我国国有资产投资领域中进行的一次体制性变革。

然而，随着该项改革政策的实施，出现了部分用资企业资金不足、债务加重等情况。为减轻企业负担，加快国有企业改革步伐，1995 年 7 月 12 日，国务院发布《批转国家计委、财政部、国家经贸委关于将部分企业"拨改贷"资金本息余额转为国家资本金意见的通知》(国发〔1995〕20 号)，提出将自 1979 年至 1988 年由财政（包括中央和地方）拨款改为贷款的国家预算内基本建设投资在部分试点企业转为国家资本金，即"贷改投"。该通知提出，"拨改贷"资金本息余额转为国家资本金的原则是：以国家产业政策为依据，重点支持国民经济的基础产业和支柱产业；首先照顾归还"拨改贷"资金本息有困难的企业减轻债务负担，合理调整企业的资产负债结构。根据条件，确有困难的企业可将"拨改贷"资金本息余额全部或部分转为国家资本金，其他企业仍需按国家有关规定归还"拨改贷"本息。"拨改贷"资金本息余额转为国家资本金，由企业提出申请，国家计委、财政部审批。

随后，根据该通知的要求，国家计委和财政部制定发布了一系列文件，逐步推进"贷改投"政策的落实和实施。1996 年 12 月 5 日，原国家计委、财政部印发了《关于中央级"拨改贷"资金本息余额转为国家资本金的实施办法的通知》(计投资〔1996〕2801 号)。《关于中央级"拨改贷"资金本息余额转为国家资本金的实施办法》规定，本办法所称中央级"拨改贷"资金本息余额是指经国务院批准，从 1979 年至 1988 年由中央财政安排的国家预算内基本建设投资中有偿使用部分（扣除已经偿还、豁免和核转部分的本息），从使用贷款之日起至 1996 年 12 月 20 日止的本息余额，不包括"特种拨改贷""煤代油基金"和中央基本建设预算内经营性基金。1998 年 5 月 12 日，原国家计委、财政部印发《关于中央级基本建设经营性基金本息余额转为国家资本金的实施办法的通知》(计投资〔1998〕815 号)。《关于中央级基本建设经营性基金本息余额转为国家资本金的实施办法》规定，本办法所指中央级经营性基金本息余额，是指从 1989 年起至 1996 年底止由中央财政安排的国家预算内基本建设投资中的有偿使用部分，包括从 1989 年至 1994 年由部门安排的国家基建基金部门贷款、由原六大国家专业投资公司安排的国家投资公司基建基金委托贷款和从 1994 年至 1996 年由财政部与中央各主管部门（公司）及各省、自治区、直辖市及计划单列市财政厅（局）签订借款合同（协议）的部分，扣除已经偿还、核转部分的本息，从使用贷款之日起至1997年12月20日止的本息余额。凡属国务院已正式授权可行使出资人权利的公司及其下属企业所使用的中央级经营性基金本息余额，转增为已授权公司的资本金，并由已授权公司行使出资人的职能。1999年12月9日，财政部发布《关于之间“特种拨改贷”资金本息余额转为国家资本金的实施办法》（财基字〔1999〕956号），规定本办法所称中央级“特种拨改贷”资金余额，是指1987年用国家重点建设债券资金安排的特种拨改贷（国家计划称“特别贷款”）贷款，管理方式比照国家预算内“拨改贷”资金管理的有偿使用资金，从使用贷款之日起至1999年12月20日止的本金及其利息余额。凡属国务院已正式授权可代行出资人权利的公司（脱钩企业集团）及其下属企业所使用的中央级“特种拨改贷”资金本息余额，转增为已授权公司（集团）的资本金，并由已授权公司（集团）代行出资人职能。

在国家资本金政策的实施过程中，由于中央财政委托贷款自1985年实施以来，发放时间已长达20余年，经济管理体制、行政机构设置、国有资产管理以及企业隶属关系等都发生了很大变化，使得转为国家资本金的清理和核转工作难度很大。例如，由于机构变革和企业改制，与许多项目单位或企业的联系渠道中断。一些效益好的项目特别是上市公司，不愿意将中央财政的委托贷款转为国家资本金。一些项目的债务人已经改制或关闭、破产等，导致中央财政债权落空；部分企业在重组改制时，没有将中央财政委托贷款纳入债务清偿范围，导致无法对这部分贷款行使追索权。2009年9月3日，国家发展和改革委员会、财政部发布了《关于处理中央财政委托贷款有关问题的通知》（发改投资〔2009〕2274号），规定了对于中央财政委托贷款的处理原则：使用中央财政委托贷款的项目，凡符合相关条件且借款人愿意转为国家资本金或财政拨款的，应按照本通知的有关规定申请办理核转手续；借款人不愿意转为国家资本金或国家拨款的，或逾期没有申请办理核转手续的，应自本通知下发之日起，在1年内归还贷款本息。同时对于既不转为国家资本金又不还款的项目，以及拒不认账、情节恶劣的项目，规定可采取必要的法律和行政措施，但对于如何具体实施没有明确。

“拨改贷”“贷改投”的本意是使中央级财政资金的使用由计划经济体制下国家无偿划拨转化为市场经济体制下国家对企业的出资，同时减轻地方国有用资企业的债务负担。国家对企业出资的表现形式就是由国家计委、财政部授权特定的中央企业代行出资人职能，由地方国有用资企业落实国家资本金地位、确认出资人权利。相应地，国资委也将该资金作为获得授权的中央企业的法人资产，并据此考核中央企业的经营绩效。

然而，一些用资企业在经国务院相关部委批复将中央级财政资金转为国家资本金后，却拒不确认中央企业的出资人地位，也不返还占用的财政资金，致使中央企业无法代行出资人职能并完成国资委的考核指标。由此，在中央企业和用资企业之间，因落实国家资本金而引发了大量纠纷，几乎所有被授权享有国家出资人地位的中央企业在落实国家资本金过程中都遇到了不同程度的阻碍。更为严峻的是，十几年来，随着国有企业改制进程的加快，一些用资企业几经改制已面目全非，甚至已经不复存在，导致国有资产流失并且有加大流失之虞。同时，地方与中央企业之间因权益划分而形成的对立关系也随之显现。

由于几经行政协调未果，部分中央企业转而通过司法程序寻求解决纷争。但由于对国家资本金政策在具体执行过程中，国务院相关部委对于用资企业既不落实中央企业的出资人地位，也不返还借款、不支付利息等问题，没有后续政策指导，造成人民法院处理此类案件非常困难。由于国家资本金问题并不是完全意义上的法律问题，其主要涉及国家经济政策的落实，一直由国务院相关部门以行政方式推进，司法尺度的把握也有赖于中央政府相关政策的支撑。几年来，最高人民法院一直着力推动国务院相关部委继续出台新的行政政策就中央企业能否主张返还资金等问题予以明确。103号《通知》的出台，明确了中央企业可以主张返还相关款项，并为用资企业落实中央企业出资人权益或返还资金设定了最后期限。

二、103号《通知》的主要内容

103号《通知》由国资委、发改委、财政部起草并经国务院同意联合发布，旨在切实解决在国家资本金核转过程中存在的确权难、行权难等问题。

本《通知》第一条规定，本通知所称中央级财政资金，是指经国务院批准，依据原国家计委、财政部等有关部门的文件规定，转为部分中央企业国家资本金的三集资金，即中央级“拨改贷”资金、中央级基本建设经营性基金、中央级“特种拨改贷”资金。

本《通知》第四条、第五条要求，本通知印发前，有关部门已经批复将中央级财政资金转为有关中央企业国家资本金的，用资企业应当自本通知印发之日起6个月内办理工商变更登记等确权手续；本通知印发后有关部门批复的中央级财政资金，用资企业应当在批复文件印发之日起6个月内办理工商变更登记等确权手续。用资企业不承认有关中央企业出资人地位、不配合办理工商变更登记等手续的，应当在第4条规定的确权期限届满之日起6个月内将资金本息上缴中央国库。有关中央企业可以持有关证明材料向国资委申请在企业资本金中予以核销。

同时，本《通知》第8条对既不按照规定期限落实有关中央企业出资人地位，又不按照规定期限将资金本息上缴中央国库的用资企业，或者虽然规定期限未满，但用资企业明确拒绝履行上述义务的，规定："有关中央企业应当通过司法途径，依法请求确认股东资格或者返还相关款项，维护出资人合法权益，保障国有资产安全。"

三、审判实务中应注意的问题

（一）案件的受理

据不完全统计，目前部分中央企业向地方法院提起的案件近百起，同时还有部分中央企业处于观望状态，等待国务院出台后续政策，或者最高人民法院出台统一的司法政策。在已经审结的案件中，由于各地人民法院或对该项政策理解不一，加之现行司法体制的影响，致使裁判结果差别很大：有的支持中央企业关于确认其出资人地位或者返还借款的诉讼请求，有的则依据最高人民法院法复（1996）4号《关于因政府调整划转企业国有资产引起的纠纷是否受理问题的批复》规定，认定此类争议不属于人民法院受理民事诉讼的范围，或者以相关政策不明确为由，裁定不予受理或者驳回起诉，还有的驳回中央企业的诉讼请求。另外，也有一些人民法院则中止了对于此类案件的审理，等待新的政策或司法指导意见出台。

法复（1996）4号《关于因政府调整划转企业国有资产引起的纠纷是否受理问题的批复》解决的是1996年前后在地方政府及其所属主管部门对一些企业国有资产以改变隶属关系或者分设新企业等方式进行调整、划转之后，出现了企业不服政府及其所属主管部门的决定，要求收回已被调整、划转资产的纠纷，人民法院是否应当受理因这类纠纷提起诉讼的问题。其中第1条规定，"因政府及其所属主管部门在对企业国有资产调整、划转过程中引起相关国有企业之间的纠纷，应由政府或所属国有资产管理部门处理。国有企业作为当事人向人民法院提起民事诉讼的，人民法院不予受理。"因国家资本金问题不属于此范畴，一些法院依此规定对于有关中央企业所涉国家资本金引发的纠纷提起的诉讼不予受理或驳回起诉是不当的。为此，本《通知》第1条首先规定人民法院对于有关中央企业所涉国家资本金引发的纠纷提起民事诉讼的，应予受理。

同时，为纠正之前一些法院的不当认识，切实保护中央企业的合法权益，本《通知》第5条在例行规定"本通知发布前尚未审结的一、二审案件适用本通知；本通知发布前已经审结的案件，当事人申请再审或按审判监督程序提起再审的案件，不适用本通知"的同时，特别明确规定依照（1996）4号《关于因政府调整划转企业国有资产引起的纠纷是否受理问题的批复》，或者以相关政策不明确为由，作出不予受理或者驳回起诉裁定的案件，当事人可以申请再审。人民法院在审查当事人的再审申请或者进行再审时，应当适用本《通知》的相关规定。

本《通知》第1条同时明确了人民法院受理有关中央企业所涉国家资本金纠纷案件的范围，即103号《通知》所指的中央级“拨改贷”资金、基本建设经营性基金、“特种拨改贷”资金三类资金。在征求意见过程中，部分中央企业提出与之相似的其他中央级财政资金比如“煤代油”资金、黄金开发基金、黄金地勘基金、盐业生产发展基金及国债资金转为国家资本金的应当参照适用本《通知》。考虑到上述资金的相关问题国务院有关部门尚无明确的意见，本《通知》暂不予规定。

（二）有关中央企业的诉讼主张

据调研，大部分的用资企业在经申请并由发改委、财政部批准转为国家资本金后，由于种种原因并没有具体落实中央企业的出资人权益。经与国务院相关部委反复沟通、协调，103号《通知》第八条明确了中央企业可以选择进行确认股东资格或返还相关款项的诉讼。

但目前在用资企业中，企业结构有的是公司法人，有的是非公司法人。如果是前者，中央企业可以主张确认股东资格的诉讼，人民法院受理的案由应当为股东资格确认纠纷。股东资格确认纠纷是指股东与企业之间或者股东与股东之间就股东资格是否存在，或者具体的股权持有数额、比例等发生争议而引起的纠纷。如果是后者，中央企业仅可以主张确认企业出资人权益，人民法院受理的案由应当为企业出资人权益确认纠纷。企业出资人权益确认纠纷是指企业出资人与企业之间或者企业出资人之间就出资权益是否存在或者持有比例多少发生争议时，出资人诉请人民法院确认其享有企业一定出资权益的纠纷。

根据国务院相关部委的相关文件规定，中央级财政资金转为国家资本金的账务处理完毕，借款单位与建设银行签订的借款合同同时终止。加之中央企业被授权的是履行国家出资人职能，而不是债权人权利，故其不能依据借款合同主张还款。（之前一些法院受理的案件大多以借款纠纷作为案由，是不当的。）而由于中央企业出资人的权益没有落实，其主张返还出资不符合公司法的规定，故中央企业只能依据国务院相关部委一系列文件规定精神主张返还相关款项。但是，最高人民法院《民事案件案由规定》中没有对应的案由，为统一司法尺度且考虑到此类案件的特殊性，本《通知》明确案由为资金返还纠纷。

（三）有关中央企业提起诉讼的时间

103号《通知》第四条、第五条规定了两个6个月的期限，这是国务院有关部委在对103号《通知》印发前批复将中央级财政资金转为国家资本金的用资企业落实中央企业出资人权益发布一系列文件、给予一系列宽限政策之后给予的最后期限。考虑到103号《通知》印发前已经受理的案件、诉讼时效及中央企业在2013年7月18日前起诉，用资企业可以抗辩等情形，本《通知》没有明确中央企业可以提起诉讼的时间。但人民法院的案件受理应当等待两个期限的经过。如果中央企业在2013年7月18日前起诉，用资企业可以103号《通知》的内容进行抗辩。对于103号《通知》印发后有关部门批复转为国家资本金的，用资企业应当在批复文件印发之日起1年后提起诉讼。

但是，近几年各级人民法院受理的涉及国家资本金的案件除大部分已经审结外，尚有部分案件因等待相关的司法政策出台，处在中止状态。这部分案件都是中央企业因用资企业既不落实其出资人权益也不予还款而提起的主张返还相关款项的诉讼。鉴于用资企业对于中央企业行使其合法权利的拒绝，以及此类纠纷大多发生时间较长等原因，再等待两个6个月已无必要，受理案件的法院可以继续审理。

（四）利息计付

有关中央企业请求返还资金时，必然会一并请求支付利息，但利息从何时起算、按何种利率计算，是非常重要的问题。

关于利息的起算时间，按照最高人民法院处理逾期不予返还款项一类案件利息计付的一般原则，用资企业既不落实中央企业的出资人权益也不予还款的，应当自国务院有关部委文件规定的各类资金利息截止日起继续计付资金占用的利息。但是，国家资本金政策开始于1995年，当时的主要出发点是为了减轻用资企业的利息负担，如果从国务院有关部委文件规定的各类资金利息截止日起继续计付资金占用的利息，许多资金的利息将超过本金。加之，一直以来国务院有的部委坚持中央企业仅享有出资人地位，坚持国家资本金的出资性质，对于中央企业能否主张返还资金始终没有明确，因此，如果从国务院有关部委文件规定的各类资金利息截止日起计付利息，与国务院国家资本金政策减轻用资企业负担的宗旨相悖。考虑到1996年以后，国务院相关部委虽又陆续出台了一系列关于中央级财政资金转为部分中央企业国家资本金的文件，但大多没有得到很好的执行，中央企业的出资人权利未能得到很好的落实，此次103号《通知》给予了用资企业或者落实中央企业的出资人权益或者将资金本息上缴国库的最后期限，并明确赋予了中央企业可以通过诉讼请求用资企业返还出资的权利，同时考虑到国家资本金问题的历史背景及用资企业的现状，我们认为自103号《通知》第四条、第五条规定的期限届满之日起计付利息比较切实可行。按此方案，对于103号《通知》印发前，国务院有关部门已经批复将中央级财政资金转为有关中央企业国家资本金的，用资企业应当自2013年7月18日起按照同时期同档次贷款基准利率计付利息；对于103号《通知》印发后，国务院有关部门批复的中央级财政资金，用资企业应当自批复文件印发之日起1年后开始计付利息。此方案也得到了国务院相关部委的支持。

关于利率标准，考虑到中央企业取得国家资本金的出资人职能时，原来建设银行与用资企业的借款合同关系已经终止，加之中央企业取得的资本金数额已经包含了借款本金和到一定时限的借款利息，再以借款合同约定的利息标准计算，显属不当。而鉴于用资企业申请将借款转为国家资本金后，既不落实中央企业的出资人权益，也不返还资金，此次103号《通知》又给予了其落实中央企业出资人权益或将资金本息上缴国库的最后期限，因此用资企业应当按照审判实务中通常适用的资金占用费的审理原则，按照同时期同档次贷款基准利率计付利息。

需要特别说明的是，中央企业主张103号《通知》第五条规定的期限届满前的利息的，不论按照什么利率标准，人民法院均不予支持。

(五) 协议的处理

国务院主管部门确定资本金的出资人后，一些中央企业与用资企业在103号《通知》发布前经过协商订立了落实中央企业出资人权益或者还款的协议，但大多没有具体履行，为此中央企业可能请求人民法院对协议效力予以确认，并请求用资企业履行协议。对于上述协议，应当认定为双方当事人自主意志的体现，不违反国务院相关部委关于中央级财政资金转为国家资本金的一系列政策规定的，其效力应当予以认可。

需要说明的是，本《通知》第4条规定，有关中央企业请求用资企业返还资金的利息按照银行同期同档次贷款基准利率自103号《通知》第五条规定的期限届满之日起计付。103号《通知》发布前，中央企业与用资企业就资金返还达成的协议，如果免除了用资企业的利息，其效力应予认可；如果约定了与本《通知》第4条规定不同的利率和计付利息时间，也应当尊重当事人间的真实意思表不，认定协议的效力。当然，如果在诉讼中中央企业与用资企业就利息支付甚至本金返还另行达成一致的，应当准许。

(六) 诉讼时效的起算

国务院有关部门此前就国家资本金的系列文件下发后，部分中央企业的出资人权利一直没有得到落实，加之之前的国务院相关部委文件主要强调中央企业的出资人权利，对于其能否主张返还资金没有明确，致使部分中央企业对于能否请求返还资金并不明确。同时因为一些地方的法院对于中央企业返还借款的起诉不予受理或驳回起诉，致使中央企业在返还资金的时效维护上不够严谨。此次经过最高人民法院的多次沟通、协调，103号《通知》第八条写入了中央企业可以通过司法途径请求返还相关款项的内容，但中央企业返还资金请求权的诉讼时效如果自国务院有关部门批准转为国家资本金之日起算。因为上述原因，相当一部分请求权可能超过诉讼时效。考虑到国务院有关部委此次103号《通知》对于中央企业返还资金请求权予以了明确，也为了更好地保护中央企业的合法权益，防止国有资产流失，诉讼时效自103号《通知》规定的期限届满之日，即本通知印发前，有关部门已经批复将中央级财政资金转为有关中央企业国家资本金的，自2013年7月18日起算比较合理，也符合最高人民法院之前对于一些历史遗留问题在诉讼时效问题上的处理原则。但是，对于本通知印发后，有关部门批复的中央级财政资金的，诉讼时效应当自批复文件印发之日起1年后起算。中央企业请求确认公司或企业出资人权益属于确认之诉，而确认之诉请求权属于形成权，不适用诉讼时效的规定。

人民法院在审理涉及国家资本金的纠纷案件时，还可能遇到本《通知》没有涉及的诸如用资企业改制后的义务承担、用资企业破产、中央企业将权益转让，以及103号《通知》规定的三类资金之外的其他类资金涉及的纠纷如何处理等问题。对此，各地方人民法院可逐级报告最高人民法院。

（撰稿人：宋晓明 刘竹梅）

最高人民法院
关于人民法院为企业兼并重组提供司法保障的指导意见

2014年6月3日　　法发〔2014〕7号

各省、自治区、直辖市高级人民法院，解放军军事法院，新疆维吾尔自治区高级人民法院生产建设兵团分院：

企业兼并重组是调整优化产业结构，淘汰落后产能，化解过剩产能，提高经济发展质量和效益的重要手段，也是转变经济发展方式，提升我国综合经济实力的有效途径。当前，我国经济处于增长速度换挡期、结构调整阵痛期，同时也是推进企业兼并重组的重要机遇期。党的十八大和十八届三中全会部署了全面深化改革的各项任务，国务院《关于进一步优化企业兼并重组市场环境的意见》（国发〔2014〕14号，以下简称《意见》）明确了推动企业兼并重组的主要目标、基本原则和相关措施。企业兼并重组是今后一个时期推进企业改革的重要任务。各级人民法院要充分认识司法审判工作在企业兼并重组中的重要职能作用，依法有序推进企业兼并重组工作的顺利进行。

一、坚持围绕中心服务大局，以法治方式保障企业兼并重组工作依法有序推进

1. 要自觉将司法审判工作置于党和国家全局工作中，积极回应企业兼并重组工作的司法需求。企业兼并重组工作是党中央、国务院在新时期深化经济体制改革、转变经济发展方式、调整优化产业结构的重要举措。随着中央和地方各级政府部门关于企业兼并重组任务的逐步落实，一些纠纷将不可避免地通过诉讼程序进入人民法院。各级人民法院要充分认识到企业兼并重组涉及的矛盾复杂、主体广泛和利益重大，要强化大局意识和责任意识，紧密结合党的十八大、十八届三中全会精神和《意见》要求，依法充分发挥人民法院的职能作用，切实保障企业兼并重组工作的稳步推进。

2. 要正确处理贯彻党的方针政策与严格执法的关系，实现企业兼并重组法律效果和社会效果的有机统一。党的十八大和十八届三中全会作出的重大战略部署是我国在新的历史起点上全面深化改革的科学指南和行动纲领。党的方针政策和国家法律都是人民根本意志的反映，二者在本质上是一致的。不断完善和发展中国特色社会主义制度，推进国家治理体系和治理能力现代化，对人民法院正确贯彻党的方针政策与严格执法提出了更高的要求。人民法院要从强化国家战略的高度深刻认识为转变经济发展方式、调整优化产业结构提供司法保障的重大意义，通过严格执行法律，公正高效地审理案件，实现兼并重组案件审理法律效果和社会效果的有机统一。

3. 要高度重视企业兼并重组工作，依法保障企业兼并重组政策的顺利实施。企业兼并重组不仅关涉企业自身，还广泛涉及依法平等保护非公经济、防止国有资产流失、维护金融安全、职工再就业和生活保障以及社会稳定等一系列问题。人民法院要提前研判、分类评估、适时介入，依法保障企业兼并重组工作有序进行。要加强与政府部门沟通，根据需要推动建立企业兼并重组工作协调机制，实现信息共享、程序通畅。在案件审理执行中发现的重大性、苗头性问题，要及时向有关职能部门反馈或者提出司法建议。

4. 要依法及时受理审理兼并重组相关案件，通过司法审判化解企业兼并重组中的各类纠纷。人民法院要依法及时受理审理企业兼并重组过程中出现的合同效力认定、股权转让、投资权益确认、民间融资、金融债权保障、职工权益维护、企业清算、企业重整、经济犯罪等案件，无法定理由不得拒绝受理，不得拖延审理。

5. 要按照利益衡平原则，依法妥善处理各种利益冲突。企业兼并重组广泛涉及参与兼并重组的各方企业、出资人、债权人、企业职工等不同主体的切身利益，在此期间的利益博弈与权利冲突无法回避。人民法院要注意透过个案的法律关系，分析利益冲突实质，识别其背后的利益主体和利益诉求，依法确定利益保护的优先位序。法律法规没有明文规定的情形下，在个体利益冲突中应当优先寻找共同利益，尽可能实现各方的最大利益；在个体利益与集体利益、社会公共利益，地方利益与全局利益等不同主体利益的并存与冲突中，要在保护集体利益、社会公共利益和全局利益的同时兼顾个体利益、地方利益。坚决克服地方保护主义、行业及部门保护主义对司法审判工作的不当干扰。

二、强化商事审判理念，充分发挥市场在资源配置中的决定性作用

6. 依法认定兼并重组行为的效力，促进资本合法有序流转。要严格依照合同法第五十二条关于合同效力的规定，正确认定各类兼并重组合同的效力。结合当事人间交易方式和市场交易习惯，准确认定兼并重组中预约、意向协议、框架协议等的效力及强制执行力。要坚持促进交易进行，维护交易安全的商事审判理念，审慎认定企业估值调整协议、股份转换协议等新类型合同的效力，避免简单以法律没有规定为由认定合同无效。要尊重市场主体的意思自治，维护契约精神，恰当认定兼并重组交易行为与政府行政审批的关系。要处理好公司外部行为与公司内部意思自治之间的关系。要严格依照公司法第二十二条的规定，从会议召集程序、表决方式、决议内容等是否违反法律、行政法规或公司章程方面，对兼并重组中涉及的企业合并、分立、新股发行、重大资产变化等决议的法律效力进行审查。对交叉持股表决方式、公司简易合并等目前尚无明确法律规定的问题，应结合个案事实和行为结果，审慎确定行为效力。

7. 树立平等保护意识，鼓励、支持和引导非公经济积极参与企业兼并重组。非公经济是社会主义市场经济的重要组成部分，要依法保障非公经济平等使用生产要素，公开公平参与市场竞争。要统一适用法律规则，优化非公经济投资的司法环境，促进公平、竞争、自由的市场环境形成。要积极配合市场准入负面清单管理方式的实施，推动非公经济进入法律法规未禁入的行业和领域。保护各种所有制企业在投融资、税收、土地使用和对外贸易等方面享受同等待遇，提升非公经济参与国有企业混合所有制兼并重组的动力。要充分尊重企业的经营自主权，反对各种形式的强制交易，最大限度地激发非公经济的活力和创造力。

8. 正确适用公司资本法律规则，消除对出资行为的不当限制。要准确把握修改后的公司法中公司资本制度的立法精神，正确认识公司资本的作用与功能，支持企业正常合理的资金运用行为。要按照新修改的公司法有关放宽资本结构的精神审慎处理股东出资问题。职工持股会、企业工会等组织代为持有投资权益是目前部分企业资本结构中的特殊形态，企业兼并重组中涉及投资权益

变动的，人民法院要依法协调好名义股东与实际出资人间的利益关系。除法律法规有明确规定外，要注重方便企业设立和发展，在企业资本数额设定、投资义务履行期限等方面要充分尊重投资者的约定和选择，保障投资者顺利搭建重组平台。

9. 促进融资方式的多元化，有效解决企业兼并重组的资金瓶颈。对于符合条件的企业发行优先股、定向发行可转换债券作为兼并重组支付方式，要依法确认其效力。审慎处理发行定向权证等衍生品作为支付方式问题。积极支持上市公司兼并重组中股份定价机制改革，依法保障非上市公司兼并重组中的股份协商定价。要依法督促企业尤其是上市公司规范履行信息披露义务，增强市场主体投资信心，切实保障中小投资者合法权益。同时，要积极配合金融监管部门依法履职。

三、加强国有资产保护，依法保障企业资产的稳定与安全

10. 依法正确审理国有企业兼并重组案件，实现国有资产的保值增值。要正确认识国有企业深化改革与企业兼并重组之间的关系，切实保障有条件的国有企业改组为国有资本投资公司，不断增强国有经济的控制力和影响力。在现行法律框架范围内支持有利于企业壮大规模、增强实力的企业发展模式。要注意防范企业借管理者收购、合并报表等形式侵占、私分国有资产。严格遵循评估、拍卖法律规范，通过明晰和落实法律责任促进中介服务机构专业化、规范化发展，提升关键领域、薄弱环节的服务能力，防范和避免企业兼并重组过程中的国有资产流失。

11. 依法规制关联交易，严厉禁止不当利益输送。严格防范以关联交易的方式侵吞国有资产。要依照公司法等法律法规的规定依法妥当处理企业兼并重组中的关联交易行为。公司股东、董事、高级管理人员与公司之间从事的交易，符合法律法规规定的关联交易程序规则且不损害公司利益的，应当认定行为有效。对公司大股东、实际控制人或者公司董事等公司内部人员在兼并重组中利用特殊地位将不良资产注入公司，或者与公司进行不公平交易从而损害公司利益的行为，应当严格追究其法律责任。

12. 严厉打击企业兼并重组中的违法犯罪行为。各级人民法院要充分发挥刑事审判职能，坚持依法从严惩处的方针，严厉打击国有企业兼并重组中的贪污贿赂、挪用公款、滥用职权、非法经营等犯罪行为，依法严厉惩处非国有企业兼并重组中的职务侵占、挪用企业资金等犯罪行为，维护企业资产安全，同时，要努力挽回相关主体的经济损失。

四、维护金融安全，有效防控各类纠纷可能引发的区域性、系统性金融风险

13. 依法保障金融债权，有效防范通过不当兼并重组手段逃废债务。对涉及兼并重组的企业合并、分立案件，要明确合并分立前后不同企业的责任关系、责任承担方式及诉讼时效，避免因兼并重组导致金融债权落空。要依法快审快执涉兼并重组企业的金融借款案件，降低商业银行等金融机构的并购贷款风险，实现兼并重组中并购贷款融资方式可持续进行。要引导当事人充分运用民事诉讼法中的担保物权实现程序，减轻债权人的诉讼维权成本，促进担保物权快捷和便利地实现。

14. 加强民间金融案件审理，有效化解金融风险。要妥善审理兼并重组引发的民间融资纠纷，依法保护合法的借贷利息，坚决遏制以兼并重组为名的民间高利贷和投机化倾向，有效降低企业融资成本。依法支持和规范金融机构在企业兼并重组领域的金融创新行为，依法审慎认定金融创新产品的法律效力。在审判执行工作中要注意发现和防范因诉讼纠纷引发的区域性、系统性风险，切实避免金融风险在金融领域和实体经济领域的相互传导。严厉打击和制裁非法吸收或变相吸收公众存款、集资诈骗等金融违法犯罪行为，为企业兼并重组创造良好的融资环境。

五、完善市场退出机制，促进企业资源的优化整合

15. 依法审理企业清算、破产案件，畅通企业退出渠道。要充分发挥企业清算程序和破产程序在淘汰落后企业或产能方面的法律功能，依法受理企业清算、破产案件，督促市场主体有序退出。人民法院判决解散企业后应当告知有关人员依法及时组织企业清算。企业解散后债权人或股东向人民法院提出强制清算申请的，人民法院应当审查并依法受理。公司清算中发现符合破产清算条件的，应当及时转入破产清算。当事人依法主张有关人员承担相应清算责任的，人民法院应予支持。

16. 有效发挥破产重整程序的特殊功能，促进企业资源的流转利用。要积极支持符合产业政策调整目标、具有重整希望和可能的企业进行破产重整。通过合法高效的破产重整程序，帮助企业压缩和合并过剩产能，优化资金、技术、人才等生产要素配置。要注重结合企业自身特点，及时指定重整案件管理人，保障企业业务流程再造和技术升级改造。在企业重整计划的制定和批准上，要着眼建立健全防范和化解过剩产能长效机制，防止借破产重整逃避债务、不当耗费社会资源，避免重整程序空转。

17. 遵循企业清算破产案件审判规律，完善审判工作机制。审理企业清算

和破产案件，既是认定事实和适用法律的过程，也是多方积极协调、整体推进的系统工程。有条件的人民法院可以成立企业清算破产案件审判庭或者合议庭，专门审理兼并重组中的企业清算破产案件。要高度重视企业清算破产案件法官的培养和使用，结合实际努力探索科学合理的企业清算破产案件绩效考评机制，充分调动审判人员依法审理企业清算破产案件的积极性。

18. 认真总结破产案件审判经验，逐步完善企业破产配套制度。上市公司破产重整中涉及行政许可的，应当按照行政许可法和最高人民法院《关于审理上市公司破产重整案件工作座谈会纪要》的精神，做好司法程序与行政许可程序的衔接。要协调好企业破产法律程序与普通执行程序就债务人企业财产采取的保全执行措施间的关系，维护债务人企业财产的稳定和完整。要积极协调解决破产程序中企业税款债权问题，要在与税务机关积极沟通的基础上结合实际依法减免相应税款。要适应经济全球化趋势，加快完善企业跨境清算、重整司法制度。

六、充分保障职工合法权益，全力维护社会和谐稳定

19. 依法保护劳动者合法权益，切实保障民生。实现改革发展成果更多更公平惠及全体人民是我们各项事业的出发点和落脚点。企业职工虽然不是企业兼并重组协议的缔约方，但其是利益攸关方。人民法院在审判执行中要及时发现和注意倾听兼并重组企业职工的利益诉求，依法保障企业职工的合法权益，引导相关企业积极承担社会责任，有效防范兼并重组行为侵害企业职工的合法权益。

20. 建立大要案通报制度，制定必要的风险处置预案。对于众多债权人向同一债务企业集中提起的系列诉讼案件、企业破产清算案件、群体性案件等可能存在影响社会和谐稳定因素的案件，人民法院要及时启动大要案工作机制，特别重大的案件要及时向地方党委和上级人民法院报告。上级人民法院要及时指导下级人民法院开展工作，对各方矛盾突出、社会关注度高的案件要作出必要的预判和预案，增强司法处置的前瞻性和针对性。

21. 加强司法新闻宣传，创造良好的社会舆论环境。要高度重视舆论引导和网络宣传工作，针对企业兼并重组审判工作中涉及的敏感热点问题逐一排查，周密部署。要进一步推进司法公开，有力推动司法审判工作与外界舆论环境的良性互动，着力打造有利于企业兼并重组司法工作顺利开展的社会舆论环境。

当前，我国经济体制改革正向纵深发展。各级人民法院要进一步深入学习习近平总书记一系列重要讲话精神，牢牢坚持司法为民公正司法，坚持迎难而上，勇于担当，为优化企业兼并重组司法环境，保障经济社会持续健康发展，推进法治中国、美丽中国建设作出新的更大贡献。

【链　　接】

司法如何保障市场在资源配置中起决定作用

——法学专家解读《关于人民法院为企业兼并重组提供司法保障的指导意见》

一、实现国家政策和审判实践之间的清晰传动

在中国的社会环境与司法体制中，司法政策如何在国家政策和个案审判之间建立恰当的观念连接和协调的机制结构，近期颁布的最高人民法院《关于人民法院为企业兼并重组提供司法保障的指导意见》（以下简称《意见》）提供了一个可供阐释的有效样本。

如《意见》开篇所言，其颁行与国务院《关于进一步优化企业兼并重组市场环境的意见》（以下简称14号文）相关。14号文针对企业兼并重组中面临的审批多、融资难、负担重、服务体系不健全、体制机制不完善、跨地区跨所有制兼并重组困难等问题，通过营造良好的市场环境、充分发挥企业在兼并重组中的主体作用，实现企业兼并重组的应有作用，使企业兼并重组取得新成效。14号文贯彻了使市场在资源配置中起决定性作用和更好发挥政府作用的深化改革理念，确定了尊重企业主体地位、发挥市场机制作用、改善政府管理和服务的基本原则。《意见》就是在这样一个经济社会环境和法律运行机制中，就企业兼并重组这一经济社会法律事务，承接14号文的政策措施，贯彻三中全会精神。由此在中央精神、国家政策和审判实践之间，构造出政策理念的清晰传动和经济法律措施的有效转换。

《意见》体现了依责介入企业兼并重组事务的司法态度。企业兼并重组是加强资源整合、实现快速发展、提高竞争力的有效措施，及早获得企业间协议安排的确定性和对市场变化的快速反应，是企业兼并重组获得效益的必要条件。企业兼并重组是涉及面广、内容复杂的经济活动和法律事务，其间往往伴随了较高的经济风险和社会风险，并面临各种社会力量的干预。由于人民法院对企业兼并重组案件往往缺乏最终的决定权力并承受不相称的社会压力，在受理涉及企业兼并重组案件时不免存在犹疑心态。《意见》这次明确了依人民法院职责介入企业兼并重组事务的积极态度，要求人民法院依法及时地受理审理

涉及企业兼并重组的案件，并规定“无法定理由不得拒绝受理，不得拖延审理”，从而坚持了人民法院在企业兼并重组活动中的应有地位，在法律措施的及时性和确定性上保障了企业兼并重组的有效进行。

《意见》采行了尊重企业主体地位的司法措施。其一，尊重企业作为兼并重组事务的主体，提出要正确认定各种兼并重组合同的效力，尊重市场主体的意思自治和企业的经营自主权，反对各种形式的强制交易，防止企业兼并重组中的“拉郎配”与“绊脚石”等现象。其二，慎重对待企业的交易创新，对于企业兼并重组方面的交易模式与协议安排呈现出较大的灵活性和创新性，《意见》采取了积极而慎重的态度，依法尊重企业主体的创新精神和自主安排。例如，对企业估值调整协议、股份转换协议等新型合同，对交叉持股表决方式、公司简易合并尚无法律明确规定的做法，均审慎确定其行为效力，而不是简单地以法律没有规定为由认定无效。其三，确保投资者在企业兼并重组中的决定作用，要求按照新修改的《中华人民共和国公司法》（以下简称《公司法》）有关放宽资本结构的精神审慎处理股东出资问题，要注重方便企业设立和发展，在企业资本数额设定、投资义务履行期限等方面要充分尊重投资者的约定和选择，保障投资者顺利搭建重组平台。其四，确保企业意思决定的真实性和正当性。针对企业作为市场主体实质是由内部人控制的事实，对企业兼并重组中的内部人行为作出特别规定，公司大股东、实际控制人或者公司董事等公司内部人员在兼并重组中，如果利用特殊地位将不良资产注入公司，或者与公司进行不公平交易从而损害公司利益，将严格追究其法律责任。

《意见》巩固了发挥市场机制作用的司法理念。其一，提倡鼓励交易的审判理念，提出“要坚持促进交易进行，维护交易安全的商事审判理念”，正确认定各类兼并重组合同的效力，准确认定兼并重组中预约、意向协议、框架协议等的效力。其二，认可交易习惯在解决纠纷中的适用效力，明确规定在效力认定时，要结合市场交易习惯。其三，进一步强调不同所有制主体的市场平等地位，提出“保护各种所有制企业在投融资、税收、土地使用和对外贸易等方面享受同等待遇，提升非公经济参与国有企业混合所有制兼并重组的动力。”其四，构造有利于企业兼并重组的市场法律环境，强调企业兼并重组中的权责相当与利益平衡，要求明确企业兼并重组前后的责任关系及承担方式，并特别强调要处理好兼并重组企业与金融企业之间的关系，避免因兼并重组导致金融债权落空，降低商业银行等金融机构的并购贷款风险，实现兼并重组中并购贷款融资方式可持续进行。这些规定并不是对金融企业给予优待，而是从长远与公平的角度，为企业兼并重组建构一个能得到长期的金融支持与保障的市场环境。

《意见》优化了发挥政府管理和服务职能的司法途径。其一，依法界定政府在企业兼并重组中的地位，明确表示要坚决克服地方保护主义、行业及部门保护主义对司法审判工作的不当干扰，恰当认定兼并重组交易行为与政府行政审批的关系。其二，支持政府履行对企业兼并重组的管理与服务职能，要求在审理涉及企业兼并重组案件时，积极支持符合产业政策调整目标、具有重整希望和可能的企业进行破产重整。其三，建立全方位的案件审理沟通协调机制，要求积极配合金融监管部门依法履职，建立大案要案通报制度，制定必要的风险处置预案等。通过这些措施，可以更为有效地利用政府在企业兼并重组中的管理服务职能，确保企业兼并重组案件的顺利审理和有效执行。

（中国社会科学院　陈甦）

二、依法审慎裁判　维护资本市场健康发展

企业兼并重组是资本市场经常性的商事行为和交易行为，与一般具体民商事行为不同，兼并重组行为表现出突出的特点，也对商事裁判提出了特别的要求：

一是法律关系的多样性。兼并重组并非某一单独的法律行为，往往涉及多种法律关系和法律行为，呈现出多种法律关系的交织和融合。从《意见》规定的内容中即可反映其所涉法律关系的广泛性和多样性。其中既有当事人间的合同行为，又有政府机关的审批行为；既有公司的外部交易行为，又有公司内部的治理和决策行为。

二是合同关系的复杂性。兼并重组所涉合同关系既有传统的典型合同行为，又有各种特别的或新型的合同行为。特别合同如兼并重组中的预约、意向协议、框架协议等，新型合同如企业估值调整协议、股份转换协议、职工持股会股权代持合同等。而更为经常的则是融各种合同条款于一体的综合性或一揽子合同。这些合同在《中华人民共和国合同法》（以下简称《合同法》）中并无明文规定，属于非典型的无名合同，具有很强的个性，每个合同可能都有自己特有的内容和条款。

三是法律规范的广泛性。资本市场的兼并重组无论是行为本身还是司法裁判的法律适用涉及多个法律领域和法律部门，就《意见》的内容来看，需要依据的法律规范至少包括《合同法》《公司法》《中华人民共和国证券法》，有的问题还可能会涉及《中华人民共和国反垄断法》《中华人民共和国反不正当竞争法》等的适用。

资本市场上兼并重组行为的特殊性给人民法院的商事司法裁判带来挑战并提出了特殊的要求。在这一领域，办案法官经常遭遇疑难案件、新型合同、个性条款的困扰，经常面对传统法律原理未曾回应的现实问题，也经常发生现实商事实践与现行法律规范的冲突。应对这样的挑战，当然需要个案法官基于其

自身法律功底、法律修养和适用能力的能动司法和自由裁量，但这的确不够，尤其是在经济体制改革和政府职能转变不断深化、宏观经济政策转向充分发挥市场决定性作用的背景下，如何全面、准确、透彻地理解和把握法律规范，如何公正恰当地对兼并重组案件作出裁判，并实现促进和推动资本市场健康有序发展，维护交易安全和市场秩序的法律目标，需要法官汇聚和精炼共识、统一裁判理念、协调裁判尺度，以求裁判的公平公正。因此，《意见》的出台确是急市场所急，应裁判所需的重要司法举措。

《意见》虽然针对不同兼并重组案件的审理分别给出指导性的裁判意见，但其中也形成和体现出一些贯穿全局的基本裁判理念和原则：

第一，强调主体平等，维护公平竞争。要树立平等保护意识，鼓励、支持和引导非公经济积极参与企业兼并重组；要依法保障非公经济平等使用生产要素，公开公平参与市场竞争；推动非公经济进入法律法规未禁人的行业和领域；要统一适用法律规则，优化非公经济投资的司法环境，保护各种所有制企业在投融资、税收、土地使用和对外贸易等方面享受同等待遇。

第二，尊重市场主体意思自治。要尊重市场主体的意思自治，恰当认定兼并重组交易行为与政府行政审批的关系；要处理好公司外部行为与公司内部意思自治之间的关系；要从会议召集程序、表决方式、决议内容等是否违反法律、行政法规或公司章程方面，对兼并重组中涉及的企业合并、分立、新股发行、重大资产变化等决议的法律效力进行审查。

第三，维护契约效力，弘扬契约精神。要正确认定各类兼并重组合同的效力；结合当事人间交易方式和市场交易习惯，准确认定兼并重组中预约、意向协议、框架协议等的效力及强制执行力。

第四，促进市场交易，维护交易安全。要通过依法认定兼并重组行为的效力，促进资本合法有序流转。其中特别对企业估值调整协议、股份转换协议等新类型合同的效力的认定问题作出规定，避免简单以法律没有规定为由认定合同无效。

《意见》的一个特别内容是关于公司资本法律规则的适用。兼并重组中的许多内容是公司资本的安排和调整，为此，《意见》作了较为明确和具体的要求，提出要正确认识公司资本的作用与功能，支持企业正常合理的资金运用行为，要按照放宽资本结构的精神审慎处理股东出资问题，消除对出资行为的不当限制。要依法协调好名义股东与实际出资人间的利益关系，充分尊重投资者的约定和选择，保障投资者顺利搭建重组平台。

《意见》商事审判部分出现最多的是“依法”和“审慎”，这是最令人思考和耐人寻味的要求，也是兼并重组案件审理最具难度、最需用心把握的要求。一方面要依法，这是所有司法裁判应坚守的基本法律原则，无论是宏观上服务国家经济发展和市场体系建设大局，还是微观上为企业兼并重组提供司法保障，司法裁判完全可以有政治和政策上的导向和考量，但都必须以“依法”作为前提，必须在法律的框架内和法律规范的约束下实现，绝不应为一时和眼前的司法导向和目标而突破或抛开法律的底线。同时，“依法”亦需“审慎”，因为对法律的准确理解和把握并不简单和容易，基于不同的法律与司法目标和价值取向，对法律就会有不同的理解和把握，因此常会出现对同一问题的不同裁判意见，有关兼并重组的法律规范尤其存在这样的复杂情形。同时，对于某些兼并重组案件，还存在法无明文规定的情形，对此，司法裁判不能回避和推卸，特别需要的是法官的能动司法和基于基本法律原理的“找法”思维和能力。在此种情况下，《意见》所要求的“审慎”是比“依法”更为艰巨的裁判任务，更是对法官裁判智慧和能力的考验。

（中国政法大学　赵旭东）

三、完善市场退出机制　促进资源优化整合

《意见》中指出，要充分发挥《中华人民共和国破产法》（以下简称《破产法》）完善市场退出机制、促进企业资源优化整合的作用。为此，首先要畅通企业的退出渠道。从清算的角度看，企业的退出渠道主要包括正常清算、强制清算和破产三个方面。企业正常清算的渠道通畅，但适用严重不足；强制清算的渠道基本正常，但仍有法律问题需解决；而破产之路则不畅，启动困难。

《破产法》实施后，破产案件数量总体上呈逐年下降趋势，全国被吊销营业执照而不依法清算注销的企业甚多，其中相当部分都已发生破产原因。在规定建立强制清算制度，并追究负有清算义务的股东、高管等责任后，因连续两年未进行工商年检被吊销营业执照而不依法清算的现象有所矫正，但工商管理制度改革后不再强制工商年检，因此而被吊销营业执照的企业估计也将不复出现，通过强制清算制度规范企业退出渠道的效用将难以发挥。如果破产制度再不能及时跟上，补充空缺，企业的退出渠道将更难以规范。

《意见》强调，人民法院对企业清算、重整案件，无法定理由不得拒绝受理，不得拖延审理。据此，第一，对《破产法》在市场经济中的作用要有正确、积极的理解。第二，对案件受理条件要有正确的判断。过去存在一种误解，认为申请人等未提交全部证据材料，人民法院就可以不受理，这是不符合立法本意与法理逻辑的错误观点。当事人无论是因何种原因未提交全部证据材料，通常并不会影响对破产原因存在的判定。根据《破产法》及相关司法解释的规定，人民法院判定应否受理破产申请的标准，不是是否提交全部证据，而是债务人是否存在破产原因，这两者间并无对应制约关系。如能根据债务人的外观行为（如未清偿依法成立的到期债务）判定其存在破产原因，法院就应当

受理破产申请。第三，正确处理破产案件受理中与地方政府的关系。破产案件可能涉及一些社会问题的解决，需要与地方政府协调，需其配合与支持，但这并不表明法院受理破产案件要经地方政府同意，是否应受理破产案件必须依法决定，地方政府是否同意不是法定受理条件，更不是拒绝受理的法定理由。

无论是企业的清算还是重整都是对社会资源的优化配置，我们要通过破产制度促进企业资源的合理流转与利用，发挥其在调整产业方向与产品结构方面的功能，尤其是要发挥重整制度挽救企业与社会事业、利益多方共赢的作用。同时也要防止假借重整拖延、逃避债务责任，无益耗费社会资源，避免不具有挽救希望与挽救价值的企业滥用重整程序。

目前一些法院不愿受理破产案件，原因之一是法院内部破产审判工作机制不够完善，有些不合理的制度在阻碍破产案件受理、打击法官的积极性，如机械的审限制度、结案要求、案件数量考评制度等。所以要贯彻《意见》的规定，探索科学合理的破产案件绩效考评机制，高度重视对审理破产案件法官的培养和使用，充分调动其审理破产案件的积极性。

此外，还必须逐步完善有关企业破产的各项立法与配套制度。我国一些涉及企业的立法只对常态下企业的行为调整有规定，但未考虑发生破产原因之非常态情况下问题的解决，制度设计存在缺陷，对《破产法》的实施构成障碍，甚至严重影响破产立法目标的实现。例如，将企业重整中减免的债务视为营利征税，导致企业重整失败；破产清算程序终结时税务注销登记困难，导致难以办理企业工商注销登记；《公司法》《中华人民共和国证券法》中规定的证券发行条件使重整企业无法募资；人民法院外的其他国家机关如公安机关、检察机关、海关等对债务人财产采取的保全措施，依据《破产法》第19条规定，在人民在法院受理破产案件后均应无条件解除，但在实践中有些机关却拒不执法，甚至沦为地方保护主义、破坏公平清偿的工具。这一切表明，我国《破产法》的顺利实施还需要艰苦的努力，要迎难而上，勇于担当，才能够实现优化企业兼并重组司法环境的目标。

在完善市场退出机制、促进企业资源优化整合的同时，还必须强调依法保护劳动者的合法权益，尤其是在破产案件中，要切实保障民生，要通过积极解决客观矛盾、而不是无原则地掩饰矛盾，来维护社会的真正稳定。在企业破产重整案件中，也可能会涉及企业的兼并、收购与重组等问题，人民法院要依法处理作为利益相关方的企业职工的合理诉求，保障职工的正当权益。要在法律规定的范围内，引导相关企业积极承担社会责任，保障职工债权的清偿，并协调地方政府有关部门积极解决职工的失业安置、社会救济等问题。对可能存在影响社会和谐稳定因素的破产案件，法院要制定必要的风险处置预案，及时启动大要案工作机制，特别重大的案件要及时向地方党委和上级法院报告。地方政府有关部门要积极履行其工作职责，解决企业破产可能产生的各种社会问题，决不允许以法院已受理破产案件为由，将本应由政府解决的问题和矛盾不负责任地推给法院。为此，需要建立有效的法院与政府的协调机制，以及对政府有关部门人员在企业破产案件中的不作为、乱作为行为的责任追究机制，以切实保障破产与重整制度发挥其在完善市场退出机制、促进企业资源优化整合的积极作用，做到司法为民、公正司法，实现将改革发展成果更多、更公平地惠及全体人民的目标。

（中国人民大学 王欣新）

四、正确运用裁判方法 依法认定合同效力

兼并重组案件的审理许多时候表现为合同案件的审理，《意见》的发布对于合同审判具有指导意义。

合同审判首先是要依法审判，在社会主义市场经济法律体系已经建成的今天，尤其应当强调依法审判。同时也应注意，成文法有其局限性，并非所有的法律问题都能从现行的法律法规当中找到现成的答案。法官必须掌握裁判的技术甚至艺术，这不仅表现在要有能力解释成文法条，更要有能力对于法律中的不确定概念作价值补充、对于现行法律体系存在的漏洞进行填补。法律案一旦由立法机关通过，便表现为相对固定的文字外形。但是，法律发展的脚步并未停止，定型化了的法律如欲应对不断变化的生活世界，必须保持适度回应现实的能力。这一目标的实现，须法官对于法律作恰当的价值补充。党的方针政策、国家的战略部署等，虽然不是法律，但却可以彰显不同时期的主流价值取向。法官准确地把握这种价值取向，并在适用法律、裁判案件的过程中，辅助解释法律、充实不确定法律概念的内涵、填补法律漏洞，方能实现案件审理的法律效果和社会效果的有机统一。

依法认定兼并重组行为的效力，其实是要依法认定兼并重组合同的效力。应注意以下几点：

其一，审查兼并重组合同的效力，重点在于审查其内容；审查内容则应从合同内容的合法性及社会妥当性两个方面着手。

其二，审查合同内容的合法性，应注意结合商事审判的特点，是否支持以内容违法为由主张合同无效，宜持审慎和谦抑的态度。主张违法无效，须以法有明文规定为前提。法无明文规定场合，不应以此为由轻易认定合同无效。在私法领域，原则上还是应强调法无明文即自由，为将来新型交易的出现预留空间；所谓“充分发挥市场在资源配置中的决定性作用”，亦含有相同的意味。

其三，股权的转让如附有买回权，此种交易安排虽然客观上具有融资的功能，但不应将此认定为“以合法形式掩盖非法目的”，否定其效力。理由有二：

一是我国目前合法的融资渠道多种多样，不限于通过金融企业这一条渠道；二是要求金融企业资质的法律规范目的在于规范以金融为业的行为，具有持续性和重复性的特点，两个民事或商事主体之间的股权转让行为，尽管附有买回权的特别约定，仍是单发性的，不在上述法律规范范围之列。

其四，审查兼并重组合同内容的社会妥当性，外在具体表现为基于《合同法》第52条第4项“损害社会公共利益”认定合同无效。“社会公共利益”属于不确定概念，需要法官在个案中对其具体内涵予以充实。在外国企业兼并中国企业场合，虽然会有行政主管机关审查，但并不排除法官对于此类合同依事后变化了的具体情事重新评价的余地。假如企业兼并会造成影响国计民生等重大影响，则须慎重判断该合同是否会损害社会公共利益。

其五，正确把握兼并重组过程中的报批义务、报批行为与合同效力的关系。当事人在外商投资企业设立、变更等过程中订立的合同，依法律、行政法规的规定应当经外商投资企业审批机关批准后才生效的，自批准之日起生效；未经批准的，人民法院应当认定该合同未生效。当事人请求确认该合同无效的，人民法院不予支持。前款所述合同因未经批准而被认定未生效的，不影响合同中当事人履行报批义务条款及因该报批义务而设定的相关条款的效力［参照最高人民法院《关于审理外商投资企业纠纷案件若干问题的规定（一）》第1条］。该规则体现了报批义务条款及因该报批义务而设定的相关条款的相对独立性，此类条款自成立时生效，违反此类条款可以发生相应的违约责任。所谓“因该报批义务而设定的相关条款”，可以表现为预付款条款、违反报批义务的违约金条款以及其他清理结算条款等。

企业兼并重组涉及事项繁多，很多时候当事人难以一步到位，因而，利用预约、意向协议、框架协议等，多有发生。在认定此类协议的效力及强制执行力时，也有一些问题需要注意：

其一，在当事人磋商过程中，会形成一些“先合同文件”，名目繁杂不一，如备忘录、预约、意向书等。这时，法官应当注意作名实之辨，名称可能“乱花渐欲迷人眼”，法官一定不要被其名称所迷惑，而必须辨别其实质内容。要点在于，这些文件是否发生具有法律约束力的义务，进而在违反此类义务场合发生相应的法律责任。据此，可以将先合同文件区分为两类：一类为预约，可以产生订立本约的义务及相应的违约责任（参照最高人民法院《关于审理买卖合同纠纷案件适用法律问题的解释》第2条）；另外一类为不具有拘束力的先合同文件，既不因此产生订立本约的义务，其违反也不发生相应的违约责任。

其二，一份约定，究竟是预约抑或是本约，关键要看约定的具体内容。约定的具体内容包含有将来缔结本约义务的，自然属于预约。约定的具体内容，虽然简单，但具备了当事人名称或者姓名、标的和数量的［参照最高人民法院

《关于适用〈中华人民共和国合同法〉若干问题的解释（二）》第1条第1款]，却没有体现出将来缔结另外一个合同的意思的，则可以认定为本约。

其三，与“框架协议”相对应的是“具体合同”或者“履行合同”，这是不同于预约与本约的另外一种分类标准。框架协议通常表现为本约，只是其中会有一部分内容，需要将来当事人通过具体合同另行具体化。对于合同的成立，应当准确把握上述合同法司法解释（二）第一条第一款的精神，比如合同中包含有“价格待定”条款，不应因此认定合同欠缺主要条款而不成立或者无效。

（清华大学　韩世远）

（三）企业破产

最高人民法院
关于依法审理和执行被风险处置证券公司相关案件的通知

2009年5月26日　　法发〔2009〕35号

各省、自治区、直辖市高级人民法院，解放军军事法院，新疆维吾尔自治区高级人民法院生产建设兵团分院：

为维护证券市场和社会的稳定，依法审理和执行被风险处置证券公司的相关案件，现就有关问题通知如下：

一、为统一、规范证券公司风险处置中个人债权的处理，保持证券市场运行的连续性和稳定性，中国人民银行、财政部、中国银行业监督管理委员会、中国证券监督管理委员会联合制定发布了《个人债权及客户证券交易结算资金收购意见》。国家对个人债权和客户交易结算资金的收购，是国家有关行政部门和金融监管机构采取的特殊行政手段。相关债权是否属于应当收购的个人债权或者客户交易结算资金范畴，系由中国人民银行、金融监管机构以及依据《个人债权及客户证券交易结算资金收购意见》成立的甄别确认小组予以确认的，不属人民法院审理的范畴。因此，有关当事人因上述执行机关在风险处置过程中甄别确认其债权不属于国家收购范围的个人债权或者客户证券交易结算资金，向人民法院提起诉讼，请求确认其债权应纳入国家收购范围的，人民法院不予受理。国家收购范围之外的债权，有关权利人可以在相关证券公司进入破产程序后向人民法院申报。

二、托管是相关监管部门对高风险证券公司的证券经纪业务等涉及公众客户的业务采取的行政措施，托管机构仅对被托管证券公司的经纪业务行使经营管理权，不因托管而承继被托管证券公司的债务。因此，有关权利人仅以托管为由向人民法院提起诉讼，请求判令托管机构承担被托管证券公司债务的，人民法院不予受理。

三、处置证券类资产是行政处置过程中的一个重要环节，行政清算组依照法律、行政法规及国家相关政策，对证券类资产采取市场交易方式予以处置，在合理估价的基础上转让证券类资产，受让人支付相应的对价。因此，证券公司的债权人向人民法院提起诉讼，请求判令买受人承担证券公司债务偿还责任的，人民法院对其诉讼请求不予支持。

四、破产程序作为司法权介入的特殊偿债程序，是在债务人财产不足以清偿债务的情况下，以法定的程序和方法，为所有债权人创造获得公平受偿的条件和机会，以使所有债权人共同享有利益、共同分担损失。鉴此，根据企业破产法第十九条的规定，人民法院受理证券公司的破产申请后，有关证券公司财产的保全措施应当解除，执行程序应当中止。具体如下：

1. 人民法院受理破产申请后，已对证券公司有关财产采取了保全措施，包括执行程序中的查封、冻结、扣押措施的人民法院应当解除相应措施。人民法院解除有关证券公司财产的保全措施时，应当及时通知破产案件管理人并将有关财产移交管理人接管，管理人可以向受理破产案件的人民法院申请保全。

2. 人民法院受理破产申请后，已经受理有关证券公司执行案件的人民法院，对证券公司财产尚未执行或者尚未执行完毕的程序应当中止执行。当事人在破产申请受理后向有关法院申请对证券公司财产强制执行的，有关法院对其申请不予受理，并告知其依法向破产案件管理人申报债权。破产申请受理后人民法院未中止执行的，对于已经执行了的证券公司财产，执行法院应当依法执行回转，并交由管理人作为破产财产统一分配。

3. 管理人接管证券公司财产、调查证券公司财产状况后，发现有关法院仍然对证券公司财产进行保全或者继续执行，向采取保全措施或执行措施的人民法院提出申请的，有关人民法院应当依法及时解除保全或中止执行。

4. 受理破产申请的人民法院在破产宣告前裁定驳回申请人的破产申请，并终结证券公司破产程序的，应当在作出终结破产程序的裁定前，告知管理人通知原对证券公司财产采取保全措施的人民法院恢复原有的保全措施，有轮候保全的，以原采取保全措施的时间确定轮候顺位。对恢复受理证券公司为被执行人的执行案件，适用申请执行时效中断的规定。

五、证券公司进入破产程序后，人民法院作出的刑事附带民事赔偿或者涉及追缴赃款赃物的判决应当中止执行，由相关权利人在破产程序中以申报债权等方式行使权利；刑事判决中罚金、没收财产等处罚，应当在破产程序债权人获得全额清偿后的剩余财产中执行。

六、要进一步严格贯彻最高人民法院、最高人民检察院、公安部、中国证监会《关于查询、冻结、扣划证券和证券交易结算资金有关问题的通知》（法发〔2008〕4号），依法执行有关证券和证券交易结算资金。

各高级人民法院要及时组织辖区内法院有关部门认真学习和贯彻落实本通知精神，并依法监督下级法院严格执行，对未按照上述规定审理和执行有关案件的，上级人民法院应当依法予以纠正并追究相关人员的责任。

最高人民法院
关于正确审理企业破产案件为维护市场经济秩序提供司法保障若干问题的意见

2009年6月12日　　法发〔2009〕36号

各省、自治区、直辖市高级人民法院，解放军军事法院，新疆维吾尔自治区高级人民法院生产建设兵团分院：

当前，由于国际金融危机的不断发展和蔓延，我国经济发展仍然面临着严峻的考验。阻碍经济良性运行的负面因素和潜在风险明显增多，许多企业因资金链断裂引发的系统风险不断显现，严重影响了我国经济发展秩序良性运转和社会稳定。在当前经济形势下，充分发挥人民法院商事审判的职能作用，正确审理企业破产案件，防范和化解企业债务风险，挽救危困企业，规范市场主体退出机制，维护市场运行秩序，对于有效应对国际金融危机冲击，保障经济平稳较快发展，具有重要意义。现就人民法院做好企业破产案件审判工作，提出以下意见：

一、依法受理企业破产案件，为建立我国社会主义市场经济良性运行机制提供司法保障

1. 人民法院要正确认识企业破产法保障债权公平有序受偿、完善优胜劣汰的竞争机制、优化社会资源配置、调整社会产业结构、拯救危困企业的作

用，依法受理审理企业破产清算、重整、和解案件，综合利用企业破产法的多种程序，充分发挥其对市场经济的调整作用，建立企业法人规范退出市场的良性运行机制，努力推动经济社会又好又快发展。

2. 为保障国家产业结构调整政策的落实，对于已经出现破产原因的企业，人民法院要依法受理符合条件的破产清算申请，通过破产清算程序使其从市场中有序退出。对于虽有借破产逃废债务可能但符合破产清算申请受理条件的非诚信企业，也要将其纳入到法定的破产清算程序中，通过撤销和否定其不当处置财产行为，以及追究出资人等相关主体责任的方式，使其借破产逃废债务的目的落空，剥夺其市场主体资格。对债权人申请债务人破产清算的，人民法院审查的重点是债务人是否不能清偿到期债务，而不能以债权人无法提交债务人财产状况说明等为由，不受理债权人的申请。

3. 对于虽然已经出现破产原因或者有明显丧失清偿能力可能，但符合国家产业结构调整政策、仍具发展前景的企业，人民法院要充分发挥破产重整和破产和解程序的作用，对其进行积极有效的挽救。破产重整和和解制度，为尚有挽救希望的危困企业提供了避免破产清算死亡、获得再生的机会，有利于债务人及其债权人、出资人、职工、关联企业等各方主体实现共赢，有利于社会资源的充分利用。努力推动企业重整和和解成功，促进就业、优化资源配置、减少企业破产给社会带来的不利影响，是人民法院审理企业破产案件的重要目标之一，也是人民法院商事审判工作服务于保增长、保民生、保稳定大局的必然要求。

二、坚持在当地党委的领导下，努力配合政府做好企业破产案件中的维稳工作，为构建和谐社会提供司法保障

4. 债务人进入破产程序后，因涉及债权人、债务人、出资人、企业职工等众多当事人的利益，各方矛盾极为集中和突出，处理不当，极易引发群体性、突发性事件，影响社会稳定。人民法院审理企业破产案件，一定要坚持在当地党委的领导下，充分发挥地方政府建立的风险预警机制、联动机制、资金保障机制等协调机制的作用，努力配合政府做好企业破产案件中的维稳工作。

5. 对于职工欠薪和就业问题突出、债权人矛盾激化、债务人弃企逃债等敏感类破产案件，要及时向当地党委汇报，争取政府的支持。在政府协调下，加强与相关部门的沟通、配合，及时采取有力措施，积极疏导并化解各种矛盾纠纷，避免哄抢企业财产、职工集体上访的情况发生，将不稳定因素消除在萌芽状态。有条件的地方，可通过政府设立的维稳基金或鼓励第三方垫款等方式，优先解决破产企业职工的安置问题，政府或第三方就劳动债权的垫款，可以在破产程序中按照职工债权的受偿顺序优先获得清偿。

三、充分发挥破产重整和和解程序挽救危困企业、实现企业持续经营的作用，保障社会资源有效利用

6. 人民法院要充分发挥司法能动作用，注重做好当事人的释明和协调工作，合理适用破产重整和和解程序。对于当事人同时申请债务人清算、重整、和解的，人民法院要根据债务人的实际情况和各方当事人的意愿，在组织各方当事人充分论证的基础上，对于有重整或者和解可能的，应当依法受理重整或者和解申请。当事人申请重整，但因企业经营规模较小、虽有挽救必要但重整成本明显高于重整收益的困难企业，有关权利人不同意重整的，人民法院可引导当事人通过和解方式挽救企业。人民法院要加强破产程序中的调解工作，在法律允许的框架下，积极支持债务人、管理人和新出资人等为挽救企业所做的各项工作，为挽救困难企业创造良好的法律环境。

7. 人民法院适用强制批准裁量权挽救危困企业时，要保证反对重整计划草案的债权人或者出资人在重整中至少可以获得在破产清算中本可获得的清偿。对于重整计划草案被提请批准时依照破产清算程序所能获得的清偿比例的确定，应充分考虑其计算方法是否科学、客观、准确，是否充分保护了利害关系人的应有利益。人民法院要严格审查重整计划草案，综合考虑社会公共利益，积极审慎适用裁量权。对不符合强制批准条件的，不能借挽救企业之名违法审批。上级人民法院要肩负起监督职责，对利害关系人就重整程序中反映的问题要进行认真审查，问题属实的，要及时予以纠正。

四、在破产程序中要注重保障民生，切实维护职工合法权益

8. 依法优先保护劳动者权益，是破产法律制度的重要价值取向。人民法院在审理企业破产案件中，要切实维护职工的合法权益，严格依法保护职工利益。召开债权人会议要有债务人的职工和工会代表参加，保障职工对破产程序的参与权。职工对管理人确认的工资等债权有异议的，管理人要认真审查核对，发现错误要及时纠正；因管理人未予纠正，职工据此提起诉讼的，人民法院要严格依法审理，及时作出判决。

9. 表决重整计划草案时，要充分尊重职工的意愿，并就债务人所欠职工工资等债权设定专门表决组进行表决；职工债权人表决组未通过重整计划草案的，人民法院强制批准必须以应当优先清偿的职工债权全额清偿为前提。企业继续保持原经营范围的，人民法院要引导债务人或管理人在制作企业重整计划草案时，尽可能保证企业原有职工的工作岗位。

10. 保障职工合法权益需要社会各方面的共同努力。人民法院要加强与国家社会保障部门、劳动部门、工商行政管理部门、组织人事等部门的沟通和协

调，积极提出司法建议，推动适合中国特色的社会保障体制的建立和完善。

五、妥善指定适格管理人，充分发挥管理人在企业破产程序中的积极作用

11. 人民法院要根据企业破产法和有关司法解释的规定，采用适当方式指定管理人，对于重大疑难案件，可以通过竞争的方式择优确定管理人。要注意处理好审理破产案件的审判庭和司法技术辅助工作部门的关系，在指定管理人时，应由审理破产案件的审判庭根据案件实际情况决定采用哪类管理人以及采用哪种产生方式，在决定通过随机方式或者竞争方式产生管理人或其成员时，再由司法技术辅助工作部门根据规定产生管理人或其成员。

12. 企业重整中，因涉及重大资产重组、经营模式选择、引入新出资人等商业运作内容，重整中管理人的职责不仅是管理和处分债务人财产，更要管理债务人的经营业务，特别是制定和执行重整计划。因此，在我国目前管理人队伍尚未成熟的情况下，人民法院指定管理人时，应当注意吸收相关部门和人才，根据实际情况选择指定的形式和方式，以便产生适格管理人。

13. 管理人的工作能力和敬业精神直接决定着企业破产案件能否依法有效进行，以及破产法律制度能否充分发挥其应有的作用。人民法院要特别注意加强对管理人业务知识和各种能力的培养，建立管理人考核机制，通过业绩考核，形成激励和淘汰机制，逐步实现管理人队伍的专业化。

六、正确适用企业破产法的各项制度，充分保护债权人合法权益

14. 人民法院在审理企业破产案件中，要充分调动管理人的积极性，促使其利用法律手段，努力查找和追收债务人财产，最大限度保护债权人利益。对出资不实、抽逃出资的，要依法追回；对于不当处置公司财产的行为，要依法撤销或者认定无效，并追回有关财产；对于违反法律、行政法规等规定，给公司或债权人造成损失的，要依法追究行为人的民事责任；对于发现妨碍清算行为的犯罪线索，要及时向侦查机关通报情况。

15. 要充分发挥债权人会议和债权人委员会的职能作用，切实保障债权人对破产程序的参与权，坚决防止地方保护主义，即使在以挽救债务人为主要目的的破产重整和和解程序中，仍然要以充分保障债权人利益为前提，重整计划和和解协议的通过与否，要严格按照法定的程序确定表决权并依法表决。

16. 人民法院在审理债务人人员下落不明或财产状况不清的破产案件时，要从充分保障债权人合法利益的角度出发，在对债务人的法定代表人、财务管理人员、其他经营管理人员，以及出资人等进行释明，或者采取相应罚款、训诫、拘留等强制措施后，债务人仍不向人民法院提交有关材料或者不提交全部材料，影响清算顺利进行的，人民法院就现有财产对已知债权进行公平清偿并

裁定终结清算程序后，应当告知债权人可以另行提起诉讼要求有责任的有限责任公司股东、股份有限公司董事、控股股东，以及实际控制人等清算义务人对债务人的债务承担清偿责任。

七、正确认识破产程序与执行程序的功能定位，做好两个程序的有效衔接

17. 人民法院要充分认识破产程序和执行程序的不同功能定位，充分发挥企业破产法公平保护全体债权人的作用。破产程序是对债务人全部财产进行的概括执行，注重对所有债权的公平受偿，具有对一般债务清偿程序的排他性。因此，人民法院受理破产申请后，对债务人财产所采取的所有保全措施和执行程序都应解除和中止，相关债务在破产清算程序中一并公平清偿。

18. 人民法院要注重做好破产程序和执行程序的衔接工作，确保破产财产妥善处置。涉及人民法院内部破产程序和执行程序的操作的，应注意不同法院、不同审判部门、不同程序的协调与配合。涉及债务人财产被其他国家行政机关采取保全措施或执行程序的，人民法院应积极与上述机关进行协调和沟通，取得有关机关的配合，依法解除有关保全措施，中止有关执行程序。

19. 人民法院受理破产申请后，在宣告债务人破产前裁定驳回申请人的破产申请，并终结破产程序的，应当在作出终结破产程序的裁定前，告知管理人通知原对债务人财产采取保全措施或执行程序的法院恢复原有的保全措施或执行程序，有轮候保全的，以原采取保全措施的时间确定轮候顺位。对恢复受理债务人为被执行人的执行案件，应当适用申请执行时效中断的有关规定。

八、加强审理破产案件法官专业化队伍建设，充分发挥商事审判职能作用

20. 随着我国经济市场化、国际化程度越来越高，企业破产案件将呈逐步增长趋势，这对人民法院审判工作提出了更高的要求。一方面，企业破产案件审理周期长、难度大、事务性工作繁重，人民法院长期以来案多人少的矛盾更加突出。另一方面，由于破产案件审理的复杂性和特殊性，客观上需要一支不仅具备较为扎实的法学理论功底，而且还要有解决社会矛盾、处理应急事务、协调各方利益等多方面工作能力的专业化法官队伍。因此，人民法院要加强法官专业化队伍建设，在人财物方面给予支持和保障。有条件的法院可以根据企业破产案件的数量，成立专门的破产案件审判庭，或指定专门的合议庭负责审理破产案件。

21. 人民法院要积极调动法官审理企业破产案件的积极性，在考核法官工作业绩时，要充分考虑企业破产案件审理的特殊性，以及法官办理企业破产案件所付出的辛勤劳动和承担的各种压力，积极探索能够客观反映审理破产案件工作量的科学考评标准，不断提高破产案件的审理质量。

22. 审理企业破产案件的法官，要大力加强对党的路线方针政策的学习，增强大局意识和责任意识。在当前经济形势下，更要正确处理好保护金融债权与挽救危困企业之间的关系，实现债权人与债务人的共赢，共渡难关。正确处理好保护投资者利益与维护职工合法权益之间的关系，保障社会和谐稳定。正确处理好企业破产清算与企业再生之间的关系，实现社会资源的充分利用以及法律效果和社会效果的有机统一。广大法官要大力加强廉政建设，严格执行最高人民法院"五个严禁"等审判纪律和规章制度，无论是在指定管理人还是在委托拍卖财产等敏感环节，都要坚持以制度管人，坚决杜绝人情案、关系案、金钱案，确保以公正高效的审判业绩，为我国国民经济平稳较快发展创造条件。

【解　读】

解读《关于正确审理企业破产案件为维护市场经济秩序提供司法保障若干问题的意见》

为正确审理企业破产案件，防范和化解企业债务风险。挽救危困企业，规范市场主体退出机制，维护市场运行秩序，最高法院审判委员会讨论通过、并于 2009 年 6 月 15 日正式下发了法发〔2009〕36 号《最高法院关于正确审理企业破产案件为维护市场经济秩序提供司法保障若干问题的意见》，现就其中所涉及的主要法律适用问题作一介绍。

一、关于破产清算申请的受理问题

法院在受理企业破产清算申请时，对于破产原因要件的审查，应当结合企业破产法第二条关于"企业法人不能清偿到期债务，并且资产不足以清偿全部债务或者明显缺乏清偿能力的，依照本法规定清理债务。企业法人有前款规定情形，或者有明显丧失清偿能力可能的，可以依照本法规定进行重整"的规定，和第七条关于"债务人有本法第二条规定的情形，可以向人民法院提出重整、和解或者破产清算申请。债务人不能清偿到期债务，债权人可以向人民法院提出对债务人进行重整或者破产清算的申请。企业法人已解散但未清算或者未清算完毕，资产不足以清偿债务的，依法负有清算责任的人应当向人民法院申请破产清算"的规定，区别不同申请权人的申请进行审查。

(一) 债务人申请破产清算时破产原因的审查

债务人自行申请破产清算的，法院应当审查其是否存在不能清偿到期债务并且资产不足以清偿全部债务，或者不能清偿到期债务并且明显缺乏清偿能力两种情形。前者主要审查其资产是否不足以清偿全部债务，即消极财产的估价总额是否超过了积极财产估价总额的客观状况，其着眼点在于资产与负债的比例关系。后者主要审查其是否不能以财产、信用或者能力等任何方式清偿债务．且债务人是在较长期间内不能清偿，而不是因一时资金周转困难等问题暂时中止支付。如债务人经强制执行后仍不能履行生效法律文书确定的金钱债务的，可以推定债务人明显缺乏清偿能力。

（二）债权人申请破产清算时破产原因的审查

债权人申请债务人破产清算的，法院应当审查债务人是否不能清偿到期债务，即停止支付，而无需对不能清偿到期债务的原因进行审查，法院也不应当要求债权人提交债务人财产状况的说明、债务清册、债权清册、有关财务会计报告等资料证明债务人不能清偿到期债务的原因。这里，对债权人申请而言，只要债务人不能清偿到期债务，则首先推定债务人出现了破产原因，即债务人要么不能清偿到期债务并且资产不足以清偿全部债务，要么不能清偿到期债务并且明显缺乏清偿能力。如债务人认为其未出现破产原因、对债权人的申请有异议的，可以在收到法院通知之日起 7 日内向法院提出，通过异议程序举证推翻债权人的申请，并可在偿还该笔到期债务后阻却破产清算申请的受理。法院不得以债权人未提交债务人财产状况的说明、债权债务清册等相关资料，不能证明债务人出现破产原因为由，裁定不予受理其破产清算申请，也不能以因无法取得债务人的财产状况说明、债权债务清册等相关资料，破产程序不能依法进行为由，裁定不予受理债权人提出的破产清算申请。对此。最高人民法院法释〔2008〕10 号《关于债权人对人员下落不明或者财产状况不清的债务人申请破产清算案件如何处理的批复》作出了明确的答复，即，债权人对人员下落不明或者财产状况不清的债务人申请破产清算，符合企业破产法规定的，人民法院应依法予以受理。债务人能否依据企业破产法第十一条第二款的规定向人民法院提交财产状况的说明、债权债务清册等相关材料．并不影响对债权人申请的受理。

（三）准债务人申请破产清算时破产原因的审查

准债务人，包括企业法人解散后自行清算或者强制清算中成立的清算组，以及企业法人解散应当清算但未组成清算组开始清算时的企业的出资人等清算义务人，申请债务人破产清算的，法院要审查债务人是否债务超过或资不抵债，即主要审查其资产是否不足以清偿全部债务，即消极财产的估价总额是否超过了积极财产估价总额的客观状况，其着眼点在于资产与负债的比例关系。需要特别强调的是，法院对申请人提出的申请进行审查后，应当严格按照企业破产法规定的期限作出是否受理破产申请的裁定。有特殊情况，如需要申请人补交有关材料的，在经上一级法院批准，延长期限届满后，亦应及时作出裁定，而不能以补交材料等为由长期不作出是否受理的裁定。申请人有权对不予受理的裁定和驳回申请的裁定提起上诉。

二、关于破产案件管理人的指定问题

管理人制度是立法机关借鉴其他国家破产法的立法经验并结合我国审判实践需要而设立的新的法律制度。管理人在整个破产程序中起着至关重要的作用。最高人民法院及时出台了《关于审理企业破产案件指定管理人的规定》，对管理人名册的编制、管理人的指定、管理人的更换等作出了具体的规定。法院在指定破产案件管理人时，要根据企业破产法和上述司法解释的规定，采用适当方式指定适格的管理人，尤其是对于重大、疑难案件，不能简单地以随机方式确定管理人。

（一）准确划分审判庭和司法技术辅助工作部门在管理人指定中的职责

法院在对具体破产案件指定管理人时，要注意处理好审理破产案件的审判庭和司法技术辅助工作部门的关系．准确划分二者在管理人指定中的职责。指定管理人时，首先要由审理破产案件的业务庭根据案件的实际情况决定采用哪类管理人，包括清算组管理人、中介机构管理人或者个人管理人。决定采用中介机构作管理人，或者以中介机构作清算组管理人成员的，业务庭还要对中介机构管理人和清算组管理人中的中介机构成员的产生方式作出决定，包括随机方式、竞争方式和接受推荐的方式。决定以随机方式产生中介机构的，由司法技术辅助部门通过随机方式产生；决定以竞争方式产生中介机构的，则由业务庭、司法技术辅助部门、纪检监察部门，以及有关院领导共同组成评审委员会评选产生；决定以接受推荐的方式产生的，业务庭要审查有关部门推荐的人选是否符合企业破产法和司法解释的规定。业务庭决定破产案件由清算组担任管理人的，除清算组中中介机构成员按照上述方式产生外，其他成员由业务庭根据需要指定。业务庭决定破产案件由个人担任管理人的，个人管理人由司法技术辅助部门通过随机方式产生。

（二）重整案件管理人的确定

在企业重整中，因涉及重大资产重组、经营模式选择、引入新出资人等商业运作内容，管理人的职责不仅是管理和处分债务人的财产，更要管理债务人的经营业务，特别是制定和执行重整计划。因此，在我国目前管理人队伍尚未成熟的情况下，法院指定管理人时应当注意吸收相关部门和人才，根据实际情况选择指定的形式和方式，以便产生适格的管理人。

三、关于破产清算中破产债权的保障问题

破产债权保障是企业破产法的一项重要原则，为避免破产企业以破产之名

损害债权人利益、破坏市场经济规则，企业破产法从制度设计上充分体现了对债权的保障，法院在审理企业破产案件中应当充分利用企业破产法所设置的各种制度，实现对债权人利益保障的最大化。

(一) 管理人制度适用与债权人利益保护

企业破产法之所以将与债权人和债务人无利害关系的专业机构、专业人员作为管理人负责清算事务，其目的在于借助这些具有专业知识和中立性身份的清算主体，对于即将退市的市场主体，进行一场彻底的、自出生至死亡整个存续过程的大检验，以便使其依法退出市场。在这个检验的过程中，最直接的目的是最大程度上发现债务人的财产，最大程度地保护债权人的利益。因此，法院在审理企业破产案件中，一定要充分调动管理人的积极性，引导管理人发挥其应有的职能作用，利用法律的手段，尽可能地去发现、追收债务人的财产。

对于债务人的出资人应缴而未缴的出资，包括分期缴纳情况下尚未届至缴纳期限的出资，管理人应当要求该出资人依法缴纳。该出资人不缴纳、或者不能缴纳的，管理人还可以要求债务人的原始股东或者发起人予以缴纳。债务人的出资人存在抽逃出资行为的，管理人应当要求抽逃出资人将所抽逃出资予以返还。对于债务人的董事、监事、高级管理人员利用职权从企业获取的非正常收入和侵占的企业财产，管理人应当依法追回。债务人的董事、监事、高级管理人员执行公司职务时违反法律、行政法规或者公司章程的规定，给公司造成损失的，管理人有权要求公司董事、监事、高级管理人员依法向公司承担赔偿责任。管理人应当及时接管债务人的财产、印章、账簿、文书等，依法要求债务人的债务人或者财产持有人清偿债务或者交付财产，避免因时间的拖延造成债务人财产的不当减损。对于债务人和对方当事人均未履行完毕的合同，从有利于债务人利益的角度出发，及时作出解除或者继续履行合同的决定。对于债务入无偿转让财产、以明显不合理的价格进行交易、对没有财产担保的债务提供财产担保、对未到期的债务提前清偿、放弃债权，以及不当的个别清偿等偏颇性行为。以及债务人为逃避债务而隐匿、转移财产，或者虚构债务或承认不真实的债务的欺诈性行为. 均要通过及时撤销和否定其效力等方式，追回有关行为人因此而非法取得的债务人的财产。对于关联企业破产的，有关关联企业成员作为债权人时的个别清偿行为，还可考虑通过适当延长嫌疑期和增加恶性推定等方式，扩大撤销权行使的范畴。债务人有无效行为或者可撤销行为，损害债权人利益的，管理人应当依法追究债务人的法定代表人和其他直接责任人员的赔偿责任。

管理人在履行上述职责发现和追收债务人财产过程中，可能涉及相关各类破产衍生诉讼，包括对外追收债权诉讼、请求交付财产诉讼、解除合同诉讼、破产撤销权诉讼、别除权诉讼、抵销权诉讼、确认无效行为诉讼、追收未缴出资诉讼、追收抽逃出资诉讼、追偿非正常收入或者侵占的企业财产诉讼、要求债务人的董事、监事、高级管理人员因执行职务不当给公司造成损失承担赔偿责任的诉讼、要求债务人的董事、监事、高级管理人员违反忠实义务和勤勉义务致使所在企业破产承担民事责任的诉讼、要求债务人的法定代表人和其他直接责任人员因债务人的无效行为和可撤销行为造成损害承担赔偿责任的诉讼等等。

(二) 债权人会议、债权人委员会制度与破产债权的保障

破产程序主要是为保障债权公平清偿而设置的法律制度，但是，由于破产程序中债权人的人数众多、利益相关且可能存在矛盾，各债权人作为共同执行人单独表达的个人意愿往往不具有法律效力，更不能单独采取实现其债权的法律措施，而只能通过全体债权人的统一行动来实现权利，否则可能会损害其他债权人的利益，增加整个破产程序的成本，妨碍破产法公平清偿的立法宗旨的实现。为使破产程序能够顺利进行，需要对各个债权人的意志、利益、行为通过一定的组织方式进行协调，尽量公正地统一起来，并体现到对破产程序的共同参与之中，因此，企业破产法专门设置了债权人会议和债权人委员会这两个破产机关，以此表达债权人的共同意志，就有关其利益的破产事项协调意见，决定共同采取的法律行动。

法院在审理企业破产案件时，就有关核查债权、更换管理人、审查管理人费用和报酬、监督管理人、决定继续或者停止债务人营业、通过重整计划或和解协议、通过债务人财产管理变价和分配方案等涉及债权人利益的重大事项，要切实保障债权人的参与权和话语权，在不违背法律强制性规定的前提下，尽可能充分尊重债权人的意志。这里要注意的是，即使在以挽救债务人为主要目的的破产重整和和解程序中，仍然要以充分保障债权人的利益为前提，重整计划和和解协议的通过与否，要严格按照法定的程序确定表决权并依法表决决定，而不能以牺牲债权人的利益为代价来挽救债务人。

(三) 破产豁免原则的例外适用与破产债权的保护

破产豁免原则是指破产财产全部分配完毕后，免除债务人对债权人通过破产程序未能清偿的剩余债务的责任。破产豁免原则是破产法发展到一定阶段后，在保障债权人公平受偿的同时，为实现债务人的更生目标而确立的原则，其立法目的在于鼓励债务人在破产之后能积极地参与社会经济活动，为社会和个人创造财富。但是，破产豁免原则适用的对象仅限于诚实的债务人，不诚实的债务人不能享有豁免原则的保护。

根据最高人民法院法释〔2008〕10号《关于债权人对人员下落不明或者财产状况不清的债务人申请破产清算案件如何处理的批复》和法释〔2008〕6号《关于适用公司法若干问题的规定（二）》第18条第2款和第20条第1款

的规定，法院在审理债务人人员下落不明或者财产状况不清的破产案件时，在对债务人的法定代表人、财务管理人员、其他经营管理人员以及出资人等进行充分释明，以及采取相应的罚款、训诫、拘留等手段后，债务人仍不能或拒不向法院提交有关材料的，导致债务人主要财产、账册、重要文件等灭失而无法清算的，法院应当以无法清算为由裁定终结清算程序，但是，债务人既有的民事责任并不因清算程序的终结及法人资格的终止而当然消灭，而是应当由出资人等清算义务人承担偿还责任。

这里的无法清算应当包括根本无法清算和无法全面清算两种情形。如有证据证明债务人故意隐藏、销毁、毁坏、伪造或未能保管或保留好可以确定债务人财产状况和商业经营状况的材料的；债务人在该案或与此有关的案件中故意制作假证或假账的；债务人不能对其财产损失和偿付其债务的财产不足部分作出合理解释的；债务人不服从法院命令，如出示有关重要文件、回答关键性问题等的，法院均可以无法依法全面清算为由裁定终结破产清算程序，并告知债权人可以另行起诉要求出资人等清算义务人承担债务的偿还责任。

破产豁免原则的例外适用，将使债务人试图借破产逃废债务的目的无法实现，同时充分地体现了破产法对债权人利益的保障原则，对于督促债务人依法退出市场、建立诚信规范的市场退出机制，将发挥积极的作用。

(四) 关联企业破产中的利益平衡与破产债权的保障

关联企业是社会化大生产与市场经济发展的必然产物，现代市场经济整体化、社会化、规模化的发展，导致单一的企业组织逐步让位于规模巨大、高度集中的企业联合体，成为现代经济社会发展中的主角，对经济持续、平稳、健康发展起着重要的作用。但是，关联企业的出现，对现行的公司法律制度构成了巨大的挑战。关联企业之间存在的非正当的关联关系与关联行为使得关联企业成员产生了法律人格的独立性与公司实际经营的非独立性的尖锐矛盾，这一矛盾的出现打破了原公司独立法人制度所维系的公司、股东、债权人与其他利害关系人之间的利益平衡，这种利益失衡在关联企业破产时显得更为突出。因此，法院在审理关联企业破产案件时，不能简单等同于一般单一企业破产案件的审理，对于明显利用关联关系损害其他债权人利益的，可以通过审慎适用关联企业实质合并破产和关联债权衡平居次制度，平衡关联企业破产时各方利益的冲突。

1. 关联企业实质合并破产制度

实质合并破产是指控制企业与从属企业，或者与控制企业控制下的若干从属企业同时破产时，将各个破产企业的资产和债务合并，按照债权额的比例清偿所有债权人的债权。其目的在于实现关联企业的所有债权人获得实质上的公平待遇，公平分配破产财产。

债权人向法院提出关联企业人格混同、财产混同．以及不公正交易等初步证据后，由债务人向法院提交财产状况说明、债务清册、债权清册、有关财务会计报告等证据予以证明。法院审查时，应当综合考虑各关联企业是否存在混同的财务报表、企业间资产和流动资产的合并程度、各企业之间的利益统一性和所有权关系，分别确定单个企业的财产和负债的困难程度和成本大小、是否存在违法的财产转让、实质合并破产是否有利于增加企业重整的可能性等因素。如，关联企业的经营实际是一体的，其人格混同、财产混同现象非常严重，彼此之间关系极为紧密复杂，以至于难以将其财产状况分开；或者关联企业之间通过关联交易，将企业财产或者利益在各关联企业成员之间进行不公正的非对价转移等情况的，法院可以作出受理实质合并破产申请的裁定。但是，如果仅仅是在债权人和破产企业之间的个别法律关系中，破产企业的股东滥用了公司法人的独立地位和股东的有限责任，逃避债务，严重损害了债权人的利益，而破产企业的人格及其股东的人格并未严重混同的，债权人申请破产企业及其股东实质合并破产的，法院应裁定不受理其实质合并破产的申请，并告知债权人可申请破产企业单独破产，以及可根据公司法第二十条的规定，追究破产企业股东的连带责任。破产企业的股东不能清偿其债务的，可另行向法院提出对破产企业的股东进行破产清算的申请。

法院在审理证券公司破产案件的实践中，已经探索性地通过关联企业实质合并破产制度的适用，妥善解决了证券公司及其从事违法违规经营活动工具的关联企业的退市问题，取得了较好的社会效果和法律效果。各级法院在审理关联企业的破产案件中，应当继续积极探索，不断总结经验，以便优质、高效地审理关联企业破产案件，对经济社会中严重扭曲的利益关系予以合理地矫正，公平保护全体债权人的利益，促进社会主义市场经济健康、有序发展。

2. 关联债权衡平居次制度

关联债权衡平居次是指控制企业利用其与从属企业之间的关联关系，与从属企业从事不正当的经济行为，并从中牟取不当利益的，当从属企业破产还债时，将控制企业基于上述不当行为产生的针对从属企业的不当债权劣后于其他债权人受偿。关联债权衡平居次制度从破产清偿顺序上在控制企业和从属企业之间找到了一个新的平衡点，对于从属企业的外部债权人而言，以衡平居次为由，主张控制企业的债权居次受偿，往往是缺乏足够的理由彻底否认从属企业的人格，因此，关联债权衡平居次制度是在破产程序中处理关联企业间破产债权时对法人人格否认制度的补充和延伸。法院在审查控制企业对从属企业的债权是否属于劣后债权时，应当着重审查控制企业对从属企业的债权形成是否基于其不当利用了对从属企业的控制和影响力，只有控制企业存在不正当行为并从从属企业获取不当利益时，如控制企业的债权系基于与从属企业签订及履行不公平合同交易时产生的，才将其债权作为劣后债权次于从属企业的其他债权人清偿。鉴于该项制度尚在研究探索之中，法院在个案审理中应当审慎适用。

四、关于重整计划草案的批准问题

重整程序之所以能够较为有效地使企业避免破产，其重要原因之一就是其具有较其它程序更强的强制性。这种强制性体现在两个层面：一是各表决组全部以法定多数通过重整计划草案，经法院批准，该重整计划草案对所有债权人和出资人均具有法律效力，包括在各表决组投反对票的债权人和出资人。二是在未获全部表决组通过时．如重整计划草案符合法定条件，经债务人或者管理人申请，法院也可强制批准重整计划草案，使该重整计划草案对所有债权人和出资人发生法律效力。法院在批准重整计划草案时，应当区分上述两种情形分别进行审查，积极审慎地适用裁量权，在依法保障债权人和出资人合法权益的前提下，实现对陷入困境的企业的挽救。

（一）对各表决组均通过了重整计划草案的批准

对于各表决组均按照法定标准通过了重整计划草案，法院裁定批准的，应当从两个方面进行审查。第一，鉴于该情形中主要涉及各表决组内部利益的冲突，因此，法院主要是针对投反对票的债权人的异议理由，着重于对异议债权人利益的合法保护进行形式上的审查，如，表决组的分组、各权利人表决权的确定、会议的召集程序等是否合法；同一表决组中是否公平对待了投反对票的成员，是否按照债权比例清偿或者按照股权比例削减等。第二，要注意审查重整计划草案中债务人经营方案的内容是否违反法律、行政法规的强制性规定，重整计划草案是否涉及国家行政许可事项，如果债务人的经营方案内容违反法律、行政法规的强制性规定，或者应当经国家有关部门行政许可而未获许可的，法院不能裁定批准该重整计划草案。

（二）对部分表决组未通过重整计划草案的批准

对于部分表决组未通过重整计划草案。法院强制批准的，因此时涉及不同表决组债权人利益的冲突，因此，法院批准时应当严格按照企业破产法第八十七条规定的条件进行审查，坚持债权人利益的最大化、公平对待和绝对优先三项基本原则。

第一，要保证反对重整计划草案的债权人或者出资人在重整程序中至少可以获得他在破产清算程序中本可获得的清偿，即要保护对重整计划持反对意见的少数派的既得利益。如，对债务人的特定财产享有担保权的债权人组未通过重整计划草案的，要保证所有对债务人的特定财产享有担保权的债权人就该特定财产以变现价款全额获得清偿，并且对其因延期清偿所受的损失进行公平补偿，以及其担保权未受到其他实质性损害。职工优先债权组未通过重整计划草案的，要保证职工优先债权将获得全额清偿。税款债权组未通过重整计划的，要保证税款全额清偿。普通债权人组未通过重整计划的，要保证普通债权所获得的清偿比例不低于其在破产清算中所能获得的清偿比例。出资人组未通过重整计划草案的，要保证对出资人权益的调整公平、公正，主要是指在对出资人权益进行削减时，其前提应当是企业已经资不抵债。

这里要特别注意的是，在实际操作中要注重对债权人利益保护的最大化。如，如何评估、计算债务人设定担保的特定财产的变现金额问题。因重整程序中并未实际通过拍卖、变卖等对特定财产进行变现，其真实变现的价值并未客观体现出来，对担保权人就该特定财产优先权的保障是建立在会计方法计算基础上的，因此，在担保债权人组未通过重整计划草案，法院强制批准重整计划草案时，应当充分考虑其计算方法是否科学、客观、准确，是否充分保护了担保债权人的合法权益。又如，普通债权人组未通过重整计划草案时，所涉重整计划草案被提请批准时依照破产清算程序所能获得的清偿比例，因重整中并未对债务人进行实际的破产清算，因此，破产清算程序中所能获得的清偿比例也是会计计算的结果，而一般情况下，以收益法评估企业重整条件下债务人的清偿率往往高于用清算法评估清算条件下债务人的清偿率，因此，如果债权人组以资产评估报告低估了资产价值，甚至弄虚作假，从而损害债权人的利益；认为重整计划不公平，债权人削减债权比例过大，而出资人权益调整的比例过小或没调整；或者认为大股东对经营失败负有重大责任，应该分担更多债务重组损失而重整计划未体现；或者认为债务重组采取债转股的方式，而引人的重组方资产质量差影响债权的回收等为由，对重整计划草案投反对票的，法院不宜简单以重整草案中的清偿率高于清算中的清偿率为由，强制裁定批准重整计划草案，而是应该在充分协调各方主体利益的前提下，并综合各方因素考虑债权人意见的合理性，慎重作出裁定。

第二，如果债权人组或者出资人组反对重整计划草案，该项重整计划草案应当保证持反对意见的债权人组或者出资人组获得公平对待，即处于同一顺序的债权人必须获得按比例的清偿，或者对于出资人权益的调整应当保证所有出资人按比例削减。

第三，如果债权人组反对重整计划草案，该重整计划草案应当保证只有这个组的成员获得充分清偿后，在清偿顺序上低于这个组的其他组的成员才能开始获得清偿，即企业破产法对清算程序规定的优先顺序，对在重整程序中对持反对意见的表决组必须同样适用。

总之，法院在审查批准债务人或者管理人提交的重整计划草案时，一定要严格按照上述原则进行审查，并综合考虑社会公共利益的维护，依法审慎作出强制批准重整计划草案的裁定，对于不符合强制批准条件的，不能假挽救企业之名违法批准。鉴于企业破产法对于事关当事人重大利益的重整计划草案的裁定批准并未规定相应的异议程序，因此，上级法院应当负起对下级法院违法强制批准重整计划草案的监督职责，在以重整程序挽救债务人的同时仍然要坚持对债权人合法权益的保护。

五、关于破产程序与执行程序的衔接问题

破产程序作为司法上的特殊偿债程序，与民事执行程序在功能定位上存在重大差别。破产程序是在债务人财产不足以清偿全部债务的情况下，对债务人的全部财产进行的概括执行，其目的在于以法定的程序和方法，为所有债权人创造一种获得公平受偿的条件和机会，以使所有债权人共同享有利益，共同分担损失。强制执行程序本质上是一种个别执行，是在债务人的财产足以清偿所有债权的情况下，为实现特定债权人对债务人的特定金钱债权，而对债务人的特定财产所进行的强制执行。强制执行注重债权的个别清偿，破产程序则注重所有债权的公平受偿。破产程序弥补了强制执行这一传统救济手段的不足，保障了特殊情况下全体债权人的公平受偿。破产程序和民事执行程序各司其职，相辅相成，在一个完整的法律体系中共同发挥执行清偿的功能，共同维护债权债务秩序的稳定。破产程序因其启动原因的特殊性，必然导致其对民事执行程序具有优先性，具有对一般债务清偿程序的排他性，即排除为个别债权人利益而对债务人财产进行的其他执行程序，以保证对全体债权人公平清偿。因此，破产程序启动后，其他与之相冲突的对债务人财产的执行程序都应当停止。对此，企业破产法作出了明确的规定。即法院受理破产申请后，有关债务人财产的保全措施应当解除，执行程序应当中止。鉴于民事责任的履行优先于行政责任和刑事责任对财产执行的原则，破产程序的启动还应当具有排除行政责任和刑事责任中对债务人财产的执行程序的效力。因此，上述规定中的保全措施和执行程序应当包括所有具有强制执行权的国家机关在履行职务过程中所采取的保全措施和执行程序。

法院在审理企业破产案件和执行案件时，应当在充分认识破产程序和执行程序不同功能定位的基础上，做好两个法律程序的衔接工作，操作中应当注意不同法院、不同庭室、不同程序的协调与配合，具体表现在：法院受理破产申请后，已对债务人有关财产采取了保全措施，包括执行程序中的查封、冻结、扣押措施的应当解除原保全措施。法院解除有关债务人财产的保全措施后，应当及时通知破产案件管理人并将有关财产移交给管理人接管，管理人可以向受理破产案件的法院申请保全。破产申请受理后，已经受理有关债务人执行案件的法院，对债务人财产尚未执行或者尚未执行完毕的程序应当中止执行；当事人向有关法院申请对债务人的财产强制执行的，有关法院对其申请应不予受

理，并告知其依法向管理人申报债权。管理人接管债务人的财产、调查债务人财产状况后，发现有关法院仍然对债务人的财产进行保全或者继续执行，向采取保全措施和执行的法院提出申请的，有关法院应当依据企业破产法第十九条的规定及时解除保全或中止执行。破产申请受理后法院没有中止执行的，对于已经执行了的债务人的财产，执行法院应当依法执行回转，并交由管理人作为破产财产统一分配。执行法院不予执行回转的，由受理破产申请和执行法院的共同上级法院协调执行回转。受理破产申请的法院在破产宣告前裁定驳回申请人的破产申请，并终结债务人破产程序的，应在作出终结破产程序的裁定前，告知管理人通知原对债务人财产采取保全措施的法院恢复原有的保全措施，有轮候保全的，以原采取保全措施的时间确定轮候顺位。对恢复受理债务人为被执行人的执行案件，适用申请执行时效中断的规定。上级法院应当依法监督下级法院严格执行企业破产法的规定，对债务人财产采取保全措施和执行措施的法院未依法解除保全措施或者中止执行措施的，上级法院应当依法予以纠正并追究相关责任人员的有关责任。

法院审理企业破产案件时，有关债务人的财产被其他具有强制执行权的国家行政机关，包括税务机关、公安机关、海关等采取保全措施或者执行程序的，法院应当积极与上述机关进行协调和沟通，取得有关机关的配合，参照上述具体操作规程，解除有关保全措施，中止有关执行程序，以便保障破产程序的顺利进行。

（撰稿人：刘　敏）

最高人民法院
印发《关于审理公司强制清算案件工作座谈会纪要》的通知

2009年11月4日　　　　法发〔2009〕52号

各省、自治区、直辖市高级人民法院，解放军军事法院，新疆维吾尔自治区高级人民法院生产建设兵团分院：

现将最高人民法院《关于审理公司强制清算案件工作座谈会纪要》印发给你们，请结合审判工作实际，遵照执行。

附：

关于审理公司强制清算案件工作座谈会纪要

当前，因受国际金融危机和世界经济衰退影响，公司经营困难引发的公司强制清算案件大幅度增加。《中华人民共和国公司法》和《最高人民法院关于适用〈中华人民共和国公司法〉若干问题的规定（二）》（以下简称《公司法司法解释二》）对于公司强制清算案件审理中的有关问题已作出规定，但鉴于该类案件非讼程序的特点和目前清算程序规范的不完善，有必要进一步明确该类案件审理原则，细化有关程序和实体规定，更好地规范公司退出市场行为，维护市场运行秩序，依法妥善审理公司强制清算案件，维护和促进经济社会和谐稳定。为此，最高人民法院在广泛调研的基础上，于 2009 年 9 月 15 日至 16 日在浙江省绍兴市召开了全国部分法院审理公司强制清算案件工作座谈会。与会同志通过认真讨论，就有关审理公司强制清算案件中涉及的主要问题达成了共识。现纪要如下：

一、关于审理公司强制清算案件应当遵循的原则

1. 会议认为，公司作为现代企业的主要类型，在参与市场竞争时，不仅要严格遵循市场准入规则，也要严格遵循市场退出规则。公司强制清算作为公司退出市场机制的重要途径之一，是公司法律制度的重要组成部分。人民法院在审理此类案件时，应坚持以下原则：

第一，坚持清算程序公正原则。公司强制清算的目的在于有序结束公司存续期间的各种商事关系，合理调整众多法律主体的利益，维护正常的经济秩序。人民法院审理公司强制清算案件，应当严格依照法定程序进行，坚持在程序正义的基础上实现清算结果的公正。

第二，坚持清算效率原则。提高社会经济的整体效率，是公司强制清算制度追求的目标之一，要严格而不失快捷地使已经出现解散事由的公司退出市场，将其可能给各方利益主体造成的损失降至最低。人民法院审理强制清算案件，要严格按照法律规定及时有效地完成清算，保障债权人、股东等利害关系人的利益及时得到实现，避免因长期拖延清算给相关利害关系人造成不必要的损失，保障社会资源的有效利用。

第三，坚持利益均衡保护原则。公司强制清算中应当以维护公司各方主体

利益平衡为原则，实现公司退出环节中的公平公正。人民法院在审理公司强制清算案件时，既要充分保护债权人利益，又要兼顾职工利益、股东利益和社会利益，妥善处理各方利益冲突，实现法律效果和社会效果的有机统一。

二、关于强制清算案件的管辖

2. 对于公司强制清算案件的管辖应当分别从地域管辖和级别管辖两个角度确定。地域管辖法院应为公司住所地的人民法院，即公司主要办事机构所在地法院；公司主要办事机构所在地不明确、存在争议的，由公司注册登记地人民法院管辖。级别管辖应当按照公司登记机关的级别予以确定，即基层人民法院管辖县、县级市或者区的公司登记机关核准登记公司的公司强制清算案件；中级人民法院管辖地区、地级市以上的公司登记机关核准登记公司的公司强制清算案件。存在特殊原因的，也可参照适用《中华人民共和国企业破产法》第四条、《中华人民共和国民事诉讼法》第三十七条和第三十九条①的规定，确定公司强制清算案件的审理法院。

三、关于强制清算案件的案号管理

3. 人民法院立案庭收到申请人提交的对公司进行强制清算的申请后，应当及时以“（××××）××法×清（预）字第×号”立案。立案庭立案后，应当将申请人提交的申请等有关材料移交审理强制清算案件的审判庭审查，并由审判庭依法作出是否受理强制清算申请的裁定。

4. 审判庭裁定不予受理强制清算申请的，裁定生效后，公司强制清算案件应当以“（××××）××法×清（预）字第×号”结案。审判庭裁定受理强制清算申请的，立案庭应当以“（××××）××法×清（算）字第×号”立案。

5. 审判庭裁定受理强制清算申请后，在审理强制清算案件中制作的民事裁定书、决定书等，应当在“（××××）××法×清（算）字第×号”后依次编号，如“（××××）××法×清（算）字第×－1 号民事裁定书”、“（××××）××法×清（算）字第×－2 号民事裁定书”等，或者“（××××）××法×清（算）字第×－1 号决定书”、“（××××）××法×清（算）字第×－2 号决定书”等。

---

① 本纪要引用的《民事诉讼法》第三十九条已于 2012 年 8 月 31 日被第二次修正的《民事诉讼法》改为第三十八条，其中第一款修改为：“上级人民法院有权审理下级人民法院管辖的第一审民事案件；确有必要将本院管辖的第一审民事案件交下级人民法院审理的，应当报请其上级人民法院批准。”

四、关于强制清算案件的审判组织

6. 因公司强制清算案件在案件性质上类似于企业破产案件，因此强制清算案件应当由负责审理企业破产案件的审判庭审理。有条件的人民法院，可由专门的审判庭或者指定专门的合议庭审理公司强制清算案件和企业破产案件。公司强制清算案件应当组成合议庭进行审理。

五、关于强制清算的申请

7. 公司债权人或者股东向人民法院申请强制清算应当提交清算申请书。申请书应当载明申请人、被申请人的基本情况和申请的事实和理由。同时，申请人应当向人民法院提交被申请人已经发生解散事由以及申请人对被申请人享有债权或者股权的有关证据。公司解散后已经自行成立清算组进行清算，但债权人或者股东以其故意拖延清算，或者存在其他违法清算可能严重损害债权人或者股东利益为由，申请人民法院强制清算的，申请人还应当向人民法院提交公司故意拖延清算，或者存在其他违法清算行为可能严重损害其利益的相应证据材料。

8. 申请人提交的材料需要更正、补充的，人民法院应当责令申请人于七日内予以更正、补充。申请人由于客观原因无法按时更正、补充的，应当向人民法院予以书面说明并提出延期申请，由人民法院决定是否延长期限。

六、关于对强制清算申请的审查

9. 审理强制清算案件的审判庭审查决定是否受理强制清算申请时，一般应当召开听证会。对于事实清楚、法律关系明确、证据确实充分的案件，经书面通知被申请人，其对书面审查方式无异议的，也可决定不召开听证会，而采用书面方式进行审查。

10. 人民法院决定召开听证会的，应当于听证会召开五日前通知申请人、被申请人，并送达相关申请材料。公司股东、实际控制人等利害关系人申请参加听证的，人民法院应予准许。听证会中，人民法院应当组织有关利害关系人对申请人是否具备申请资格、被申请人是否已经发生解散事由、强制清算申请是否符合法律规定等内容进行听证。因补充证据等原因需要再次召开听证会的，应在补充期限届满后十日内进行。

11. 人民法院决定不召开听证会的，应当及时通知申请人和被申请人，并向被申请人送达有关申请材料，同时告知被申请人若对申请人的申请有异议，应当自收到人民法院通知之日起七日内向人民法院书面提出。

七、关于对强制清算申请的受理

12. 人民法院应当在听证会召开之日或者自异议期满之日起十日内，依法作出是否受理强制清算申请的裁定。

13. 被申请人就申请人对其是否享有债权或者股权，或者对被申请人是否发生解散事由提出异议的，人民法院对申请人提出的强制清算申请应不予受理。申请人可就有关争议单独提起诉讼或者仲裁予以确认后，另行向人民法院提起强制清算申请。但对上述异议事项已有生效法律文书予以确认，以及发生被吊销企业法人营业执照、责令关闭或者被撤销等解散事由有明确、充分证据的除外。

14. 申请人提供被申请人自行清算中故意拖延清算，或者存在其他违法清算可能严重损害债权人或者股东利益的相应证据材料后，被申请人未能举出相反证据的，人民法院对申请人提出的强制清算申请应予受理。债权人申请强制清算，被申请人的主要财产、账册、重要文件等灭失，或者被申请人人员下落不明，导致无法清算的，人民法院不得以此为由不予受理。

15. 人民法院受理强制清算申请后，经审查发现强制清算申请不符合法律规定的，可以裁定驳回强制清算申请。

16. 人民法院裁定不予受理或者驳回受理申请，申请人不服的，可以向上一级人民法院提起上诉。

八、关于强制清算申请的撤回

17. 人民法院裁定受理公司强制清算申请前，申请人请求撤回其申请的，人民法院应予准许。

18. 公司因公司章程规定的营业期限届满或者公司章程规定的其他解散事由出现，或者股东会、股东大会决议自愿解散的，人民法院受理强制清算申请后，清算组对股东进行剩余财产分配前，申请人以公司修改章程，或者股东会、股东大会决议公司继续存续为由，请求撤回强制清算申请的，人民法院应予准许。

19. 公司因依法被吊销营业执照、责令关闭或者被撤销，或者被人民法院判决强制解散的，人民法院受理强制清算申请后，清算组对股东进行剩余财产分配前，申请人向人民法院申请撤回强制清算申请的，人民法院应不予准许。但申请人有证据证明相关行政决定被撤销，或者人民法院作出解散公司判决后当事人又达成公司存续和解协议的除外。

九、关于强制清算案件的申请费

20. 参照《诉讼费用交纳办法》第十条、第十四条、第二十条和第四十二条关于企业破产案件申请费的有关规定，公司强制清算案件的申请费以强制清算财产总额为基数，按照财产案件受理费标准减半计算，人民法院受理强制清算申请后从被申请人财产中优先拨付。因财产不足以清偿全部债务，强制清算程序依法转入破产清算程序的，不再另行计收破产案件申请费；按照上述标准计收的强制清算案件申请费超过30万元的，超过部分不再收取，已经收取的，应予退还。

21. 人民法院裁定受理强制清算申请前，申请人请求撤回申请，人民法院准许的，强制清算案件的申请费不再从被申请人财产中予以拨付；人民法院受理强制清算申请后，申请人请求撤回申请，人民法院准许的，已经从被申请人财产中优先拨付的强制清算案件申请费不予退回。

十、关于强制清算清算组的指定

22. 人民法院受理强制清算案件后，应当及时指定清算组成员。公司股东、董事、监事、高级管理人员能够而且愿意参加清算的，人民法院可优先考虑指定上述人员组成清算组；上述人员不能、不愿进行清算，或者由其负责清算不利于清算依法进行的，人民法院可以指定《人民法院中介机构管理人名册》和《人民法院个人管理人名册》中的中介机构或者个人组成清算组；人民法院也可根据实际需要，指定公司股东、董事、监事、高级管理人员，与管理人名册中的中介机构或者个人共同组成清算组。人民法院指定管理人名册中的中介机构或者个人组成清算组，或者担任清算组成员的，应当参照适用最高人民法院《关于审理企业破产案件指定管理人的规定》。

23. 强制清算清算组成员的人数应当为单数。人民法院指定清算组成员的同时，应当根据清算组成员的推选，或者依职权，指定清算组负责人。清算组负责人代行清算中公司诉讼代表人职权。清算组成员未依法履行职责的，人民法院应当依据利害关系人的申请，或者依职权及时予以更换。

十一、关于强制清算清算组成员的报酬

24. 公司股东、实际控制人或者股份有限公司的董事担任清算组成员的，不计付报酬。上述人员以外的有限责任公司的董事、监事、高级管理人员，股份有限公司的监事、高级管理人员担任清算组成员的，可以按照其上一年度的平均工资标准计付报酬。

25. 中介机构或者个人担任清算组成员的，其报酬由中介机构或者个人与公司协商确定；协商不成的，由人民法院参照最高人民法院《关于审理企业破产案件确定管理人报酬的规定》确定。

十二、关于强制清算清算组的议事机制

26. 公司强制清算中的清算组因清算事务发生争议的，应当参照《公司法》第一百一十二条的规定，经全体清算组成员过半数决议通过。与争议事项有直接利害关系的清算组成员可以发表意见，但不得参与投票；因利害关系人回避表决无法形成多数意见的，清算组可以请求人民法院作出决定。与争议事项有直接利害关系的清算组成员未回避表决形成决定的，债权人或者清算组其他成员可以参照《公司法》第二十二条的规定，自决定作出之日起六十日内，请求人民法院予以撤销。

十三、关于强制清算中的财产保全

27. 人民法院受理强制清算申请后，公司财产存在被隐匿、转移、毁损等可能影响依法清算情形的，人民法院可依清算组或者申请人的申请，对公司财产采取相应的保全措施。

十四、关于无法清算案件的审理

28. 对于被申请人主要财产、账册、重要文件等灭失，或者被申请人人员下落不明的强制清算案件，经向被申请人的股东、董事等直接责任人员释明或采取罚款等民事制裁措施后，仍然无法清算或者无法全面清算，对于尚有部分财产，且依据现有账册、重要文件等，可以进行部分清偿的，应当参照企业破产法的规定，对现有财产进行公平清偿后，以无法全面清算为由终结强制清算程序；对于没有任何财产、账册、重要文件，被申请人人员下落不明的，应当以无法清算为由终结强制清算程序。

29. 债权人申请强制清算，人民法院以无法清算或者无法全面清算为由裁定终结强制清算程序的，应当在终结裁定中载明，债权人可以另行依据《公司法司法解释二》第十八条的规定，要求被申请人的股东、董事、实际控制人等清算义务人对其债务承担偿还责任。股东申请强制清算，人民法院以无法清算或者无法全面清算为由作出终结强制清算程序的，应当在终结裁定中载明，股东可以向控股股东等实际控制公司的主体主张有关权利。

十五、关于强制清算案件衍生诉讼的审理

30. 人民法院受理强制清算申请前已经开始，人民法院受理强制清算申请时尚未审结的有关被强制清算公司的民事诉讼，由原受理法院继续审理，但应依法将原法定代表人变更为清算组负责人。

31. 人民法院受理强制清算申请后，就强制清算公司的权利义务产生争议

的，应当向受理强制清算申请的人民法院提起诉讼，并由清算组负责人代表清算中公司参加诉讼活动。受理强制清算申请的人民法院对此类案件，可以适用民事诉讼法第三十七条和第三十九条的规定确定审理法院。

上述案件在受理法院内部各审判庭之间按照业务分工进行审理。人民法院受理强制清算申请后，就强制清算公司的权利义务产生争议，当事人双方就产生争议约定有明确有效的仲裁条款的，应当按照约定通过仲裁方式解决。

十六、关于强制清算和破产清算的衔接

32. 公司强制清算中，清算组在清理公司财产、编制资产负债表和财产清单时，发现公司财产不足清偿债务的，除依据《公司法司法解释二》第十七条的规定，通过与债权人协商制作有关债务清偿方案并清偿债务的外，应依据《公司法》第一百八十八条和企业破产法第七条第三款的规定向人民法院申请宣告破产。

33. 公司强制清算中，有关权利人依据企业破产法第二条和第七条的规定向人民法院另行提起破产申请的，人民法院应当依法进行审查。权利人的破产申请符合企业破产法规定的，人民法院应当依法裁定予以受理。人民法院裁定受理破产申请后，应当裁定终结强制清算程序。

34. 公司强制清算转入破产清算后，原强制清算中的清算组由《人民法院中介机构管理人名册》和《人民法院个人管理人名册》中的中介机构或者个人组成或者参加的，除该中介机构或者个人存在与本案有利害关系等不宜担任管理人或者管理人成员的情形外，人民法院可根据企业破产法及其司法解释的规定，指定该中介机构或者个人作为破产案件的管理人，或者吸收该中介机构作为新成立的清算组管理人的成员。上述中介机构或者个人在公司强制清算和破产清算中取得的报酬总额，不应超过按照企业破产计付的管理人或者管理人成员的报酬。

35. 上述中介机构或者个人不宜担任破产清算中的管理人或者管理人的成员的，人民法院应当根据企业破产法和有关司法解释的规定，及时指定管理人。原强制清算中的清算组应当及时将清算事务及有关材料等移交给管理人。公司强制清算中已经完成的清算事项，如无违反企业破产法或者有关司法解释的情形的，在破产清算程序中应承认其效力。

十七、关于强制清算程序的终结

36. 公司依法清算结束，清算组制作清算报告并报人民法院确认后，人民法院应当裁定终结清算程序。公司登记机关依清算组的申请注销公司登记后，公司终止。

37. 公司因公司章程规定的营业期限届满或者公司章程规定的其他解散事由出现，或者股东会、股东大会决议自愿解散的，人民法院受理债权人提出的强制清算申请后，对股东进行剩余财产分配前，公司修改章程、或者股东会、股东大会决议公司继续存续，申请人在其个人债权及他人债权均得到全额清偿后，未撤回申请的，人民法院可以根据被申请人的请求裁定终结强制清算程序，强制清算程序终结后，公司可以继续存续。

十八、关于强制清算案件中的法律文书

38. 审理强制清算的审判庭审理该类案件时，对于受理、不受理强制清算申请、驳回申请人的申请、允许或者驳回申请人撤回申请、采取保全措施、确认清算方案、确认清算终结报告、终结强制清算程序的，应当制作民事裁定书。对于指定或者变更清算组成员、确定清算组成员报酬、延长清算期限、制裁妨碍清算行为的，应当制作决定书。

对于其他所涉有关法律文书的制作，可参照企业破产清算中人民法院的法律文书样式。

十九、关于强制清算程序中对破产清算程序的准用

39. 鉴于公司强制清算与破产清算在具体程序操作上的相似性，就《公司法》《公司法司法解释二》，以及本会议纪要未予涉及的情形，如清算中公司的有关人员未依法妥善保管其占有和管理的财产、印章和账簿、文书资料，清算组未及时接管清算中公司的财产、印章和账簿、文书，清算中公司拒不向人民法院提交或者提交不真实的财产状况说明、债务清册、债权清册、有关财务会计报告以及职工工资的支付情况和社会保险费用的缴纳情况，清算中公司拒不向清算组移交财产、印章和账簿、文书等资料，或者伪造、销毁有关财产证据材料而使财产状况不明，股东未缴足出资、抽逃出资，以及公司董事、监事、高级管理人员非法侵占公司财产等，可参照企业破产法及其司法解释的有关规定处理。

二十、关于审理公司强制清算案件中应当注意的问题

40. 鉴于此类案件属于新类型案件，且涉及的法律关系复杂、利益主体众多，人民法院在审理难度大、涉及面广、牵涉社会稳定的重大疑难清算案件时，要在严格依法的前提下，紧紧依靠党委领导和政府支持，充分发挥地方政府建立的各项机制，有效做好维护社会稳定的工作。同时，对于审判实践中发现的新情况、新问题，要及时逐级上报。上级人民法院要加强对此类案件的监督指导，注重深入调查研究，及时总结审判经验，确保依法妥善审理好此类案件。

【解　读】

解读《关于审理公司强制清算案件工作座谈会纪要》

当前一段时间以来，因受国际金融危机和世界经济衰退的影响，公司经营困难引发的公司强制清算案件大幅度增加。虽然公司法和最高人民法院《关于适用公司法若干问题的规定（二）》[以下简称《公司法司法解释（二）》] 对公司强制清算案件审理中的有关问题已作出规定，但鉴于该类案件非讼程序的特点和目前清算程序规范的不完善，有必要进一步明确该类案件的审理原则，细化有关程序和实体规定，更好地规范公司退出市场的行为，维护市场运行秩序，依法妥善审理公司强制清算案件，维护和促进经济社会和谐稳定。为此，最高人民法院在广泛调研的基础上，于 2009 年 9 月 15 日至 16 日在浙江省绍兴市召开了全国部分法院审理公司强制清算案件工作座谈会。与会代表通过认真讨论，就有关审理公司强制清算案件中涉及的主要问题达成了共识。最高人民法院于 2009 年 11 月 4 日公布了法发〔2009〕52 号《关于审理公司强制清算案件工作座谈会纪要》（以下简称《纪要》)，现就该《纪要》涉及的审理公司强制清算案件中的主要问题加以阐释。

一、最高人民法院出台该《纪要》的背景

公司法第十章对人民法院强制清算案件的受理，以及清算组的职权、通知债权人、申报债权、确认清算方案、清偿顺序、剩余财产分配、清算程序与破产程序的衔接、清算报告的确认，以及清算组的责任和义务等问题作出了基本规定。同时，最高人民法院《民事案件案由规定》第 22 条“与公司有关的纠纷”第 261 款也明确规定了公司清算纠纷这一案由。各地人民法院在根据上述规定审理公司强制清算案件的过程中反映，鉴于上述规定比较笼统，以及强制清算案件非讼性的特点，法院在审理该类案件时缺乏具体、详实、可操作性的法律规范，导致法院此类型案件的审理进展困难，且存在司法尺度不一的状况。虽然《公司法司法解释（二）》在公司法的基础上已对程序性规范作出了一定规定，但仍然无法满足审判实践的需要。部分高级法院自行出台了有关公司强制清算方面的规范意见，以解决本辖区内审理相关案件规范依据不足的问题。在当前受国际国内宏观经济形势影响，许多公司资金链断裂，经营严重困难，公司大量解散的背景下，债权人、股东和公司的利益纷争和矛盾严重冲

突，人民法院受理的公司强制清算案件呈激增状态，商事审判工作面临新的挑战。为充分发挥人民法院商事审判的职能作用，指导各级人民法院正确审理公司强制清算案件，规范市场主体退出机制，维护市场运行秩序，保障经济平稳较快发展，最高人民法院民二庭在充分调研并就相关问题征求专家学者和本院有关部门意见的基础上，于2009年9月15日至16日在浙江省绍兴市召开了全国部分法院审理公司强制清算案件工作座谈会。与会同志结合各地法院审判经验，通过认真讨论，就有关审理公司强制清算案件中涉及的主要问题达成了共识，形成了该《纪要》。

二、坚持清算程序公正是人民法院审理公司强制清算案件中应当遵循的首要原则

程序法一直被视为是实体法的辅助法，随着程序独立价值的日益彰显，程序保障或者程序正义的呼声越来越高，人们逐渐认识到没有程序保障的实体正义不是真正的正义。公司强制清算主要是一种程序制度，其所规范的是公司清算过程中各相关利害关系人之间的合理秩序，目的在于在公平、公正的秩序中寻求各方利益的平衡，通过清算程序有序地结束公司存续期间成立的各种法律关系，合理调整众多法律主体的利益，维护正常的经济秩序。因此，公司强制清算更需要程序的保障。坚持清算程序公正原则要求整个清算程序必须依照法定程序进行，做到程序严密、合法、正当。这就要求人民法院将清算程序的全部过程置于法定程序之下，不能出现没有程序保障的真空状态。即使在法律难以进行细密规范的操作进程中，也要恪守正当的程序理念。需要强调的是，缺乏细致的清算法是我们出台该《纪要》的一个非常重要的原因。强制清算的审理和其他民商事纠纷案件的审理不同，法官自由裁量的余地很小，很多问题需要有明确的规范依据。基于上述原因，我们将坚持清算程序公正原则作为首要原则予以明确，要求各级法院在审理公司强制清算案件时，严格依照法定程序进行，坚持在程序正义的基础上实现清算结果的公正。

三、公司强制清算案件的案号管理中存在的问题

案号问题表面上看似简单，但实践中确有一些问题亟待规范。有的法院原先是按照一般的民商事案件确立案号，如此，一是无法体现公司强制清算案件非讼的特点，导致法院在适用诉讼程序中错误适用一般民事案件的诉讼程序，如当事人以起诉方式提起公司强制清算申请，法院以判决方式判决公司清算，当事人又依据法院判决向执行机关申请强制执行等等。二是在法院内部绩效考核时无法准确确定审理法官的工作量和审结率、未审结率等。由于公司强制清算案件是对公司存续阶段形成的所有法律关系的概括性了结，人民法院审理公

司强制清算案件需要付出更多的劳动，按照普通案件确立案号统计工作量不利于这类案件的审理。因此，我们参照企业破产案件案号的管理，将公司强制清算案件的案号确定为“清”字号。另外，考虑到申请人向法院提交强制清算申请后至法院裁定受理强制清算申请前，法院要进行大量的质证审查工作，因此，又将“清”字号案件区分阶段确立为“清（预）”字和“清（算）”字两种，这样一是在案件进展阶段上即受理还是没有受理作了区分，二是在程序逻辑上进行了明确，以此保障法院受理前听证程序的顺利进行，三是在统计工作量上也更为客观准确。

四、人民法院在对强制清算申请的审查和受理环节应当注意的问题

如前所述，公司强制清算案件与一般民商事案件不同，在是否受理的审查中涉及很多内容，在这一点上类似于企业破产案件的受理。因此，《纪要》一方面明确了申请人向法院申请强制清算时应当提交的有关材料，包括清算申请书，申请人对被申请人享有债权或者股权，被申请人已经发生解散事由的有关证据，以及公司故意拖延清算，或者存在其他违法清算行为可能严重损害其利益的相关证据材料，另一方面，又对法院应当仅仅围绕申请人提交的上述证据材料进行听证审查予以明确，目的在于依法裁定是否受理公司强制清算申请。对于申请人具备了《公司法》及《公司法司法解释（二）》所规定的债权人或者股东资格，公司确实已经发生了解散事由，以及公司应当自行清算而没有自行清算或者违法清算的，人民法院应当及时作出受理强制清算申请的裁定。反之则应裁定不予受理。这里要特别强调两点，一是被申请人就申请人对其是否享有债权或者股权，或者对被申请人是否发生解散事由存在异议的，原则上应当另案解决，解决后再行决定是否受理强制清算申请，对于已有生效法律文书或者明确解散事由的除外。二是申请人以其为公司实际出资人为由申请强制清算，但不能提供公司股东名册记载其为股东等证据材料的，不具备申请强制清算的主体资格，人民法院应当告知其另行诉讼或者通过其他途径确认其股东身份后再行申请强制清算。当事人坚持申请的，人民法院应当裁定不予受理。

五、被申请人解散后不依法清算，故意逃废债务，导致法院因被申请人主要财产、账册、重要文件等灭失或者人员下落不明而无法清算等问题如何应对

这种非诚信现象在现实社会中还是比较普遍存在的，对此，《公司法司法解释（二）》第18条和第20条，以及法释〔2008〕10号《关于债权人对人员下落不明或者财产状况不清的债务人申请破产清算案件如何处理的批复》已经作出了相应规定，《纪要》中对此问题又作了进一步的明确和补充。在审理这类案件时，应当注意以下几个方面：第一，对于债权人申请债务人破产清算或

者强制清算的案件，人民法院不能因为被申请人的主要财产、账册、重要文件等灭失或者被申请人人员下落不明无法进行清算为由不予受理。申请破产清算的，人民法院也不能以债权人无法举证证明债务人出现了不能清偿到期债务并且资产不足以清偿全部债务，或者不能清偿到期债务并且明显缺乏清偿能力的破产原因为由，不受理债权人的申请。第二，人民法院依法受理破产清算申请或者强制清算申请后，应当依据企业破产法和公司法的有关规定，要求被申请人的法定代表人、企业的财务管理人员和其他经营管理人员，以及有限责任公司的股东、股份有限公司的董事、控股股东，以及公司的实际控制人等有关人员提交企业真实的财产状况说明、债务清册、债权清册、财务会计报告以及职工工资的支付情况和社会保险费用的缴纳情况。经过人民法院的释明以及采取拘留、罚款等强制措施后，被申请人的有关人员仍然不提交上述有关材料或者提交的材料明显不真实、不全面，导致根本无法清算或者无法全面清算的，对于尚有部分财产、账册、重要文件等可以进行部分清偿的，人民法院应当就现有财产进行公平清偿，然后以无法全面依法清算为由终结清算程序；对于没有任何财产、账册、重要文件，被申请人人员下落不明的，人民法院应当以无法清算为由终结清算程序。第三，因无法清算或者无法依法全面清算而终结清算程序，与依照企业破产法的规定依法清算，债务人确无财产可供分配而终结破产清算程序，其法律后果是截然不同的。因依法清算，债务人确无财产可供分配时终结破产清算程序的结果，是剩余债务不再清偿；债务人仅以其破产财产为限承担责任，债务人破产清算程序终结后，除自破产程序终结之日起 2 年内发现有依法应当追回的财产或者债务人有应当供分配的其他财产的，可以追加分配外，对于债务人未能依破产程序清偿的债务，原则上不再清偿。而因债务人的清算义务人怠于履行义务，导致债务人主要财产、账册、重要文件等灭失无法清算而终结清算程序的，虽然债务人的法人资格因清算程序终结而终止，但其既有的民事责任并不当然消灭，而是应当由清算义务人承担偿还责任。《纪要》明确要求，人民法院以无法清算或者无法全面清算为由裁定终结强制清算程序的，应当根据申请人的不同在终结裁定中分别载明，债权人可以另行依据《公司法司法解释（二）》第 18 条的规定，要求被申请人的股东、董事、实际控制人等清算义务人对其债务承担偿还责任；股东可以向控股股东等实际控制公司的主体主张有关权利。这里，债权人因债务人的清算义务人怠于履行义务导致无法清算或者无法全面清算时向债务人的清算义务人主张权利的范畴是明确的，因此，债务人的清算义务人的责任范畴也是确定的。但是，因控股股东等实际控制公司的主体的原因导致无法清算或者无法全面清算，股东因无法获得应有的剩余财产分配而向控股股东等实际控制公司的主体主张有关权利时，其权利范畴的界定是个问题。对此，我们考虑可以通过举证责任倒置来解决中小股东利益的保护问题，即在控股股东控制公司的前提下该清算而不清算，或者不依法提交有关财产状况说明、债务清册、债权清册、财务会计报告以及职工工资的支付情况和社会保险费用的缴纳情况，导致无法清算或者无法全面清算，其他股东起诉请求控股股东等实际控制公司的主体返还出资并承担损失的，除非控股股东等实际控制公司的主体能够充分证明公司已经资不抵债、没有剩余财产进行分配或者不能返还出资，或者虽然公司有剩余财产可供分配但数额低于权利人主张的数额，人民法院应当依法支持其诉讼请求。

六、强制清算和破产清算程序的区别和关联

在分类上，公司清算分为解散清算和破产清算，强制清算属于解散清算的一种，是在自行清算不能的情况下启动的一个司法清算程序。公司出现解散事由时，如果公司财产足以偿还全部债务，公司应当通过解散清算（包括自行清算和强制清算）清理所有的债权债务关系，全额清偿完毕所有债务并且分配完毕剩余财产后终止法人资格。如果公司不能清偿到期债务并且财产不足以偿还全部债务，或者明显缺乏清偿能力的，公司应当通过破产清算程序，公平清偿债务后终止法人资格。强制清算程序是以全额清偿债务为前提的，破产清算是因不能全额清偿债务而按照一定的先后顺序清偿债务，对同一顺序的债务在破产财产不够清偿时按照比例进行清偿，也就是破产法上的公平受偿。由于强制清算程序启动的前提是公司财产尚足以偿还全部债务，因此，强制清算程序的启动不具有冻结清算中公司财产的效力，对于强制清算中公司的给付之诉和强制执行等原则上不具有停止功能。而破产清算因其启动的前提是公司财产不足以偿还全部债务，因此，破产清算程序一旦启动，一是所有针对破产企业的给付之诉不得再行提起，对于申报债权过程中所产生的争议只能提起破产债权的确认诉讼，二是所有针对破产企业的保全措施应当解除，执行程序应当中止，所有债权债务关系一并归入破产清算程序中一揽子解决，以保障全体债权人的公平受偿。实践中，由于启动强制清算时公司财产是否足以偿还全部债务更多是从账面体现出来的，而在清算变现企业财产、追收债权、转让股权等过程中，账面财产和实际变现财产可能会出现差额，甚至差距甚大，这种情况下就可能会出现进入强制清算程序后，公司财产变现后事实上无法全额偿还全部债务的情形，这种情况下就面临着强制清算向破产清算的转化。在强制清算程序与破产清算程序的衔接中应当注意以下几个问题：第一，公司强制清算中，清算组在清理公司财产、编制资产负债表和财产清单时，发现公司财产不足清偿债务的，应当首先依据《公司法司法解释（二）》第 17 条的规定，与债权人协商制定有关债务清偿方案并清偿债务，以避免进入费时、费力、费钱的破产清算程序，提高公司清算效率，充分保护债权人利益。第二，如果债权人不能协

商一致达成债务清偿方案，清算组应当依据公司法第一百八十八条和企业破产法第七条第三款的规定及时向人民法院申请宣告破产。第三，如前所述，由于公司强制清算的前提是财产足以偿还全部债务，因此，强制清算程序的启动并无冻结公司财产的效力，强制执行行为和个别清偿行为在申报债权后是可以进行的。如果有关债权人认为公司事实上已经出现破产原因或者存在不能清偿全部债务的重大嫌疑时，为阻却个别清偿和个别执行，防止最终公司财产无法清偿所有债权人的债权而有损其利益的，可以依据企业破产法第二条和第七条的规定向人民法院另行提起破产申请，人民法院对此申请应当依法进行审查。权利人的破产申请符合企业破产法规定的，人民法院应当依法裁定予以受理。人民法院裁定受理破产申请后，应当裁定终结强制清算程序。第四，强制清算转入破产清算后，要注意做好两个程序的清算机构、清算费用、清算事务等的衔接。对于强制清算的清算组中的中介机构或者个人成员，除存在与本案有利害关系等不宜担任管理人或者管理人成员的情形外，人民法院可根据企业破产法及其司法解释的规定，指定该中介机构或者个人作为破产案件的管理人，或者吸收该中介机构作为新成立的清算组管理人的成员，以便通过清算成员的衔接实现清算事务的衔接。上述中介机构或者个人不宜担任破产清算中的管理人或者管理人的成员的，原强制清算中的清算组应当及时将清算事务及有关材料等移交给管理人。公司强制清算中已经完成的清算事项，如无违反企业破产法或者有关司法解释的情形的，在破产清算程序中应承认其效力。同时作为强制清算的清算组成员和破产清算管理人或者管理人成员的中介机构和个人，在公司强制清算和破产清算中取得的报酬总额，不应超过按照企业破产计付的管理人或者管理人成员的报酬。人民法院收取强制清算申请费后，转入破产清算程序后不再另行计收破产案件申请费。收取的强制清算案件申请费超过 30 万元的，超过部分不再收取；已经收取的，应予退还。

（撰稿人：宋晓明　张勇健　刘　敏）

【链　　接】

规范公司退出行为　维护市场运行秩序

——最高人民法院民二庭负责人就《关于审理公司强制清算案件工作座谈会纪要》答记者问

最高人民法院近日发布了《关于审理公司强制清算案件工作座谈会纪要》（以下简称《纪要》）。最高人民法院民二庭负责人日前向记者介绍了《纪要》出台的背景，并就其中的主要内容进行了解读。据悉，因受国际金融危机和世界经济衰退影响，公司经营困难引发的公司强制清算案件大幅增加，《纪要》进一步明确了该类案件的审理原则，细化了有关程序和实体规定。

一、问：最高人民法院就审理公司强制清算案件召开工作座谈会并在此基础上专门出台《纪要》，请问背景是什么？

答：《中华人民共和国公司法》第十章对人民法院受理强制清算，以及清算组的职权、通知债权人、申报债权、确认清算方案、清偿顺序、剩余财产分配、清算程序与破产程序的衔接、清算报告的确认，以及清算组的责任和义务等作出了基本规定。同时，最高人民法院《民事案件案由规定》第二十二条《与公司有关的纠纷》第 261 款也明确规定了公司清算纠纷这一案由。各地人民法院在根据上述规定审理公司强制清算案件的过程中，陆续向我院反映，鉴于上述规定比较笼统，以及强制清算案件非讼性特点等原因，法院在审理该类案件时缺乏具体、翔实、可操作性的法律规范，导致各地法院案件审理进展困难，且存在执法尺度不一的状况。虽然我院《关于适用〈中华人民共和国公司法〉若干问题的规定（二）》（以下简称公司法司法解释二）在公司法的基础上已对程序性规范作出一定规定，但仍然无法满足审判实践的需要。一些高级人民法院自行出台了有关公司强制清算方面的规范意见，以解决本辖区内审理相关案件规范依据不足的问题。

在当前因受国际国内宏观经济形势影响，许多公司资金链断裂、经营严重困难、公司大量解散的背景下，债权人、股东和公司的利益纷争和矛盾不断激化，人民法院受理的公司强制清算案件呈激增状态，商事审判工作面临新的挑战。为充分发挥人民法院商事审判的职能作用，指导各级人民法院正确审理公司强制清算案件，规范市场主体退出机制，维护市场运行秩序，保障经济平稳较快发展，我庭在充分调研，并就相关问题征求专家学者和我院有关部门意见的基础上，于 2009 年 9 月 15 至 16 日在浙江省绍兴市召开全国部分法院审理公司强制清算案件工作座谈会。与会同志结合各地法院审判经验，通过认真讨论，就有关审理公司强制清算案件中涉及的主要问题达成了共识，形成该《纪要》。

二、问：《纪要》将坚持清算程序公正作为人民法院审理公司强制清算案件应当遵循的首要原则予以明确，是基于何种考虑？

答：程序法一直被视为实体法的辅助法，随着程序独立价值的日益彰显，程序保障或者程序正义的呼声越来越高，人们逐渐认识到，没有程序保障的实体正义不是真正的正义。公司强制清算主要是一种程序制度，其所规范的是公司清算过程中各相关利害关系人之间的合理秩序，目的在于在公平、公正的秩序中寻求各方利益的平衡，通过清算程序有序地结束公司存续期间成立的各种法律关系，合理调整众多法律主体的利益，维护正常的经济秩序。因此，公司强制清算更需要程序的保障。

坚持清算程序公正原则，要求整个清算程序都必须依照法定程序进行，做到程序严密、程序合法、程序正当。这就要求人民法院将清算程序的全部过程置于法定程序之下，不能出现没有程序保障的真空状态，即使在法律难以进行细密规范的操作进程中，也要恪守正当的程序理念。

这里，我想再明确一下，缺乏细致的清算法是我们出台该《纪要》的一个非常重要的原因。强制清算的审理和其他民商事纠纷案件的审理不同，法官自由裁量的余地很窄，很多问题需要有明确的规范依据。基于上述原因，我们将坚持清算程序公正原则作为首要原则予以明确，要求各级法院在审理公司强制清算案件时，严格依照法定程序进行，坚持在程序正义的基础上实现清算结果的公正。

三、问：《纪要》专门对公司强制清算案件的案号管理进行了规范，是基于何种考虑？

答：案号问题表面看似简单，但实践中确有一些问题亟待规范。有的法院原先是按照一般的民商事案件确立案号，如此，一是无法体现公司强制清算案件的非讼特点，导致法院在适用诉讼程序中错误适用一般民事案件的诉讼程序，如当事人以起诉书方式提起公司强制清算申请，法院以判决书方式判决公司清算，当事人又依据法院判决向执行机关申请强制执行等等；二是在法院内部绩效考核时无法准确确定审理法官的工作量和审结率、未审结率等，由于公司强制清算案件是对公司存续阶段形成的所有法律关系的概括性了结，审理这类案件需要付出更多的劳动，按照普通案件确立案号统计工作量不利于这类案件的审理。

因此，我们参照企业破产案件案号的管理，将公司强制清算案件的案号确定为“清”字号。而且，考虑到申请人向法院提交强制清算申请后至法院裁定受理强制清算申请前，法院要进行大量的质证审查工作，因此，又将“清”字号案件区分阶段确立为“清（预）”字和“清（算）”字两种。这样，一是在案件进展阶段上即受理还是没有受理做了区分，二是在程序逻辑上进行明确，以此保障法院受理前听证程序的顺利进行，三是在工作量统计上也更加客观准确。

四、问：《纪要》对于强制清算的申请、审查和受理做了细致的阐述，这其中应当注意哪些问题？

答：如前所述，公司强制清算案件与一般民商事案件不同，在是否受理的审查中涉及很多内容，在这点上类似于企业破产案件的受理。因此，《纪要》一方面明确了申请人向法院申请强制清算时应当提交的有关材料，包括清算申请书、申请人对被申请人享有债权或者股权，被申请人已经发生解散事由的有关证据，以及公司故意拖延清算，或者存在其他违法清算行为可能严重损害其利益的相关证据材料；另一方面，又对法院应当仅仅围绕申请人提交的上述证据材料进行听证审查予以明确，目的在于依法裁定是否受理公司强制清算申请。对于申请人具备了公司法及公司法司法解释二所规定的债权人或者股东资格，公司确实已经发生了解散事由，以及公司应当自行清算而没有自行清算或者违法清算的，人民法院应当及时作出受理强制清算申请的裁定。反之则应裁定不予受理。

这里要特别强调两点，一是被申请人就申请人对其是否享有债权或者股权，或者对被申请人是否发生解散事由存在异议的，原则上应当另案予以解决，解决后再行决定是否受理强制清算申请，对于已有生效法律文书或者明确解散事由的除外。二是申请人以其为公司实际出资人为由申请强制清算，但不能提供公司股东名册记载其为股东等证据材料的，其不符合申请强制清算主体资格，人民法院应当告知其另行诉讼或者通过其他途径确认其股东身份后再行申请强制清算，其坚持申请的，人民法院应当裁定不予受理。

五、问：实践中，普遍存在被申请人解散后不依法清算，故意逃废债务，导致法院因被申请人主要财产、账册、重要文件等灭失或者人员下落不明而无法清算，对此，人民法院应如何应对？

答：这种非诚信现象在现实社会中确实存在，对此，我院公司法司法解释二第十八条和第二十条，以及法释〔2008〕10号《关于债权人对人员下落不明或者财产状况不清的债务人申请破产清算案件如何处理的批复》已作出相应规定，我们在《纪要》中对此又做了进一步明确和补充。在审理这类案件时，应当注意以下几个方面：

第一，对于债权人申请债务人破产清算或者强制清算的案件，人民法院不能因为被申请人的主要财产、账册、重要文件等灭失或者被申请人人员下落不明无法进行清算为由不予受理。申请破产清算的，人民法院也不能以债权人无法举证证明债务人出现了不能清偿到期债务并且资产不足以清偿全部债务，或者不能清偿到期债务并且明显缺乏清偿能力的破产原因为由，不受理债权人的申请。

第二，人民法院依法受理破产清算申请或强制清算申请后，应当依据企业破产法和公司法有关规定，要求被申请人的法定代表人、企业的财务管理人员和其他经营管理人员，以及有限责任公司的股东、股份有限公司的董事、控股股东，以及公司的实际控制人等有关人员提交企业真实的财产状况说明、债务清册、债权清册、财务会计报告以及职工工资的支付情况和社会保险费用的缴纳情况。经过法院释明以及采取拘留、罚款等强制措施后，被申请人的有关人员仍然不提交上述材料或提交的材料明显不真实、不全面，导致根本无法清算或无法全面清算的，对于尚有部分财产、账册、重要文件等可以进行部分清偿的，法院应当就现有财产进行公平清偿，然后以无法全面依法清算为由终结清算程序；对于没有任何财产、账册、重要文件，被申请人人员下落不明的，法院应当以无法清算为由终结清算程序。

最后，因无法清算或者无法依法全面清算而终结清算程序，与依照企业破产法的规定依法清算，债务人确无财产可供分配而终结破产清算程序，其法律后果是截然不同的。因依法清算，债务人确无财产可供分配时终结破产清算程序的结果，是剩余债务不再清偿；债务人仅以其破产财产为限承担责任，债务人破产清算程序终结后，除破产程序终结之日起二年内发现有依法应当追回的财产或者债务人有应当供分配的其他财产的，可以追加分配外，对于债务人未能依破产程序清偿的债务，原则上不再予以清偿。而因债务人的清算义务人怠于履行义务，导致债务人主要财产、账册、重要文件等灭失无法清算而终结的，虽然债务人的法人资格因清算程序终结而终止，但其既有的民事责任并不当然消灭，而是应当由其清算义务人承担偿还责任。

鉴于此，《纪要》明确，人民法院以无法清算或者无法全面清算为由裁定终结强制清算程序的，应当根据申请人的不同在终结裁定中分别载明，债权人可以另行依据公司法司法解释二第十八条的规定，要求被申请人的股东、董事、实际控制人等清算义务人对其债务承担偿还责任；股东可以向控股股东等实际控制公司的主体主张有关权利。这里，债权人因债务人的清算义务人怠于履行义务导致无法清算或者无法全面清算时向债务人的清算义务人主张权利的范畴是明确的，因此，债务人的清算义务人的责任范畴也是确定的。但是，因控股股东等实际控制公司的主体的原因导致无法清算或者无法全面清算，股东因无法获得应有的剩余财产分配而向控股股东等实际控制公司的主体主张有关权利时，其权利范畴的界定是个问题，对此，我们考虑可以通过举证责任倒置来解决中小股东利益的保护问题，即在控股股东控制公司的前提下该清算不清算，或者不依法提交有关财产状况说明、债务清册、债权清册、财务会计报告以及职工工资的支付情况和社会保险费用的缴纳情况，导致无法清算或者无法全面清算，其他股东起诉请求控股股东等实际控制公司的主体返还出资并承担损失的，除非控股股东等实际控制公司的主体能够充分证明公司已经资不抵债没有剩余财产进行分配或者不能返还出资，或者虽然公司有剩余财产可供分配但数额低于权利人主张的数额，人民法院应当依法支持其诉请。

六、问：强制清算和破产清算同为法人退出机制中的清算程序，且都是在法院主导下进行的司法程序，请问这两个清算程序有什么区别和关联？人民法院在适用时应当注意哪些问题？

答：在分类上，公司清算分为解散清算和破产清算，强制清算属于解散清算的一种，是在自行清算不能的情况下启动的一个司法清算程序。公司出现解散事由时，如果公司财产足以偿还全部债务，公司应当通过解散清算（包括自行清算和强制清算）清理所有债权债务关系，全额清偿完毕所有债务并且分配完毕剩余财产后终止法人资格。如果公司不能清偿到期债务并且财产不足以偿还全部债务，或者明显缺乏清偿能力的，公司应当通过破产清算程序，公平清偿债务后终止法人资格。强制清算程序是以全额清偿债务为前提的，而破产清算是因不能全额清偿债务从而按照一定的先后顺序清偿债务，对同一顺序的债务在破产财产不够清偿时是按照比例进行清偿的，也就是我们平时所说的公平受偿。

由于强制清算程序启动的前提是公司财产尚足以偿还全部债务，因此，强制清算程序的启动不具有冻结清算中公司财产的效力，对于强制清算中公司的给付之诉和强制执行等，原则上不具有停止功能。而破产清算因其启动的前提是公司财产不足以偿还全部债务，因此，破产清算程序一旦启动，一是所有针对破产企业的给付之诉不得再行提起，对于申报债权过程中所产生的争议只能提起破产债权的确认诉讼，二是所有针对破产企业的保全措施应当解除，执行程序应当中止，所有债权债务关系一并归入破产清算程序中一揽子解决，以此保障全体债权人的公平受偿。实践中，由于启动强制清算时公司财产是否足以偿还全部债务更多是从账面体现出来的，而在清算变现企业财产、追收债权、转让股权等过程中，账面财产和实际变现财产可能会出现差额，甚至差距甚大，这种情况下就可能会出现进入强制清算程序后，公司财产变现后事实上无法全额偿还全部债务的情形，这时就面临着强制清算向破产清算的转化。

在强制清算程序与破产清算程序的衔接中应当注意以下几个问题：

第一，公司强制清算中，清算组在清理公司财产、编制资产负债表和财产清单时，发现公司财产不足清偿债务的，应当首先依据公司法司法解释二第十七条的规定，与债权人协商制作有关债务清偿方案并清偿债务，以此避免进入费时、费力、费钱的破产清算程序，提高公司清算效率，充分保护债权人利益。

第二，如果债权人不能协商一致形成债务清偿方案，清算组应当依据公司法第一百八十八条和企业破产法第七条第三款的规定及时向人民法院申请宣告破产。

第三，前已述及，由于公司强制清算的前提是财产足以偿还全部债务，因此，强制清算程序的启动并无冻结公司财产的效力，强制执行行为和个别清偿行为在申报债权后是可以进行的。如果有关债权人认为公司事实上已经出现破产原因或者存在不能清偿全部债务的重大嫌疑时，为阻却个别清偿和个别执行，防止最终公司财产无法清偿所有债权人的债权而有损其利益的，可以依据企业破产法第二条和第七条的规定向人民法院另行提起破产申请，人民法院对此申请应当依法进行审查。权利人的破产申请符合企业破产法规定的，人民法院应当依法裁定予以受理。人民法院裁定受理破产申请后，应当裁定终结强制清算程序。

第四，强制清算转入破产清算后，要注意做好两个程序的清算机构、清算费用、清算事务等的衔接。对于强制清算清算组中的中介机构或者个人成员，除存在与本案有利害关系等不宜担任管理人或者管理人成员的情形外，人民法院可根据企业破产法及其司法解释的规定，指定该中介机构或者个人作为破产案件的管理人，或者吸收该中介机构作为新成立的清算组管理人的成员，以便通过清算成员的衔接实现清算事务的衔接。上述中介机构或者个人不宜担任破产清算中的管理人或者管理人的成员的，原强制清算中的清算组应当及时将清算事务及有关材料等移交给管理人。公司强制清算中已经完成的清算事项，如无违反企业破产法或者有关司法解释的情形的，在破产清算程序中应承认其效力。同时作为强制清算清算组成员和破产清算管理人或者管理人成员的中介机构和个人，在公司强制清算和破产清算中取得的报酬总额，不应超过按照企业破产计付的管理人或者管理人成员的报酬。人民法院收取强制清算申请费后，转入破产清算程序后不再另行计收破产案件申请费；收取的强制清算案件申请费超过30万元的，超过部分不再收取，已经收取的，应予退还。

最高人民法院
关于受理借用国际金融组织和外国政府贷款偿还任务尚未落实的企业破产申请问题的通知

2009年12月3日 法〔2009〕389号

各省、自治区、直辖市高级人民法院，解放军军事法院，新疆维吾尔自治区高级人民法院生产建设兵团分院：

近来，部分地方人民法院向我院请示是否受理借用国际金融组织和外国政府贷款偿还任务尚未落实的企业破产申请的问题，经研究，现就有关问题通知如下，请遵照执行。

自2007年6月1日起，借用国际金融组织和外国政府贷款或转贷款的有关企业申请或者被申请破产的，人民法院应依照《中华人民共和国企业破产法》的有关规定依法受理。

上述企业在2007年6月1日之前已签署转贷协议但偿还任务尚未落实的，应继续适用最高人民法院《关于当前人民法院审理企业破产案件应当注意的几个问题的通知》（法发〔1997〕2号）第三条的规定和最高人民法院《关于贯彻执行法发〔1997〕2号文件第三条应注意的问题的通知》（法函〔1998〕74号）的有关规定。

【解 读】

解读《关于借用国际金融组织和外国政府贷款偿还任务尚未落实的企业破产申请问题的通知》

2009年12月3日，最高人民法院下发法〔2009〕389号《关于借用国际金融组织和外国政府贷款偿还任务尚未落实的企业破产申请问题的通知》，对于人民法院受理借用国际金融组织和外国政府贷款偿还任务尚未落实的企业破产条件进行调整。本文就如何理解和适用该通知有关内容进行解读。

由于涉及敏感的国家外债管理制度和中央财政政策，人民法院对于借用国际金融组织和外国政府贷款偿还任务尚未落实的企业破产申请问题一直较为谨慎。最高人民法院法发〔1997〕2号文第三条和法函〔1998〕74号文规定，借用外国政府贷款的企业或转贷款偿还任务尚未落实的企业，因属于政府外债，其借入和转贷过程均为政府行为，由政府承担最终还款责任，故不论项目单位是何种性质的企业，在偿还此类贷款任务尚未落实前，人民法院均暂不受理其破产申请，也暂不受理债权人申请其破产的案件。在新的企业破产法生效后，对于借用国际金融组织和外国政府贷款偿还任务尚未落实的企业破产申请问题是否继续加以限制，是一个亟待解决的问题。

笔者认为，在新的企业破产法生效以后，关于借用国际金融组织和外国政府贷款偿还任务尚未落实的企业破产申请问题应当根据法律和现实情况的变化予以调整，理由如下：(1) 2007年6月1日生效的新的企业破产法对于上述企业能否申请破产并未作出限制性规定。该法第二条规定，企业法人不能清偿到期债务，并且资产不足以清偿全部债务或明显缺乏清偿能力的，依照本法规定清理债务。由此可见，新的企业破产法规定的破产申请的受理条件主要是企业法人不能清偿到期债务。债务人如具有法定的破产原因，人民法院就应当依法受理而不能驳回破产申请。(2) 债务人的偿债能力是企业的既有能力，并不会因为其没有进入破产程序而发生改观。相反，债务人陷入经营困境，如果长期不能进入破产程序，将造成财产损失进一步扩大，对债权人的保护更为不利。(3) 原来的限制性政策是建立在当时政策性破产较为集中的特殊环境和条件基础之上的，由于国有企业政策性破产本身具有一定的优惠条件，故对于其申请破产条件进行了相应限制，尤其强调债务人破产申请需取得债权银行的同意。现在事隔十年之久，法律政策环境和条件都发生变化。国有企业政策性破产范围逐步缩小，债权银行对于债务人破产申请的谈判权实践中很难起到债权保护的作用。(4) 企业破产针对的是债务人的偿债责任问题，未涉及其他主体的民事责任。债务人破产并不妨碍其他主体承担相应的民事或行政责任。综上，在新的企业破产法生效以后，人民法院应当依法受理借用国际金融组织和外国政府贷款偿还任务尚未落实的企业破产申请。最高人民法院法发〔1997〕2号文第三条和法函〔1998〕74号文原则上不再适用。

新的企业破产法生效以后，财政部出台了财金（2008）176号《外国政府贷款管理规定》，该文件第三十八条规定，在贷款债务偿清前，项目单位拟实行资产重组、企业改制或者申请破产的，省级财政部门应当督促项目单位落实新的债务偿还安排，并征得转贷银行和财政部同意，必要时还应征得贷款方同意。鉴于此类贷款项目由财政部归口管理，故最高人民法院此次政策调整时与财政部进行了充分的沟通。经征求财政部的意见，最终形成“老人老办法，新人新办法”的处理原则，即按新的企业破产法生效时间进行划段调整。最高人民法院法〔2009〕389号《关于借用国际金融组织和外国政府贷款偿还任务尚未落实的企业破产申请问题的通知》指出，自2007年6月1日起，借用国际金融组织和外国政府贷款或转贷款的有关企业申请或者被申请破产的，人民法院应依照《中华人民共和国企业破产法》的有关规定依法受理。上述企业在2007年6月1日之前已签署转贷协议但偿还任务尚未落实的，应继续适用最高人民法院《关于当前人民法院审理企业破产案件应当注意的几个问题的通知》（法发〔1997〕2号）第三条的规定和最高人民法院《关于贯彻执行法发〔1997〕2号文件第三条应注意的问题的通知》（法函〔1998〕74号）的有关规定。

（撰稿人：杨征宇）

【链 接】

有外债企业申请破产可否受理
——最高人民法院民二庭负责人就《关于借用国际金融组织和外国政府贷款偿还任务尚未落实的企业破产申请问题的通知》答记者问

针对部分地方人民法院请示，最高人民法院下发了《关于受理借用国际金融组织和外国政府贷款偿还任务尚未落实的企业破产申请问题的通知》（以下简称《通知》）。根据《通知》，自2007年6月1日起，借用国际金融组织和外国政府贷款或转贷款的有关企业申请或者被申请破产的，人民法院应依照《中华人民共和国企业破产法》（以下简称《企业破产法》）的有关规定依法受理。

《通知》要求，上述企业在2007年6月1日之前已签署转贷协议但偿还任务尚未落实的，应继续适用最高人民法院《关于当前人民法院审理企业破产案件应当注意的几个问题的通知》（法发〔1997〕2号）第3条的规定和最高人民法院《关于贯彻执行法发〔1997〕2号文件第三条应注意的问题的通知》（法函〔1998〕74号）的有关规定。

最高人民法院民二庭负责人近日就此接受记者采访，对《通知》的背景和内容进行了解读。

一、曾规定暂不受理外债企业破产申请

据介绍，由于涉及敏感的国家外债管理制度和中央财政政策，人民法院对于借用国际金融组织和外国政府贷款偿还任务尚未落实的企业破产申请问题一直较为谨慎。最高人民法院法发〔1997〕2号文第3条和法函〔1998〕74号文规定，借用外国政府贷款的企业或转贷款偿还任务尚未落实的企业，因其债务属于政府外债，其借入和转贷过程均为政府行为，由政府承担最终还款责任，故不论项目单位是何种性质的企业，在偿还此类贷款任务尚未落实前，人民法院均暂不受理其破产申请，也暂不受理债权人申请其破产的案件。

然而，新的《企业破产法》生效后，对于借用国际金融组织和外国政府贷款偿还任务尚未落实的企业破产申请问题是否继续加以限制，就成为一个亟待解决的问题。

二、四大理由支持法律政策调整

"新《企业破产法》生效后，关于借用国际金融组织和外国政府贷款偿还任务尚未落实的企业破产申请问题，应当根据法律和现实情况的变化予以调整。"最高人民法院民二庭负责人这样表示并给出了四个理由。

第一，2007年6月1日生效的新的《企业破产法》对于上述企业能否申请破产并未作出限制性规定。该法第2条规定，企业法人不能清偿到期债务，并且资产不足以清偿全部债务或者明显缺乏清偿能力的，依照该法规定清理债务由此可见，新的《企业破产法》规定的破产申请的受理条件主要是企业法人不能清偿到期债务。债务人如具有法定破产原因，人民法院就应当依法受理而不能驳回破产申请。

第二，债务人的偿债能力是企业的既有能力，并不会因为其没有进入破产程序而发生改观。相反，债务人陷入经营困境，如果长期不能进入破产程序，将造成财产损失进一步扩大，对债权人保护更为不利。

第三，原来的限制性政策是建立在当时政策性破产较为集中的特殊环境和条件基础之上的，由于国有企业政策性破产本身具有一定优惠条件，故对于其申请破产条件进行了相应限制，尤其强调债务人破产申请需取得债权银行的同意。现在事隔十年之久，法律政策环境和条件都发生变化。国企政策性破产范围逐步缩小，债权银行对于债务人破产申请的谈判权实践中很难起到债权保护的作用。

第四，企业破产针对的是债务人的偿债责任问题，未涉及其他主体的民事责任。债务人破产并不妨碍其他主体承担相应的民事或行政责任。

"因此，在新的《企业破产法》生效后，人民法院应当依法受理借用国际

金融组织和外国政府贷款偿还任务尚未落实的企业破产申请。最高人民法院法发〔1997〕2号文第3条和法函〔1998〕74号文原则上不再适用。”民二庭负责人说。

三、以新《企业破产法》生效时间为界区别处理

据介绍，新《企业破产法》生效后，财政部出台了《外国政府贷款管理规定》(财金〔2008〕176号)，该文件第38条规定，在贷款债务偿清前，项目单位拟实行资产重组、企业改制或者申请破产的，省级财政部门应当督促项目单位落实新的债务偿还安排，并征得转贷银行和财政部同意，必要时还应征得贷款方同意。

鉴于此类贷款项目由财政部归口管理，因此，最高人民法院此次政策调整时与财政部进行了充分沟通，最终形成“老人老办法，新人新办法”的处理原则，即按新《企业破产法》生效时间进行划段调整。

最高人民法院
印发《关于审理上市公司破产重整案件工作座谈会纪要》的通知

2012年10月29日　　　　法〔2012〕261号

各省、自治区、直辖市高级人民法院，解放军军事法院，新疆维吾尔自治区高级人民法院生产建设兵团分院：

现将最高人民法院《关于审理上市公司破产重整案件工作座谈会纪要》印发给你们，请结合审判工作实际，遵照执行。

附：

关于审理上市公司破产重整案件工作座谈会纪要

《企业破产法》施行以来，人民法院依法审理了部分上市公司破产重整案件，最大限度地减少了因上市公司破产清算给社会造成的不良影响，实现了法律效果和社会效果的统一。上市公司破产重整案件的审理不仅涉及到《企业破产法》、《证券法》、《公司法》等法律的适用，还涉及司法程序与行政程序的衔接问题，有必要进一步明确该类案件的审理原则，细化有关程序和实体规定，更好地规范相关主体的权利义务，以充分保护债权人、广大投资者和上市公司的合法权益，优化配置社会资源，促进资本市场健康发展。为此，最高人民法院会同中国证券监督管理委员会，于2012年3月22日在海南省万宁市召开了审理上市公司破产重整案件工作座谈会。与会同志通过认真讨论，就审理上市公司破产重整案件的若干重要问题取得了共识。现纪要如下：

一、关于上市公司破产重整案件的审理原则

会议认为，上市公司破产重整案件事关资本市场的健康发展，事关广大投资者的利益保护，事关职工权益保障和社会稳定。因此，人民法院应当高度重视此类案件，并在审理中注意坚持以下原则：

（一）依法公正审理原则。上市公司破产重整案件参与主体众多，涉及利益关系复杂，人民法院审理上市公司破产重整案件，既要有利于化解上市公司的债务和经营危机，提高上市公司质量，保护债权人和投资者的合法权益，维护证券市场和社会的稳定，又要防止没有再生希望的上市公司利用破产重整程序逃废债务，滥用司法资源和社会资源；既要保护债权人利益，又要兼顾职工利益、出资人利益和社会利益，妥善处理好各方利益的冲突。上市公司重整计划草案未获批准或重整计划执行不能的，人民法院应当及时宣告债务人破产清算。

（二）挽救危困企业原则。充分发挥上市公司破产重整制度的作用，为尚有挽救希望的危困企业提供获得新生的机会，有利于上市公司、债权人、出资人、关联企业等各方主体实现共赢，有利于社会资源的有效利用。对于具有重整可能的企业，努力推动重整成功，可以促进就业，优化资源配置，促进产业结构的调整和升级换代，减少上市公司破产清算对社会带来的不利影响。

（三）维护社会稳定原则。上市公司进入破产重整程序后，因涉及债权人、上市公司、出资人、企业职工等相关当事人的利益，各方矛盾比较集中和突出，如果处理不当，极易引发群体性、突发性事件，影响社会稳定。人民法院审理上市公司破产重整案件，要充分发挥地方政府的风险预警、部门联动、资金保障等协调机制的作用，积极配合政府做好上市公司重整中的维稳工作，并根据上市公司的特点，加强与证券监管机构的沟通协调。

二、关于上市公司破产重整案件的管辖

会议认为，上市公司破产重整案件应当由上市公司住所地的人民法院，即上市公司主要办事机构所在地法院管辖；上市公司主要办事机构所在地不明确、存在争议的，由上市公司注册登记地人民法院管辖。由于上市公司破产重整案件涉及法律关系复杂，影响面广，对专业知识和综合能力要求较高，人力物力投入较多，上市公司破产重整案件一般应由中级人民法院管辖。

三、关于上市公司破产重整的申请

会议认为，上市公司不能清偿到期债务，并且资产不足以清偿全部债务或者明显缺乏清偿能力，或者有明显丧失清偿能力可能的，上市公司或者上市公司的债权人、出资额占上市公司注册资本十分之一以上的出资人可以向人民法院申请对上市公司进行破产重整。

申请人申请上市公司破产重整的，除提交《企业破产法》第八条规定的材料外，还应当提交关于上市公司具有重整可行性的报告、上市公司住所地省级人民政府向证券监督管理部门的通报情况材料以及证券监督管理部门的意见、上市公司住所地人民政府出具的维稳预案等。上市公司自行申请破产重整的，还应当提交切实可行的职工安置方案。

四、关于对上市公司破产重整申请的审查

会议认为，债权人提出重整申请，上市公司在法律规定的时间内提出异议，或者债权人、上市公司、出资人分别向人民法院提出破产清算申请和重整申请的，人民法院应当组织召开听证会。

人民法院召开听证会的，应当于听证会召开前通知申请人、被申请人，并送达相关申请材料。公司债权人、出资人、实际控制人等利害关系人申请参加听证的，人民法院应当予以准许。人民法院应当就申请人是否具备申请资格、上市公司是否已经发生重整事由、上市公司是否具有重整可行性等内容进行听证。

鉴于上市公司破产重整案件较为敏感，不仅涉及企业职工和二级市场众多投资者的利益安排，还涉及与地方政府和证券监管机构的沟通协调。因此，目前人民法院在裁定受理上市公司破产重整申请前，应当将相关材料逐级报送最高人民法院审查。

五、关于对破产重整上市公司的信息保密和披露

会议认为，对于股票仍在正常交易的上市公司，在上市公司破产重整申请相关信息披露前，上市公司及其债权人、出资人等利害关系人应当按照法律、行政法规、证券监管机构的部门规章及证券交易所上市规则做好信息保密工作。

上市公司的债权人提出破产重整申请的，人民法院应当要求债权人提供其

已就此告知上市公司的有关证据。上市公司应当按照相关规则及时履行信息披露义务。

上市公司进入破产重整程序后，由管理人履行相关法律、行政法规、部门规章和公司章程规定的原上市公司董事会、董事和高级管理人员承担的职责和义务，上市公司自行管理财产和营业事务的除外。管理人在上市公司破产重整程序中存在信息披露违法违规行为的，应当依法承担相应的责任。

六、关于上市公司破产重整计划草案的制定

会议认为，上市公司或者管理人制定的上市公司重整计划草案应当包括详细的经营方案。有关经营方案涉及并购重组等行政许可审批事项的，上市公司或管理人应当聘请经证券监管机构核准的财务顾问机构、律师事务所以及具有证券期货业务资格的会计师事务所、资产评估机构等证券服务机构按照证券监管机构的有关要求及格式编制相关材料，并作为重整计划草案及其经营方案的必备文件。

控股股东、实际控制人及其关联方在上市公司破产重整程序前因违规占用、担保等行为对上市公司造成损害的，制定重整计划草案时应当根据其过错对控股股东及实际控制人支配的股东的股权作相应调整。

七、关于上市公司破产重整中出资人组的表决

会议认为，出资人组对重整计划草案中涉及出资人权益调整事项的表决，经参与表决的出资人所持表决权三分之二以上通过的，即为该组通过重整计划草案。

考虑到出席表决会议需要耗费一定的人力物力，一些中小投资者可能放弃参加表决会议的权利。为最大限度地保护中小投资者的合法权益，上市公司或者管理人应当提供网络表决的方式，为出资人行使表决权提供便利。关于网络表决权行使的具体方式，可以参照适用中国证券监督管理委员会发布的有关规定。

八、关于上市公司重整计划草案的会商机制

会议认为，重整计划草案涉及证券监管机构行政许可事项的，受理案件的人民法院应当通过最高人民法院，启动与中国证券监督管理委员会的会商机制。即由最高人民法院将有关材料函送中国证券监督管理委员会，中国证券监督管理委员会安排并购重组专家咨询委员会对会商案件进行研究。并购重组专家咨询委员会应当按照与并购重组审核委员会相同的审核标准，对提起会商的行政许可事项进行研究并出具专家咨询意见。人民法院应当参考专家咨询意

见，作出是否批准重整计划草案的裁定。

九、关于上市公司重整计划涉及行政许可部分的执行

会议认为，人民法院裁定批准重整计划后，重整计划内容涉及证券监管机构并购重组行政许可事项的，上市公司应当按照相关规定履行行政许可核准程序。重整计划草案提交出资人组表决且经人民法院裁定批准后，上市公司无须再行召开股东大会，可以直接向证券监管机构提交出资人组表决结果及人民法院裁定书，以申请并购重组许可申请。并购重组审核委员会审核工作应当充分考虑并购重组专家咨询委员会提交的专家咨询意见。并购重组申请事项获得证券监管机构行政许可后，应当在重整计划的执行期限内实施完成。

会议还认为，鉴于上市公司破产重整案件涉及的法律关系复杂，利益主体众多，社会影响较大，人民法院对于审判实践中发现的新情况、新问题，要及时上报。上级人民法院要加强对此类案件的监督指导，加强调查研究，及时总结审判经验，确保依法妥善审理好此类案件。

【解 读】

解读《关于审理上市公司破产重整案件工作座谈会纪要》

最高人民法院《关于审理上市公司破产重整案件工作座谈会纪要》（法〔2012〕261号）（以下简称《纪要》）经最高人民法院审判委员会民事行政审判专业委员会第141次会议讨论通过，已于2012年10月29日印发。该会议纪要对于指导全国法院正确审理上市公司破产重整案件具有重要意义。笔者拟对《纪要》的制定背景、基本原则和精神、主要内容等进行介绍，以期对该《纪要》的正确理解和适用有所裨益。

一、《纪要》的起草背景和经过

破产重整是优化配置社会资源、挽救危困企业、维护社会和谐稳定的重要法律制度，是企业破产法的一大制度创新。自2007年6月1日企业破产法施行以来，重整案件的审理已经成为人民法院商事审判工作的重要领域。据统计，截至2012年9月1日，全国法院共受理上市公司破产重整案件35件。这些上市公司通过重整程序避免了破产清算，取得了良好的社会效果，人民法院也通过上市公司破产重整案件的审理，积累了一定的司法经验。

由于上市公司破产重整案件的审理不仅涉及企业破产法、证券法、公司法等法律的适用，还涉及司法程序与行政程序的衔接，有必要进一步明确该类案件的审理原则，细化有关程序和实体规定，更好地规范相关主体的权利义务，以充分保护债权人、广大投资者和上市公司的合法权益，促进资本市场健康发展。为此，早在企业破产法施行之初，最高人民法院民二庭就与中国证券监督管理委员会（以下简称证监会）上市部、法律部组成联合课题组，就上市公司破产重整案件的审理进行专题调研。经对调研成果广泛征求意见和多次修改，2012 年 3 月 22 日最高人民法院与证监会联合召开了审理上市公司破产重整案件工作座谈会。与会代表经过认真讨论，就审理上市公司破产重整案件的若干重要问题取得了共识，形成该《纪要》。

二、《纪要》的基本精神

企业破产法实施 5 年多来，人民法院在审理上市公司破产重整案件方面进行了初步探索和实践，但是总体来说尚缺乏成熟的上市公司破产重整审判经验。在形成《纪要》的过程中，最高人民法院始终注意坚持以下原则：一是遵循法律规定原则。上市公司破产重整案件本质上属于企业破产案件，所涉问题都应遵照企业破产法的相关规定，同时其中又涉及公司法、证券法等的相关规定，它们是制定《纪要》的基本法律依据。二是总结成功的司法经验。在进行专题调研的过程中，我们搜集了大量的国内外上市公司破产重整的案例进行充分剖析研究，并广泛征求各人民法院、管理人、证券交易所及证券监管机构的意见和建议，形成了一些较为成熟、认识比较统一、实践证明效果较好的司法经验。对于那些争议较大的问题，则未纳入《纪要》的内容。三是法院与证券监管机构分工配合。上市公司破产重整是司法程序，应该在人民法院的主导下进行。但因为上市公司的特殊性，其重整过程又离不开证券监管机构的监管。《纪要》不但明确了法院的职责，也规定了涉及行政监管时应启动的程序，确保在上市公司破产重整案件中，法院与行政监管部门能够各司其职、各尽其责。

鉴于上市公司重整案件涉及的法律关系复杂，利益主体众多，社会影响较大，囿于篇幅和条件，《纪要》对于一些问题未做规定。对于审判实践中发现的新情况、新问题，有关法院要加强调查研究，及时总结审判经验，为将来企业破产法司法解释的制定提供借鉴和参考。

三、《纪要》的主要内容

《纪要》规定了八个方面的内容，包括上市公司破产重整案件的审理原则、上市公司破产重整案件的管辖、申请和审查、信息保密和披露、重整计划草案的制定及关于上市公司重整计划草案的会商机制等问题，进一步细化了上市公司破产重整案件审理的有关程序和实体规定。以下就其中所涉的主要问题进行说明。

（一）上市公司破产重整案件的审理原则

上市公司涉及面广，一旦破产清算，将产生一系列的连锁反应，对社会影响较大。同时，在现阶段，上市公司的“壳资源”也在社会上具有相当强的吸引力。因此，利用企业破产法中规定的重整程序着力挽救处于困境中的上市公司应是企业避免破产、获得新生积极寻求的途径。但企业破产法中并没有关于上市公司破产重整的专门性规定，很多问题还没有明确的规范依据。这种情况下就要求人民法院将依法公正审理作为审理上市公司破产重整案件的首要原则。坚持依法公正审理原则首先要求上市公司破产重整案件必须依照法定程序进行，不能出现没有程序保障的真空状态，即使在法律难以进行细密规范的操作进程中，也要恪守正当的程序理念。其次，在审理上市公司破产重整案件涉及众多参与主体的实体权利时，要特别注意贯彻依法公正审理原则。一方面要确保各种性质的债权人享有其原来对上市公司责任财产的清偿顺序，并且按照比例公平地获得不低于上市公司即时破产清算获得的清偿。另一方面也应当兼顾上市公司以及出资人利益，尽力挽救已经达到破产界限的上市公司，避免破产清算。此外，针对社会上存在的一些因为上市公司的规模和影响而“破不得”“不能破”的认识，《纪要》进一步明确，上市公司重整不成的，即上市公司重整计划草案未获批准或重整计划执行不能的，人民法院应当及时宣告上市公司破产清算。以期树立正确的导向，避免资本市场对可能重整的上市公司进行恶意炒作。

另外，上市公司进入破产重整程序后，因涉及债权人、上市公司、出资人、企业职工等相关当事人的利益，各方矛盾比较集中和突出，如果处理不当，极易引发群体性、突发性事件，影响社会稳定。人民法院审理上市公司破产重整案件，一定要坚持维护社会稳定原则，充分发挥地方政府的风险预警、部门联动、资金保障等协调机制的作用，积极配合政府做好上市公司破产重整中的维稳工作，并根据上市公司的特点，加强与证券监管机构的沟通协调。

（二）上市公司重整案件的申请、审查和受理

上市公司破产重整案件与一般的民商事案件不同，在是否受理的审查中涉及很多内容，尤其是公司的股票在证券交易所交易的股份有限公司，其破产重整还必然涉及证券监管机构监管的有关问题。因此，《纪要》一方面明确了申请人向法院申请上市公司破产重整时应当提交的除企业破产法第八条规定的材料以外的特殊材料，包括上市公司具有重整可行性的报告、上市公司住所地省级人民政府向证券监督管理部门的通报情况以及证券监督管理部门的意见、上

市公司住所地人民政府出具的维稳预案等。另一方面，《纪要》又对法院在审查上市公司重整申请时应当召开听证会的情形以及召开听证会时应当注意的有关问题予以明确，目的在于依法稳妥地裁定是否受理对上市公司破产重整的申请。此外，在目前的市场环境下，上市公司破产重整案件较为敏感，不仅涉及企业职工和二级市场众多投资者的利益安排，还涉及与地方政府和证券监管机构的沟通协调，因此，在以往受理的30多家上市公司破产重整案件中，均要求拟受理上市公司破产重整申请的法院在裁定受理上市公司破产重整申请前，应当将相关材料逐级报送最高人民法院审查。这一做法也在《纪要》中加以明确。

(三) 上市公司重整计划草案的制定

企业破产法第八十一条将债务人的经营方案列为重整计划草案的第一项内容。债务人的经营方案主要是对公司重整的具体措施进行规定，而公司的重整措施是公司为摆脱危机而新生的具体手段，直接关系到债务人企业的生死，在重整程序中至为重要。但是，企业破产法并未对经营方案具体应当包括哪些内容加以明确，而国外的相关立法中大多都对重整措施进行了详细的规定。企业破产法在当初立法时主要是考虑到重整措施在实践中是丰富多样的，如果采取列举式的方法加以规定，可能会抑制重整参与人的创造力，不利于调动当事人的积极性。但是，从目前进入重整程序的上市公司的案例来看，一些进入破产重整的上市公司的重整计划草案中的经营方案规定的非常简单，甚至仅是几百字的概括陈述，不足以提供关于该上市公司重整具体措施的有效信息。这就给债权人会议通过重整计划草案带来了盲目性，同时也给后续的法院批准重整计划草案带来很大的不确定性。因此，《纪要》强调上市公司的重整计划草案中的经营方案应当尽量细化，需包括债务人的经营管理方案、融资方案、资产与业务重组方案等上市公司重整具体措施的内容。此外，有关经营方案涉及并购重组等行政许可审批事项的，为便于后续的证券监管机构的审批，上市公司或管理人应当聘请经证券监管机构核准的财务顾问机构、律师事务所以及具有证券期货业务资格的会计师事务所、资产评估机构等证券服务机构，按照证券监管机构的有关要求及格式编制相关材料，并作为重整计划草案及其经营方案的必备文件。

(四) 上市公司重整计划的会商机制

1.《纪要》引入会商机制的原因

《纪要》之所以规定关于上市公司重整计划草案的会商机制，是为了解决上市公司破产重整中涉及的司法程序与行政程序的衔接问题。法院审查上市公司重整计划草案时，除审查制作重整计划草案的程序是否符合法律规定外，重点审查重整计划草案是否使处于同一顺位的债权人获得公平对待的清偿、是否每一个反对重整计划草案的债权人在重整计划草案中至少可以获得其在清算程序中可以获得的清偿。对出资人组的权益调整方案进行审查时，要看涉及权益调整的出资人是否表决通过了该重整计划草案，该权益调整是否公平公正。对于证券监管机构的审查，因我国目前没有专门针对重整程序中的上市公司发行新股、定向增发等的条件做出特殊规定，故证券监管机构仍然是按照现行证券法、公司法等相关法律法规的要求对重组方、对拟投入的资产、对股东权益调整方式、对程序方面是否存在违反法律规定的情形等进行审查。表面看来，法院和证监部门的审查各有侧重、互相配合，但实际上却存在司法程序与行政程序的衔接问题。根据企业破产法的规定，重整计划草案自各表决组通过之日起10日内，或未通过重整计划草案的表决组拒绝再次表决或者再次表决仍未通过重整计划草案的，债务人或者管理人可以申请人民法院批准重整计划草案。法院裁定批准重整计划后，债务人应当按照重整计划规定的内容全面履行。如果在履行过程中，涉及股权调整或重大资产交易等事项不能得到批准时，就会使重整计划草案得不到实际执行。按照企业破产法的相关规定，债务人不执行或不能执行重整计划的，经债务人或管理人申请，人民法院应当裁定终止重整计划的执行，这样就实际造成了行政权否定司法权的尴尬局面。对于证券监管机构而言，如果上市公司先行获得证券监管机构的行政许可，而法院并未通过相关的重整计划草案，则又会使该行政许可事项没有执行的可能。因此，当上市公司采取的重整措施涉及股权让与、定向增发、资产交易、减资等事项时，重整计划不但涉及法院的正常批准或强制批准，还涉及证券监管机构的行政审批问题。两者如何协调？是法院批准重整计划草案在先还是证券监管机构做出行政许可在先就成为实践中亟待解决的问题。对于这一问题，《纪要》明确，当重整计划草案涉及证券监管机构行政许可事项时，启动最高人民法院与证监会的会商机制。

2. 启动会商机制实践中需要把握的问题

对于会商机制的理解，实践中需要重点把握以下几个问题：首先，会商的主体是最高人民法院与证监会。当重整计划草案涉及证券监管机构行政许可事项的，受理案件的人民法院应当通过最高人民法院，启动与证监会的会商机制，即由最高人民法院将有关材料函送证监会进行研究。其次，受理案件的人民法院应当参考证监会对会商事项的意见，作出是否批准重整计划草案的裁定。证监会在接到会商案件材料后，安排并购重组专家咨询委员会对会商案件进行研究。并购重组专家咨询委员会应当按照与并购重组审核委员会相同的审核标准，对提起会商的行政许可事项进行研究并出具专家咨询意见。专家咨询意见可以分为肯定意见、否定意见、附条件肯定意见。对于上述专家咨询意见，人民法院在作出是否批准重整计划草案的裁定前，应予充分考虑。对于专家咨询意见明确为否定意见的，管理人可向人民法院撤回提请批准的申请并对重整计划草案的相关事项依法调整后再行提请会商。再次，专家咨询意见不能代替行政许可决定。人民法院裁定批准重整计划后，重整计划内容涉及证券监管机构并购重组行政许可事项的，上市公司应当按照相关规定履行行政许可核准程序。并购重组申请事项获得证券监管机构行政许可后，应当在重整计划的执行期限内实施完毕。

（撰稿人：宋晓明　张勇健　赵　柯）

最高人民法院
关于依法开展破产案件审理积极稳妥推进破产企业救治和清算工作的通知

2016年5月6日　　　　法〔2016〕169号

各省、自治区、直辖市高级人民法院，解放军军事法院，新疆维吾尔自治区高级人民法院生产建设兵团分院：

为认真贯彻党的十八届五中全会“更加注重运用市场机制、经济手段、法治办法化解产能过剩，加大政策引导力度，完善企业退出机制”精神，落实中央经济工作会议推进供给侧结构性改革要求，现就人民法院依法开展破产案件审理、积极稳妥推进破产企业救治和清算工作通知如下：

一、深刻认识依法开展破产案件审理、积极稳妥推进破产企业救治和清算工作的重要意义。社会主义市场主体救治和退出机制是否建立，是衡量社会主义市场经济体制完善的标志之一。依法开展破产案件审理、积极稳妥推进破产企业救治和清算工作，既是供给侧结构性改革的客观需要，又是提升市场主体竞争力的客观需要，也是建立完善社会主义市场主体救治和退出机制的客观需要。各级人民法院要深刻认识破产案件审理对优化资源配置、规范市场秩序的重要意义，推动破产案件审理工作常态化、规范化、法治化。对符合破产受理条件但仍可能适应市场需要的企业，要运用破产和解和破产重整的方式进行救治，使其能够通过救治重返市场；对救治无效或者根本不能适应市场需要的企业，要进行破产清算，促进及时退出市场。依法开展破产案件审理，是解决执行难的重要途径。对执行中符合《企业破产法》规定的破产条件的企业，要依法启动破产程序，通过破产和解化解一批、破产重整处置一批、破产清算消除一批，使企业破产制度成为解决执行难的配套制度。

二、加快建立专门清算与破产审判庭。各高级人民法院要按照最高人民法院的要求首先在省会城市、副省级城市所在地中级人民法院建立清算与破产审判庭。破产案件数量多的中级人民法院，要积极协商地方编办建立专门审判庭。其他中级人民法院要根据本地实际情况适时开展专门审判庭的建立工作。2016年12月31日前，各高级人民法院要将辖区内专门审判庭建立情况报告最高人民法院。同时，人民法院要推进破产审判法官和司法辅助人员专业化建设，为破产审判岗位配备优秀人才，并通过培训等多种方式，切实提升破产审判队伍整体素质。

清算与破产审判庭承担以下职责：1. 企业破产和强制清算案件的立案、审理；2. 依法处理企业强制清算和破产案件的善后事宜；3. 调研企业破产和强制清算案件审理工作情况；4. 对下级法院企业破产和强制清算案件审理进行业务指导；5. 与有关法院协调解决企业破产案件审理中的问题；6. 与地方党委、政府及有关部门协调解决企业破产案件审理中的问题；7. 管理和培训破产管理人。

三、切实建立健全破产案件审理工作机制。一要健全破产重整企业识别机制。各地法院要围绕让人民法院成为“生病企业”医院目标，对虽符合破产受理条件但具有运营价值的企业，要以市场化为导向，积极开展破产和解和重整，有效利用各种资源，使企业恢复生机。对救治无效或者其他不能适应市场需要的企业，要加快破产清算、及时释放生产要素，实现市场出清。二要在地方党委领导下，积极与政府建立“府院企业破产工作统一协调机制”。协调机制要统筹企业破产重整和清算相关工作，妥善解决企业破产过程中出现的各种问题。三要建立全国企业破产重整案件信息平台机制。各地法院要按照最高人民法院全国企业破产重整案件信息平台建设工作要求，做好破产案件前期信息整理工作，确保信息平台上线后顺畅运行。实现重整企业信息公开、破产程序公开、化解破产受理难问题的目标。四要建立合法有序的利益衡平机制。各地法院要依法处理职工工资、国家税收、担保债权、普通债权的实现顺序和实现方式，审慎协调各方利益。

四、积极完善管理人制度。各地法院要根据《企业破产法》的规定积极完善管理人制度，在现有管理人结构的基础上吸收适应企业重整需要的管理人才参加，积极发挥企业家、经营者、管理者乃至科技人员的作用。要加强对管理人的监督、指导和管理，要着手建立管理人分级管理、升级降级、增补淘汰等制度。要强化管理人的责任，督促管理人依法履职。

五、认真做好执行程序与破产程序的衔接。各地法院要按照《企业破产法》和《最高人民法院关于适用〈中华人民共和国民事诉讼法〉的解释》有关规定，做好执行程序转入破产程序的衔接工作。执行法院要充分利用执行信息平台和相关信息资源，及时汇集针对同一企业的执行案件信息，依法推进符合破产条件的企业转入破产程序，坚决反对在案件处理上相互推诿。破产案件审理中，其他法院要依法中止对破产企业的执行，依法解除相关保全措施。对于不依法解除保全措施和违法执行的相关人员，各地法院要依法依规严厉追究责任。

依法开展破产案件审理、积极稳妥推进破产企业救治和清算工作，是人民法院围绕中心、服务大局的重要任务。各地法院要强化责任意识，迅速行动，充分发挥破产审理职能，积极探索总结破产审理经验，为经济持续健康发展提供有力司法保障。对于在工作中发现的新情况、新问题，各地法院要及时层报最高人民法院。

最高人民法院
印发《关于在中级人民法院设立清算与破产审判庭的工作方案》的通知

2016 年 6 月 21 日　　　　法〔2016〕209 号

各省、自治区、直辖市高级人民法院，新疆维吾尔自治区高级人民法院生产建设兵团分院：

为贯彻落实中央关于推进供给侧结构性改革，依法处置僵尸企业的工作部署，经商中央编办同意，最高人民法院制定了《关于在中级人民法院设立清算与破产审判庭的工作方案》。

现将工作方案印发给你们，请结合实际认真贯彻落实。有关情况和问题请及时报告最高人民法院。

附：

最高人民法院
关于在中级人民法院设立清算与破产审判庭的工作方案

为贯彻落实中央关于推进供给侧结构性改革的决策部署和习近平总书记关

于供给侧结构性改革的一系列重要指示精神，充分发挥人民法院审判职能作用，为实施市场化破产程序创造条件，加快公司强制清算与企业破产案件审理工作，现就在中级人民法院设立清算与破产审判庭工作提出以下方案。

一、总体思路

一是落实党中央关于推进供给侧结构性改革的决策部署，健全公司强制清算与企业破产案件审判组织，配齐配强专业审判力量，加快公司强制清算与企业破产案件审理。二是提高公司强制清算与企业破产案件审理的专业化水平，统一裁判标准，提高案件审判质效。三是与司法责任制、人员分类管理、职业保障制度和内设机构改革有效衔接、同步推进。四是立足各地经济社会发展情况和法院实际，因地制宜，分类指导，稳步推进。

二、设立范围

直辖市应当至少明确一个中级人民法院设立清算与破产审判庭，省会城市、副省级城市所在地中级人民法院应当设立清算与破产审判庭。其他中级人民法院是否设立清算与破产审判庭，由各省（区、市）高级人民法院会同省级机构编制部门，综合考虑经济社会发展水平、清算与破产案件数量、审判专业力量、破产管理人数量等因素，统筹安排。

根据各地经济发展水平、僵尸企业处置工作的实际需求、破产案件审判工作情况，首先在北京、上海、天津、重庆四个直辖市的一个中级人民法院以及河北、吉林、江苏、浙江、安徽、山东、河南、湖北、湖南、广东、四川等11个省的省会城市和副省级市中级人民法院设立清算与破产审判庭，于2016年7月底前完成。其余省（区）省会城市和副省级市中级人民法院于2016年12月底前完成清算与破产审判庭设立工作。设立清算与破产审判庭，不能突破中级人民法院原有内设机构总数。原有机构总数限额内调剂不了的，可以先行设立清算与破产审判庭，在下一步法院内设机构改革过程中调整到位。

三、职能范围

中级人民法院设立的清算与破产审判庭，职能范围主要包括：1. 审理公司强制清算与企业破产案件；2. 负责公司强制清算与企业破产案件审判工作的调研工作；3. 对下级法院公司强制清算与企业破产案件审判工作进行业务指导；4. 负责相关法院之间公司强制清算与企业破产案件的协调工作；5. 负责破产管理人的管理、培训等相关工作。

四、案件管辖

中级人民法院设立的清算与破产审判庭一般管辖地（市）级以上（含本

级）工商行政管理机关核准登记公司（企业）的强制清算与破产案件。省、自治区、直辖市范围内中级人民法院因特殊情况需对公司强制清算与企业破产案件的地域管辖作出调整的，须经当地高级人民法院批准。

五、人员配备

按照扁平化管理和司法责任制改革要求，根据案件数量和岗位需要合理核定人员编制和法官员额，并可根据案件数量适当调整。法官原则上从本院或者下级法院具有公司强制清算与企业破产案件及相关案件审判经验的优秀法官中选任产生。一般按照1 ：1 ：1的比例为法官配备法官助理和书记员。设立清算与破产审判庭所需人员编制在现有编制内调剂解决。

六、配套措施

要进一步完善公司强制清算与企业破产案件审判管理和考核办法，探索完善公司强制清算与企业破产案件快速审理机制，推动公司强制清算与企业破产案件审判方式改革。推进审判权运行机制改革，落实司法责任制，加强审判管理和监督，确保公正廉洁司法。

各省（区、市）高级人民法院要主动就设立清算与破产审判庭工作向当地党委、政府汇报，积极争取党委、政府和有关部门的支持。改革中出现的重大问题要及时向最高人民法院报告。

【链　　接】

充分发挥审判职能作用　加快审理公司强制清算与企业破产案件

——最高人民法院民二庭负责人就《关于在中级法院设立清算与破产审判庭的工作方案》答记者问

2016年6月21日，最高人民法院印发《关于在中级人民法院设立清算与破产审判庭的工作方案》。最高人民法院民二庭负责人近日就有关问题接受了记者的采访。

一、依法审理破产案件和设立清算与破产审判庭的意义

问：依法审理破产案件对于推进供给侧结构性改革，依法处置“僵尸企

业"、完善企业退出机制有哪些积极作用？为什么要设立专门的清算与破产审判庭？

答：党的十八届五中全会提出要"更加注重运用市场机制、经济手段、法治办法化解产能过剩，加大政策引导力度，完善企业退出机制"。中央经济工作会议进一步明确要加强供给侧结构性改革，抓好去产能、去库存、去杠杆、降成本、补短板五大任务，结构性改革的重点是化解过剩产能，当务之急是依法处置"僵尸企业"。推进供给侧结构性改革、化解产能过剩既是经济持续健康发展的必要步骤，也是当前中央的重大工作部署。破产审判工作是实现破产法律制度功能，运用法治办法化解产能过剩、淘汰"僵尸企业"，完善企业退出机制的重要方式，对于促进供给侧结构性改革目标的实现有重要作用。为了贯彻落实党中央推进供给侧结构性改革的重大决策部署，适应我国经济发展的新常态，我们立足于破产案件审判工作的特点及其重要作用，决定在全国法院设立清算与破产审判庭，以确保破产审判工作的常态化、规范化、法治化。

首先，设立清算与破产审判庭是完善破产案件审理机制，落实中央推进供给侧改革、依法处置"僵尸企业"工作部署的重要举措。当前，增速回落是经济进入新常态的一个重要特征，经济下行压力加大仍是我国经济运行面临的最突出问题。较多企业生产经营面临较大困难，结构性矛盾突出，呈亏损状态。今后一段时间，这些企业将会作为"僵尸企业"进入重整或清算程序，这就对法院工作提出了严峻考验。为确保依法处置"僵尸企业"工作的顺利进行，人民法院必须未雨绸缪，设立专门的破产审判庭，配备足额、专业的审判人员，健全工作机制，为改革工作的顺利推进提供司法保障。

其次，设立专门审判庭是健全市场主体退出机制，为市场经济运行创造良好环境的必然要求。通过破产程序，可以实现债务的有序清偿，使符合条件的企业合法有序退出市场，使困境企业通过重整、和解等程序解困复兴，从而促进国家金融和社会秩序的稳定。近年来，我国破产案件受理数量一直在低位徘徊，大部分资不抵债企业本该适用破产程序退出市场，却因为种种原因并未启动。这种局面阻碍了企业破产法的贯彻实施，使破产制度未能发挥其应有作用，显然也不利于"僵尸企业"司法处置工作的开展。通过建立专门审判庭，充分发挥审判机构的职能作用，促使企业通过合法方式有序退出市场，即使只有三分之一的吊销、注销企业进入破产重整程序，全国破产案件收案数预计也将有大幅提高。对于保护债权人利益、确保市场主体有序退出等方面将发挥重要作用，从而实现破产法律制度维护良性市场环境和信用体系的制度功能。

此外，在法院设置专业的破产审判机构，也是破产法制发达国家的成功经验。在美国，破产法为联邦立法，设立有专门的破产法院。韩国在首尔中央地方法院设立专门的破产部，受理首尔及周边地区的破产案件。德国在地方法院也有专门的破产法庭负责破产程序。从国外经验来看，专门的破产审判机构因具有独立性、专业性和体系完备性等特点，使其处于破产程序的核心主导地位，并作为破产程序中的裁判者维护和平衡各方利益，对于提升破产审判效率、推动破产法律依法实施、维护市场经济健康运行起到重要作用。

二、设立清算与破产审判庭的总体思路

问：目前，全国法院破产审判机构的设立情况如何？请您介绍一下此次设立清算与破产审判庭的总体思路？

答：总体而言，目前全国法院设立专门破产审判机构的进展情况比较缓慢。近年来，普通民事商事诉讼案件数量激增，人民法院整体上面临“案多人少”困境。很多法院都将有限的审判力量全部投入到普通案件审判中，未建立专门的破产审判组织。从2014年底以来我们在部分法院开展破产审理方式改革试点工作的情况看，凡是设立专门清算与破产审判庭的法院，处理企业清算和破产事务的积极性高、效果好，对于提升破产审判队伍的专业化也有助益。

此次我们在总结改革试点经验、适应新形势的基础上推动在中级人民法院设立清算与破产审判庭，这项工作的总体思路是：一是落实党中央关于推进供给侧结构性改革的决策部署，健全公司强制清算与企业破产案件审判组织，配齐配强专业审判力量，加快公司强制清算与企业破产案件审理。二是提高公司强制清算与企业破产案件审理的专业化水平，统一裁判标准，提高案件审判质效。三是与司法责任制、人员分类管理、职业保障制度和内设机构改革有效衔接、同步推进。四是立足各地经济社会发展情况和法院实际，因地制宜，分类指导，稳步推进。

在具体工作开展上，清算与破产审判庭的设立将坚持审慎、有序、科学、务实原则，分批次、分阶段推进。根据各地经济发展水平、僵尸企业处置工作的实际需求、破产案件审判工作情况，首先在北京、上海、天津、重庆四个直辖市的一个中级人民法院以及河北、吉林、江苏、浙江、安徽、山东、河南、湖北、湖南、广东、四川等11个省的省会城市和副省级市中级人民法院设立清算与破产审判庭，设立工作将于近期完成。其余省（区）省会城市和副省级市中级人民法院将于2016年12月底前完成清算与破产审判庭设立工作。

与此同时，按照扁平化管理和司法责任制改革要求，根据案件数量和岗位需要合理核定人员编制和法官员额，并可根据案件数量适当调整。设立清算与破产审判庭所需人员编制在现有编制内调剂解决。原有机构总数限额内调剂不了的，可以先行设立清算与破产审判庭，在下一步法院内设机构改革过程中调整到位。在设立清算与破产审判庭过程中，各地法院还应当同步推进破产审判法官队伍和司法辅助人员的专业化建设。要加强法官和司法辅助人员的培训，

进一步提升法官和司法辅助人员的业务素质；要将纪律意识强、业务素质好、综合能力强的同志向破产审判岗位适当倾斜；要结合破产审判工作特点，搭建成熟的破产审判团队。目前，尤其要督促尚无破产审判法官的法院，加紧发掘、培养专门人才，确保专门审判人员及时到位。

三、清算与破产审判庭的职能范围与管辖

问：清算与破产审判庭的职能范围是什么？对于破产案件的管辖有哪些影响？

答：清算与破产审判庭是指在法院内部为审理公司强制清算和企业破产案件而设立的专门的审判组织。其中“清算”二字特指我国现行公司法项下的强制清算案件，就破产案件的审理而言，主要包括：

第一，清算与破产审判庭应当依法受理和审理破产清算、重整及和解案件。清算与破产审判庭应充分发挥破产审判职能，推进企业破产法的实施，加快僵尸企业出清步伐，对虽然已经具备破产原因但仍可能适应市场需要、有挽救价值的企业，要充分利用破产重整和破产和解制度，对其进行积极有效的挽救，实现企业再生，促进社会资源充分利用以及多方主体利益共赢；对不具有挽救希望和价值、符合破产清算条件的企业，则应及时启动破产清算程序，促其快速、有序退出市场。通过依法审理各类破产案件，纠正信用定价体系扭曲、缓解汇市压力和防范系统性金融风险，从而为市场创造良好融资环境和创新创业条件，并进一步释放生产要素，更好地发挥市场机制的优胜劣汰功能，促进经济转型升级。

第二，清算与破产审判庭应当加强对破产审判业务的调研和指导，并积极开展破产案件内部协调等工作。破产案件审理具有较强的专业性，清算与破产审判庭应立足于专业审判庭的地位，积极开展对相关审判实务、案件监督管理、司法统计信息、典型案例、管理人队伍建设以及相关业界动态等方面的调研工作，不断提高破产审判工作的专业性水平。加强破产案件审理过程中财产查封、拍卖以及执行等工作的协调，积极推动与地方政府建立企业破产工作统一协调机制，保障处置工作有序开展、稳妥推进，实现法律效果与社会效果有机统一。

第三，依法审理破产衍生诉讼。衍生诉讼由破产案件审判部门集中审理，将减少不同审判部门分别审理的沟通成本，有利于审理破产案件的法官全面了解破产企业的情况，对破产清算工作更好监督指导。在衍生诉讼具体审理中，一是必须按照立案登记制的要求受理审理破产衍生诉讼案件；二是要依法做好破产衍生诉讼案件的管辖，防止滥用管辖来实施地方保护主义；三是要提高审判效率，不得拖延衍生诉讼的审理从而影响破产程序的进程。

就破产案件的管辖而言，主要是出于以下几方面的考虑：一是各地基层法院工作量不均衡，有的基层法院承担了大量清算及破产案件的审理工作，而且随着“僵尸企业”处置工作的推进，以及破产案件立案难问题的逐步解决，基层法院受案数还将上升，如果全部集中到中级法院审理，案多人少的矛盾将更为突出。二是从便利当事人诉讼、提高诉讼效率的角度考虑，对于地域辽阔、交通不便的省份，案件集中到中级法院管辖，将增加各方当事人诉讼成本。一些小微企业的破产案件地域性极强，债务人和财产多集中在基层法院辖区内，如果由中级法院管辖将给法院处置财产造成不便，从而影响办案效率。第三，不利于审判资源的优化配置。如果将管辖权统一上移，中级法院办案压力突增，对基层法院来说也是审判力量的浪费。基于上述考虑，我们对中级法院集中管辖的问题没有作出统一规定，而是建议由各高级人民法院综合辖区内经济状况、地理环境、审判力量等情况，自行考虑是否由中级法院集中管辖此类案件。

四、设立专业审判庭有利于加强破产案件的审理

问：据我们了解，企业破产法实施以来每年进入人民法院的破产案件数量很少，主要是什么原因？设立专业审判庭是否有助于解决上述问题？

答：2007 年企业破产法实施后，全国各级法院审理的各类破产案件结案数量呈明显下滑趋势，近几年来，随着最高人民法院破产法相关司法解释的相继出台，以及探索破产审判方式改革试点法院等工作的推动，各地法院主动适应经济发展新常态，积极宣传破产保护理念，破产案件数量有所上升，但上述破产案件数量与全国已吊销、无营业公司的数量并不匹配。与发达经济体相比，我国破产案件数量也明显偏低。上述局面形成的原因，除社会有关方面对破产制度认识不全面、企业破产的外部配套制度不健全之外，法院机构建设不足也是重要因素之一。很多法院缺乏专门审判机构和人才，破产审判经验不足，法院内部破产案件绩效考核机制不合理，进而导致法官不愿办理破产案件等，都在相当程度上影响了破产案件的受理。解决破产程序“启动难”，就人民法院内部而言，主要就是从设立专门的破产审判机构着手，完善破产案件审理机制，打造专门破产审判队伍，并建立科学的破产审判绩效考核标准，逐步解决破产审判机构缺乏、破产审判能力不强、破产案件缺乏激励等基础性问题。

实践证明，审判机构的设置，不仅要考虑司法实践的现实需求，更要具有前瞻性和预判性，根据市场经济和社会发展趋势提前做好规划，才能主动应对形势变化，充分发挥司法审判职能作用。清算与破产审判庭的设立，不仅是当前处置僵尸企业，服务供给侧改革大局的需求，更是建立健全市场退出机制的必然要求，不能仅以现有的案件数量来考量审判庭设立的必要性。

问：破产案件的审理有哪些特殊性？人民法院如何通过设立专业审判庭来加强和加快破产案件的审理？

答：破产案件审理工作的确具有自身特点，其工作内容、流程、方式与普通案件都存在很大区别。从工作内容看，破产案件审理专业性强，且承担了大量法庭之外的工作；从案件主体上看，破产案件涉及债务人、债权人、职工、政府等多方主体；从法律关系上看，一个破产案件同时会涉及从物权到债权，从人身关系到财产关系，从劳动争议到合同争议的诸多法律关系；从审理周期上看，由于涉及诸多主体的利益，程序复杂，需要处理的事务多，造成破产案件审理周期较长；从社会影响的角度来说，企业进入破产程序后，各方矛盾较为集中，尤其是职工安置问题，处理稍有不当，就容易引发群体性、突发性事件。

破产案件司法实践现状要求法院主动应对形势变化，完善审判机构的规划和设置，促进审判职能的专业化和明晰化，充分发挥破产审判庭司法职能，实现破产案件的依法受理，从而缓解、消除企业破产可能引发的社会负面影响。因此，成立专门的破产审判庭，是破产案件自身特殊性对破产审判机制提出的特殊要求，通过加强破产审判机构和专业力量建设，建立科学的破产案件绩效考核机制，来调动审判部门和广大法官办理破产案件的积极性。专门审判庭的建立也有利于法院根据破产案件实际情况总结经验，提高破产案件的审理效率，通过审判队伍专业化建设提升破产案件审理水平，有效应对错综复杂的法律关系。

五、破产审判需要进一步完善专业化建设

问：破产管理人在破产程序中有重要作用，专业审判庭的设立对于完善法院对管理人的监督和指导、提升管理人队伍素质有哪些积极影响？

答：破产管理人队伍素质直接决定着企业破产工作的质效。专业破产审判机构的建立，在提升破产审判专业性的基础上，有助于加强对管理人队伍的监督和指导，通过强化和规范对破产管理人的行业管理，健全完善统一的业务操作指引，提高管理人队伍素质，确保管理人的职能作用得到充分适当的发挥。

清算和破产审判庭成立后，其重要职责之一就是负责管理人队伍的管理、培训等相关工作。具体而言：一是要强化破产管理人队伍建设。一方面，通过专业的破产审判庭引导担任破产管理人的传统中介机构吸收擅长企业管理、熟悉科学技术的专门人才，确保对企业破产重整、清算能作出准确有效评估。另一方面，加强对破产案件相关事项的指导和监督，推动破产管理人破产专业知识和执业能力的不断提高。二是要做好管理人分级管理工作。破产案件个案之

间差异较大。上市公司等大型企业和金融机构破产的专业性、技术性较强，事务繁重，而有的小微企业破产则相对简单。根据案件复杂程度，针对不同类型的破产案件从不同级别、资质的管理人名册中指定管理人，既有利于确保破产案件质量的提高和破产程序顺利进行，又有利于管理人队伍的发展壮大和整体素质提升。三是要引入淘汰机制，加强对管理人队伍的监督。在实行管理人分级管理的基础上，可以适时引入淘汰机制，即淘汰、增补和升降级制度。根据管理人办理破产案件的业绩和水平，对管理人名册中的中介机构采取增补、除名、升降级措施，加强对破产管理人的有效监督，实现破产管理人自律性和专业性。

问：根据您前面的介绍，清算与破产审判庭还将审理公司强制清算类案件，为什么要将这类案件也一并纳入专业庭的审理范围？

答：将强制清算类案件纳入破产审判庭的管辖范围，主要是基于以下考虑：第一，根据《最高人民法院关于审理公司强制清算案件工作座谈会纪要》第6条之的规定，公司强制清算案件在案件性质上类似于企业破产案件，应当由负责审理企业破产案件的审判庭审理。有条件的人民法院，可由专门的审判庭或者指定专门的合议庭审理公司强制清算案件和企业破产案件。合伙企业和个人独资企业的强制清算案件，案件性质与公司强制清算近似，从司法实践来看，也应纳入清算与破产审判庭的审理范围。第二，在当前经济下行的趋势下，较多企业生产经营面临较大困难，结构性矛盾突出，呈亏损状态。在强制清算期间，出现资不抵债情形的公司，可以直接进入破产程序。因此，将强制清算案件纳入清算与破产审判庭的审理范围，将更有利于案件处理，提高审判质效。第三，从审判实践需求看，企业清算类案件案由规定不全面精确，部分法院以不存在该类案由为由不予立案，最终导致该类案件出现受理难等问题。因此，将这类企业的清算案件纳入清算与破产审判庭的管辖范围，有利于进一步规范受理程序，统一审判思路，从而解决审判实践中存在的问题。正是基于上述考虑，此次设立破产专门审判机构时，将公司强制清算类案件，也纳入该专门审判机构的案件审理范围。

问：您刚才谈到，此次设立清算与破产审判庭是完善破产案件审理机制的重要举措，下一步法院还将采取哪些配套措施来推动破产审判的专业化建设？

答：在全面设立清算与破产审判庭，完善破产案件审理机制的基础上，为全面推动破产审判的专业化建设，还需要从以下方面进一步完善相关配套措施。具体而言：

第一，督促各地法院同步推进破产审判法官队伍和司法辅助人员的专业化建设。要加强法官和司法辅助人员的培训，进一步提升法官和司法辅助人员的业务素质。

第二，完善公司强制清算与企业破产案件审判管理和考核办法。要加快制定和完善切实可行的破产审判庭审理强制清算案件相关审理流程、管理规程等，为破产审判工作提供指导规范，实现破产案件审理有规可依、有据可循。

第三，探索完善公司强制清算与企业破产案件快速审理机制。要积极探索破产案件审判工作的创新。如对于资产数额不大、经营地域不广或特定小微企业，可以适用简易破产程序，以提高企业破产案件审判效率。

第四，加强与地方各级政府的沟通、协调工作，积极争取党委、政府和有关部门的支持。对于改革中出现的重大问题，各地法院要及时向最高人民法院报告。

第五，加强与公安、财税等相关部门沟通，借力相关部门和管理人，统筹协调解决破产案件中的疑难问题。通过各方力量的团结协作，不断完善企业破产风险处置工作机制，实现破产案件审理专业化，维护经济有序健康发展。

第六，要加快协调完善破产外部配套机制。破产程序中的破产费用保障问题需要协调财政部门解决，破产企业税收优惠问题需要协调税务等部门解决，企业信用修复也需要工商机关、人民银行等部门解决，此类问题均需要积极协调有关部门予以解决。

最高人民法院
关于调整强制清算与破产案件类型划分的通知

2016 年 7 月 6 日　　　　法〔2016〕237 号

各省、自治区、直辖市高级人民法院，解放军军事法院，新疆维吾尔自治区高级人民法院生产建设兵团分院：

为满足强制清算、破产案件的审判工作需要，根据《最高人民法院关于人民法院案件案号的若干规定》第七条、第十四条规定，决定对强制清算、破产案件类型单独分类（详见附件《强制清算与破产案件类型及代字标准》）。现将调整内容及有关事项通知如下：

一、强制清算、破产案件从民事案件中分出，单独作为一大类案件，一级类型名称整合为强制清算与破产案件。

二、将强制清算、破产申请审查与受理后的强制清算、破产程序分列案件类型，即对强制清算或破产申请审查单独作为一类案件。

三、对不予受理、驳回强制清算申请或破产申请等裁定的上诉审理，作为强制清算与破产上诉案件，下设两个小类：强制清算上诉案件、破产上诉案件。

四、对强制清算或破产申请的不予受理、驳回申请裁定以及强制清算与破产上诉案件的监督，作为强制清算与破产监督案件，下设两小类：强制清算监督案件、破产监督案件。

五、强制清算、破产案件类型划分及代字新标准于 2016 年 8 月 1 日起施行。2016 年 8 月 1 日前已编立的案件案号不变。

特此通知。

附：

强制清算与破产案件类型划分及代字标准

类型新名称	类型代字
十一、强制清算与破产案件	
（一）强制清算与破产申请审查案件	
01. 强制清算申请审查案件	清申
02. 破产申请审查案件	破申
（二）强制清算与破产上诉案件	
01. 强制清算上诉案件	清终
02. 破产上诉案件	破终
（三）强制清算与破产监督案件	
01. 强制清算监督案件	清监
02. 破产监督案件	破监
（四）强制清算案件	强清
（五）破产案件	
01. 破产清算案件	
02. 破产重整案件	
03. 破产和解案件	破

最高人民法院
印发《关于企业破产案件信息公开的规定（试行）》的通知

2016年7月26日　　法发〔2016〕19号

各省、自治区、直辖市高级人民法院，解放军军事法院，新疆维吾尔自治区高级人民法院生产建设兵团分院：

现将《最高人民法院关于企业破产案件信息公开的规定（试行）》予以印发，请各地结合实际，认真贯彻执行。

附：

关于企业破产案件信息公开的规定（试行）

为提升破产案件审理的透明度和公信力，根据《中华人民共和国企业破产法》《中华人民共和国民事诉讼法》，结合人民法院工作实际，就破产案件信息公开问题，制定本规定。

第一条　最高人民法院设立全国企业破产重整案件信息网（以下简称破产重整案件信息网），破产案件（包括破产重整、破产清算、破产和解案件）审判流程信息以及公告、法律文书、债务人信息等与破产程序有关的信息统一在破产重整案件信息网公布。

人民法院以及人民法院指定的破产管理人应当使用破产重整案件信息网及时披露破产程序有关信息。

第二条　破产案件信息公开以公开为原则，以不公开为例外。凡是不涉及国家秘密、个人隐私的信息均应依法公开。涉及商业秘密的债务人信息，在不损害债权人和债务人合法权益的情况下，破产管理人可以通过与重整投资人的协议向重整投资人公开。

第三条　人民法院依法公开破产案件的以下信息：

（一）审判流程节点信息；

（二）破产程序中人民法院发布的各类公告；

（三）人民法院制作的破产程序法律文书；

（四）人民法院认为应当公开的其他信息。

第四条　破产管理人依法公开破产案件的以下信息：

（一）债务人信息；

（二）征集、招募重整投资人的公告；

（三）破产管理人工作节点信息；

（四）破产程序中破产管理人发布的其他公告；

（五）破产管理人制作的破产程序法律文书；

（六）人民法院裁定批准的重整计划、认可的破产财产分配方案、和解协议。

破产管理人认为应当公开的其他信息，经人民法院批准可以公开。

第五条　破产管理人应当通过破产重整案件信息网及时公开下列债务人信息：

（一）工商登记信息；

（二）最近一年的年度报告；

（三）最近一年的资产负债表；

（四）涉及的诉讼、仲裁案件的基本信息。

第六条　重整投资人可以通过破产重整案件信息网与破产管理人互动交流。破产管理人可以根据与重整投资人的协议向重整投资人公开下列债务人信息：

（一）资产、经营状况信息；

（二）涉及的诉讼、仲裁案件的详细信息；

（三）重整投资人需要的其他信息。

第七条　人民法院、破产管理人可以在破产重整案件信息网发布破产程序有关公告。

人民法院、破产管理人在其他媒体发布公告的，同时要在破产重整案件信息网发布公告。人民法院、破产管理人在破产重整案件信息网发布的公告具有法律效力。

第八条　经受送达人同意，人民法院可以通过破产重整案件信息网以电子邮件、移动通信等能够确认其收悉的方式送达破产程序有关法律文书，但裁定书除外。

采用前款方式送达的，以电子邮件、移动通信等到达受送达人特定系统的日期为送达日期。

第九条　申请人可以在破产重整案件信息网实名注册后申请预约立案并提交有关材料的电子文档。人民法院审查通过后，应当通知申请人到人民法院立案窗口办理立案登记。

第十条 债权人可以在破产重整案件信息网实名注册后申报债权并提交有关证据的电子文档，网上申报债权与其他方式申报债权具有同等法律效力。

债权人向破产管理人书面申报债权的，破产管理人应当将债权申报书及有关证据的电子文档上传破产重整案件信息网。

第十一条 人民法院、破产管理人可以在破产重整案件信息网召集债权人会议并表决有关事项。网上投票形成的表决结果与现场投票形成的表决结果具有同等法律效力。

债权人可以选择现场投票或者网上投票，但选择后不能再采用其他方式进行投票，采用其他方式进行投票的，此次投票无效。

第十二条 人民法院审理的公司强制清算案件应当参照适用本规定。

第十三条 本规定自2016年8月1日起施行。本规定施行后受理的破产案件以及施行前尚未审结的破产案件应当适用本规定。

最高人民法院 关于印发《企业破产案件管理人工作平台使用办法（试行）》的通知

2016年7月27日　　法〔2016〕253号

各省、自治区、直辖市高级人民法院，解放军军事法院，新疆维吾尔自治区高级人民法院生产建设兵团分院：

现将《企业破产案件破产管理人工作平台使用办法（试行）》予以印发，请各地结合实际，认真贯彻执行。

附：

企业破产案件破产管理人工作平台使用办法（试行）

第一条 企业破产案件破产管理人工作平台（以下简称破产管理人工作平台）是全国企业破产重整案件信息网（以下简称破产重整案件信息网）的组成部分。破产管理人在接受人民法院指定后，通过破产管理人工作平台接受人民法院监督和指导，履行企业破产法规定的工作职责。

第二条　破产管理人通过在破产重整案件信息网实名注册所获取的用户名和密码登录破产管理人工作平台。

第三条　破产管理人通过破产管理人工作平台实现破产管理人工作与法官工作的数据对接。

实现对接后，破产管理人应当通过破产管理人工作平台对外公开破产管理人团队的组成情况、办公电话、电子邮箱等信息。

第四条　律师事务所、会计师事务所、清算事务所或者人民法院指定的其他机构在获取登录破产管理人工作平台的权限后，应当指定专人负责破产管理人工作平台的日常维护，并将工作人员信息报该机构所在破产管理人名册的编制法院备案。

第五条　破产管理人应当及时将破产案件负责人、主要工作人员以及信息录入人员信息录入破产管理人工作平台。

第六条　多家机构担任同一破产案件破产管理人的，人民法院应当指定破产管理人工作平台的负责机构，其他机构工作人员经负责机构授权后可以使用破产管理人工作平台。

第七条　破产管理人应当通过破产管理人工作平台向人民法院提交破产案件有关申请和报告等文件，接受人民法院的监督和指导。

第八条　权利人在破产重整案件信息网申报有关权利的，应当进行网上实名注册，上传有效身份信息，并提交有关材料。

破产管理人认为权利人提交的材料不齐或者需要核对原件的，可以要求其补充材料或者提供原件。

前款所称“权利人”，是指债权人、取回权人、抵销权人、担保权人以及企业破产法规定的其他权利人。

第九条　破产管理人应当及时将债权人的下列信息录入破产管理人工作平台：

（一）债权人及其代理人的身份信息；

（二）申报债权的金额、性质；

（三）申报债权有无担保、担保种类以及保证人或担保物的情况；

（四）申报债权涉及的诉讼、仲裁案件信息；

（五）破产管理人认为应当录入的其他信息。

第十条　权利人在网上申报权利的，破产管理人可以通过破产重整案件信息网以电子邮件、移动通信等权利人预留的联系方式将审查结论通知权利人。

权利人对破产管理人作出的审查结论有异议的，可以通过破产重整案件信息网提出异议并申请破产管理人复核。

第十一条 破产管理人为破产管理人工作平台的信息公开责任人，对公开信息的真实性、及时性负责。

第十二条 破产管理人可以通过破产重整案件信息网以电子邮件、移动通信等方式向已申报债权的债权人送达债权人会议召开通知及有关文件。

第十三条 破产管理人在破产重整案件信息网召开债权人会议的，网上债权人会议的召开期间应当不短于现场债权人会议的召开期间。

破产管理人召开网上债权人会议的，应当通过破产重整案件信息网上传与会议有关的文件和表决事项，同时通过破产重整案件信息网以电子邮件、移动通信等方式向已申报债权的债权人送达参加网上债权人会议的会议编码。

第十四条 破产管理人应当告知债权人参加网上债权人会议并行使表决权的程序和规则，债权人应当签署与网上债权人会议有关的确认书。

第十五条 参加网上债权人会议的债权人是自然人的，应当在会议指定页面凭身份证号码和会议编码登录会议；参加网上债权人会议的债权人是法人的，应当在会议指定页面凭组织机构代码（或统一社会信用代码）和会议编码登录会议。

第十六条 本规定自2016年8月1日起施行。本规定施行后受理的破产案件以及施行前尚未审结的破产案件应当适用本办法。

最高人民法院
关于破产案件立案受理有关问题的通知

2016年7月28日　　　　最高法明传〔2016〕469号

各省、自治区、直辖市高级人民法院、新疆维吾尔自治区高级人民法院生产建设兵团分院：

中央经济工作会议提出推进供给侧结构性改革，这是适应我国经济发展新常态作出的重大战略部署，为供给侧结构性改革提供有力的司法保障，是当前和今后一段时期人民法院的重要任务。破产审判工作具有依法促进市场主体再生或有序退出，优化社会资源配置、完善优胜劣汰机制的独特功能，是人民法院保障供给侧结构性改革、推动过剩产能化解的重要途径。因此，各级法院要高度重视、大力加强破产审判工作，认真研究解决影响破产审判职能发挥的体制性、机制性障碍，当前，尤其要做好破产案件的立案受理工作，这是加强破产审判工作的首要环节。为此，特就人民法院破产案件受理的有关问题通知如下：

一、破产案件的立案受理事关当事人破产申请权保障，决定破产程序能否顺利启动，是审理破产案件的基础性工作，各级法院要充分认识其重要性，依照本通知要求，切实做好相关工作，不得在法定条件外设置附加条件，限制剥夺当事人的破产申请权，阻止破产案件立案受理，影响破产程序正常启动。

二、自2016年8月1日起，对于债权人、债务人等法定主体提出的破产申请材料，人民法院立案部门应一律接受并出具书面凭证，然后根据《中华人民共和国企业破产法》第八条的规定进行形式审查。立案部门经审查认为申请人提交的材料符合法律规定的，应按2016年8月1日起实施的《强制清算与破产案件类型及代字标准》，以“破申”作为案件类型代字编制案号，当场登记立案，不符合法律规定的，应予释明，并以书面形式一次性告知应当补充、补正的材料，补充、补正期间不计入审查期限，申请人按要求补充、补正的，应当登记立案。

立案部门登记立案后，应及时将案件移送负责审理破产案件的审判业务部门。

三、审判业务部门应当在五日内将立案及合议庭组成情况通知债务人及提出申请的债权人。对于债权人提出破产申请的，应在通知中向债务人释明，如对破产申请有异议，应当自收到通知之日起七日内向人民法院提出。

四、债权人提出破产申请的，审判业务部门应当自债务人异议期满之日起十日内裁定是否受理。其他情形的，审判业务部门应当自人民法院收到破产申请之日起十五日内裁定是否受理。

有特殊情况需要延长上述审限的，经上一级人民法院批准，可以延长十五日。

五、破产案件涉及的矛盾错综复杂，协调任务繁重，审理周期长，对承办法官的绩效考评应充分考虑这种特殊性。各高级法院要根据本地实际，积极探索建立能够全面客观反映审理破产案件工作量的考评指标体系和科学合理的绩效考评机制，充分调动法官承办破产案件的积极性。

六、各级法院要在地方党委的领导下，同地方政府建立破产工作统一协调机制，积极争取机构、编制、财政、税收等方面的支持，根据审判任务变化情况合理设置机构、配置人员，建立破产援助基金，协调政府解决职工安置问题，妥善化解影响社会稳定的各类风险。

七、请各高级法院、解放军军事法院、新疆维吾尔自治区高级人民法院生产建设兵团分院对本辖区、本系统各级法院今年上半年立案的破产案件数量和审判庭设置情况进行统计汇总，于2016年8月20日之前报最高人民法院民二庭。

各级人民法院对本通知执行中发现的新情况、新问题，应逐级报最高人民法院。

最高人民法院
关于印发《全国法院破产审判工作会议纪要》的通知

2018 年 3 月 4 日　　法〔2018〕53 号

各省、自治区、直辖市高级人民法院，解放军军事法院，新疆维吾尔自治区高级人民法院生产建设兵团分院：

现将《全国法院破产审判工作会议纪要》印发给你们，请认真遵照执行。

附：

全国法院破产审判工作会议纪要

为落实党的十九大报告提出的贯彻新发展理念、建设现代化经济体系的要求，紧紧围绕高质量发展这条主线，服务和保障供给侧结构性改革，充分发挥人民法院破产审判工作在完善社会主义市场经济主体拯救和退出机制中的积极作用，为决胜全面建成小康社会提供更加有力的司法保障，2017 年 12 月 25 日，最高人民法院在广东省深圳市召开了全国法院破产审判工作会议。各省、自治区、直辖市高级人民法院、设立破产审判庭的市中级人民法院的代表参加了会议。与会代表经认真讨论，对人民法院破产审判涉及的主要问题达成共识。现纪要如下：

一、破产审判的总体要求

会议认为，人民法院要坚持以习近平新时代中国特色社会主义经济思想为指导，深刻认识破产法治对决胜全面建成小康社会的重要意义，以更加有力的举措开展破产审判工作，为经济社会持续健康发展提供更加有力的司法保障。当前和今后一个时期，破产审判工作总的要求是：

一要发挥破产审判功能，助推建设现代化经济体系。人民法院要通过破产工作实现资源重新配置，用好企业破产中权益、经营管理、资产、技术等重大调整的有利契机，对不同企业分类处置，把科技、资本、劳动力和人力资源等生产要素调动好、配置好、协同好，促进实体经济和产业体系优质高效。

二要着力服务构建新的经济体制，完善市场主体救治和退出机制。要充分运用重整、和解法律手段实现市场主体的有效救治，帮助企业提质增效；运用清算手段促使丧失经营价值的企业和产能及时退出市场，实现优胜劣汰，从而完善社会主义市场主体的救治和退出机制。

三要健全破产审判工作机制，最大限度释放破产审判的价值。要进一步完善破产重整企业识别、政府与法院协调、案件信息沟通、合法有序的利益衡平四项破产审判工作机制，推动破产审判工作良性运行，彰显破产审判工作的制度价值和社会责任。

四要完善执行与破产工作的有序衔接，推动解决“执行难”。要将破产审判作为与立案、审判、执行既相互衔接、又相对独立的一个重要环节，充分发挥破产审判对化解执行积案的促进功能，消除执行转破产的障碍，从司法工作机制上探索解决“执行难”的有效途径。

二、破产审判的专业化建设

审判专业化是破产审判工作取得实质性进展的关键环节。各级法院要大力加强破产审判专业化建设，努力实现审判机构专业化、审判队伍专业化、审判程序规范化、裁判规则标准化、绩效考评科学化。

1. 推进破产审判机构专业化建设。省会城市、副省级城市所在地中级人民法院要根据最高人民法院《关于在中级人民法院设立清算与破产审判庭的工作方案》(法〔2016〕209号)，抓紧设立清算与破产审判庭。其他各级法院可根据本地工作实际需求决定设立清算与破产审判庭或专门的合议庭，培养熟悉清算与破产审判的专业法官，以适应破产审判工作的需求。

2. 合理配置审判任务。要根据破产案件数量、案件难易程度、审判力量等情况，合理分配各级法院的审判任务。对于债权债务关系复杂、审理难度大的破产案件，高级人民法院可以探索实行中级人民法院集中管辖为原则、基层人民法院管辖为例外的管辖制度；对于债权债务关系简单、审理难度不大的破产案件，可以主要由基层人民法院管辖，通过快速审理程序高效审结。

3. 建立科学的绩效考评体系。要尽快完善清算与破产审判工作绩效考评体系，在充分尊重司法规律的基础上确定绩效考评标准，避免将办理清算破产案件与普通案件简单对比、等量齐观、同等考核。

三、管理人制度的完善

管理人是破产程序的主要推动者和破产事务的具体执行者。管理人的能力和素质不仅影响破产审判工作的质量，还关系到破产企业的命运与未来发展。要加快完善管理人制度，大力提升管理人职业素养和执业能力，强化对管理人的履职保障和有效监督，为改善企业经营、优化产业结构提供有力制度保障。

4. 完善管理人队伍结构。人民法院要指导编入管理人名册的中介机构采取适当方式吸收具有专业技术知识、企业经营能力的人员充实到管理人队伍中来，促进管理人队伍内在结构更加合理，充分发挥和提升管理人在企业病因诊断、资源整合等方面的重要作用。

5. 探索管理人跨区域执业。除从本地名册选择管理人外，各地法院还可以探索从外省、市管理人名册中选任管理人，确保重大破产案件能够遴选出最佳管理人。两家以上具备资质的中介机构请求联合担任同一破产案件管理人的，人民法院经审查符合自愿协商、优势互补、权责一致要求且确有必要的，可以准许。

6. 实行管理人分级管理。高级人民法院或者自行编制管理人名册的中级人民法院可以综合考虑管理人的专业水准、工作经验、执业操守、工作绩效、勤勉程度等因素，合理确定管理人等级，对管理人实行分级管理、定期考评。对债务人财产数量不多、债权债务关系简单的破产案件，可以在相应等级的管理人中采取轮候、抽签、摇号等随机方式指定管理人。

7. 建立竞争选定管理人工作机制。破产案件中可以引入竞争机制选任管理人，提升破产管理质量。上市公司破产案件、在本地有重大影响的破产案件或者债权债务关系复杂，涉及债权人、职工以及利害关系人人数较多的破产案件，在指定管理人时，一般应当通过竞争方式依法选定。

8. 合理划分法院和管理人的职能范围。人民法院应当支持和保障管理人依法履行职责，不得代替管理人作出本应由管理人自己作出的决定。管理人应当依法管理和处分债务人财产，审慎决定债务人内部管理事务，不得将自己的职责全部或者部分转让给他人。

9. 进一步落实管理人职责。在债务人自行管理的重整程序中，人民法院要督促管理人制订监督债务人的具体制度。在重整计划规定的监督期内，管理人应当代表债务人参加监督期开始前已经启动而尚未终结的诉讼、仲裁活动。重整程序、和解程序转入破产清算程序后，管理人应当按照破产清算程序继续履行管理人职责。

10. 发挥管理人报酬的激励和约束作用。人民法院可以根据破产案件的不同情况确定管理人报酬的支付方式，发挥管理人报酬在激励、约束管理人勤勉履职方面的积极作用。管理人报酬原则上应当根据破产案件审理进度和管理人履职情况分期支付。案情简单、耗时较短的破产案件，可以在破产程序终结后一次性向管理人支付报酬。

11. 管理人聘用其他人员费用负担的规制。管理人经人民法院许可聘用企业经营管理人员，或者管理人确有必要聘请其他社会中介机构或人员处理重大诉讼、仲裁、执行或审计等专业性较强工作，如所需费用需要列入破产费用的，应当经债权人会议同意。

12. 推动建立破产费用的综合保障制度。各地法院要积极争取财政部门支持，或采取从其他破产案件管理人报酬中提取一定比例等方式，推动设立破产费用保障资金，建立破产费用保障长效机制，解决因债务人财产不足以支付破产费用而影响破产程序启动的问题。

13. 支持和引导成立管理人协会。人民法院应当支持、引导、推动本辖区范围内管理人名册中的社会中介机构、个人成立管理人协会，加强对管理人的管理和约束，维护管理人的合法权益，逐步形成规范、稳定和自律的行业组织，确保管理人队伍既充满活力又规范有序发展。

四、破产重整

会议认为，重整制度集中体现了破产法的拯救功能，代表了现代破产法的发展趋势，全国各级法院要高度重视重整工作，妥善审理企业重整案件，通过市场化、法治化途径挽救困境企业，不断完善社会主义市场主体救治机制。

14. 重整企业的识别审查。破产重整的对象应当是具有挽救价值和可能的困境企业；对于僵尸企业，应通过破产清算，果断实现市场出清。人民法院在审查重整申请时，根据债务人的资产状况、技术工艺、生产销售、行业前景等因素，能够认定债务人明显不具备重整价值以及拯救可能性的，应裁定不予受理。

15. 重整案件的听证程序。对于债权债务关系复杂、债务规模较大，或者涉及上市公司重整的案件，人民法院在审查重整申请时，可以组织申请人、被申请人听证。债权人、出资人、重整投资人等利害关系人经人民法院准许，也可以参加听证。听证期间不计入重整申请审查期限。

16. 重整计划的制定及沟通协调。人民法院要加强与管理人或债务人的沟通，引导其分析债务人陷于困境的原因，有针对性地制定重整计划草案，促使企业重新获得盈利能力，提高重整成功率。人民法院要与政府建立沟通协调机制，帮助管理人或债务人解决重整计划草案制定中的困难和问题。

17. 重整计划的审查与批准。重整不限于债务减免和财务调整，重整的重点是维持企业的营运价值。人民法院在审查重整计划时，除合法性审查外，还应审查其中的经营方案是否具有可行性。重整计划中关于企业重新获得盈利能力的经营方案具有可行性、表决程序合法、内容不损害各表决组中反对者的清偿利益的，人民法院应当自收到申请之日起三十日内裁定批准重整计划。

18. 重整计划草案强制批准的条件。人民法院应当审慎适用企业破产法第八十七条第二款，不得滥用强制批准权。确需强制批准重整计划草案的，重整计划草案除应当符合企业破产法第八十七条第二款规定外，如债权人分多组的，还应当至少有一组已经通过重整计划草案，且各表决组中反对者能够获得的清偿利益不低于依照破产清算程序所能获得的利益。

19. 重整计划执行中的变更条件和程序。债务人应严格执行重整计划，但因出现国家政策调整、法律修改变化等特殊情况，导致原重整计划无法执行的，债务人或管理人可以申请变更重整计划一次。债权人会议决议同意变更重整计划的，应自决议通过之日起十日内提请人民法院批准。债权人会议决议不同意或者人民法院不批准变更申请的，人民法院经管理人或者利害关系人请求，应当裁定终止重整计划的执行，并宣告债务人破产。

20. 重整计划变更后的重新表决与裁定批准。人民法院裁定同意变更重整计划的，债务人或者管理人应当在六个月内提出新的重整计划。变更后的重整计划应提交给因重整计划变更而遭受不利影响的债权人组和出资人组进行表决。表决、申请人民法院批准以及人民法院裁定是否批准的程序与原重整计划的相同。

21. 重整后企业正常生产经营的保障。企业重整后，投资主体、股权结构、公司治理模式、经营方式等与原企业相比，往往发生了根本变化，人民法院要通过加强与政府的沟通协调，帮助重整企业修复信用记录，依法获取税收优惠，以利于重整企业恢复正常生产经营。

22. 探索推行庭外重组与庭内重整制度的衔接。在企业进入重整程序之前，可以先由债权人与债务人、出资人等利害关系人通过庭外商业谈判，拟定重组方案。重整程序启动后，可以重组方案为依据拟定重整计划草案提交人民法院依法审查批准。

五、破产清算

会议认为，破产清算作为破产制度的重要组成部分，具有淘汰落后产能、优化市场资源配置的直接作用。对于缺乏拯救价值和可能性的债务人，要及时通过破产清算程序对债权债务关系进行全面清理，重新配置社会资源，提升社会有效供给的质量和水平，增强企业破产法对市场经济发展的引领作用。

23. 破产宣告的条件。人民法院受理破产清算申请后，第一次债权人会议上无人提出重整或和解申请的，管理人应当在债权审核确认和必要的审计、资产评估后，及时向人民法院提出宣告破产的申请。人民法院受理破产和解或重整申请后，债务人出现应当宣告破产的法定原因时，人民法院应当依法宣告债务人破产。

24. 破产宣告的程序及转换限制。相关主体向人民法院提出宣告破产申请的，人民法院应当自收到申请之日起七日内作出破产宣告裁定并进行公告。债务人被宣告破产后，不得再转入重整程序或和解程序。

25. 担保权人权利的行使与限制。在破产清算和破产和解程序中，对债务人特定财产享有担保权的债权人可以随时向管理人主张就该特定财产变价处置行使优先受偿权，管理人应及时变价处置，不得以须经债权人会议决议等为由拒绝。但因单独处置担保财产会降低其他破产财产的价值而应整体处置的除外。

26. 破产财产的处置。破产财产处置应当以价值最大化为原则，兼顾处置效率。人民法院要积极探索更为有效的破产财产处置方式和渠道，最大限度提升破产财产变价率。采用拍卖方式进行处置的，拍卖所得预计不足以支付评估拍卖费用，或者拍卖不成的，经债权人会议决议，可以采取作价变卖或实物分配方式。变卖或实物分配的方案经债权人会议两次表决仍未通过的，由人民法院裁定处理。

27. 企业破产与职工权益保护。破产程序中要依法妥善处理劳动关系，推动完善职工欠薪保障机制，依法保护职工生存权。由第三方垫付的职工债权，原则上按照垫付的职工债权性质进行清偿；由欠薪保障基金垫付的，应按照企业破产法第一百一十三条第一款第二项的顺序清偿。债务人欠缴的住房公积金，按照债务人拖欠的职工工资性质清偿。

28. 破产债权的清偿原则和顺序。对于法律没有明确规定清偿顺序的债权，人民法院可以按照人身损害赔偿债权优先于财产性债权、私法债权优先于公法债权、补偿性债权优先于惩罚性债权的原则合理确定清偿顺序。因债务人侵权行为造成的人身损害赔偿，可以参照企业破产法第一百一十三条第一款第一项规定的顺序清偿，但其中涉及的惩罚性赔偿除外。破产财产依照企业破产法第一百一十三条规定的顺序清偿后仍有剩余的，可依次用于清偿破产受理前产生的民事惩罚性赔偿金、行政罚款、刑事罚金等惩罚性债权。

29. 建立破产案件审理的繁简分流机制。人民法院审理破产案件应当提升审判效率，在确保利害关系人程序和实体权利不受损害的前提下，建立破产案件审理的繁简分流机制。对于债权债务关系明确、债务人财产状况清楚的破产案件，可以通过缩短程序时间、简化流程等方式加快案件审理进程，但不得突破法律规定的最低期限。

30. 破产清算程序的终结。人民法院终结破产清算程序应当以查明债务人财产状况、明确债务人财产的分配方案、确保破产债权获得依法清偿为基础。破产申请受理后，经管理人调查，债务人财产不足以清偿破产费用且无人代为清偿或垫付的，人民法院应当依管理人申请宣告破产并裁定终结破产清算程序。

31. 保证人的清偿责任和求偿权的限制。破产程序终结前，已向债权人承担了保证责任的保证人，可以要求债务人向其转付已申报债权的债权人在破产程序中应得清偿部分。破产程序终结后，债权人就破产程序中未受清偿部分要求保证人承担保证责任的，应在破产程序终结后六个月内提出。保证人承担保证责任后，不得再向和解或重整后的债务人行使求偿权。

六、关联企业破产

会议认为，人民法院审理关联企业破产案件时，要立足于破产关联企业之间的具体关系模式，采取不同方式予以处理。既要通过实质合并审理方式处理法人人格高度混同的关联关系，确保全体债权人公平清偿，也要避免不当采用实质合并审理方式损害相关利益主体的合法权益。

32. 关联企业实质合并破产的审慎适用。人民法院在审理企业破产案件时，应当尊重企业法人人格的独立性，以对关联企业成员的破产原因进行单独判断并适用单个破产程序为基本原则。当关联企业成员之间存在法人人格高度混同、区分各关联企业成员财产的成本过高、严重损害债权人公平清偿利益时，可例外适用关联企业实质合并破产方式进行审理。

33. 实质合并申请的审查。人民法院收到实质合并申请后，应当及时通知相关利害关系人并组织听证，听证时间不计入审查时间。人民法院在审查实质合并申请过程中，可以综合考虑关联企业之间资产的混同程序及其持续时间、各企业之间的利益关系、债权人整体清偿利益、增加企业重整的可能性等因素，在收到申请之日起三十日内作出是否实质合并审理的裁定。

34. 裁定实质合并时利害关系人的权利救济。相关利害关系人对受理法院作出的实质合并审理裁定不服的，可以自裁定书送达之日起十五日内向受理法院的上一级人民法院申请复议。

35. 实质合并审理的管辖原则与冲突解决。采用实质合并方式审理关联企业破产案件的，应由关联企业中的核心控制企业住所地人民法院管辖。核心控制企业不明确的，由关联企业主要财产所在地人民法院管辖。多个法院之间对管辖权发生争议的，应当报请共同的上级人民法院指定管辖。

36. 实质合并审理的法律后果。人民法院裁定采用实质合并方式审理破产案件的，各关联企业成员之间的债权债务归于消灭，各成员的财产作为合并后统一的破产财产，由各成员的债权人在同一程序中按照法定顺序公平受偿。采用实质合并方式进行重整的，重整计划草案中应当制定统一的债权分类、债权调整和债权受偿方案。

37. 实质合并审理后的企业成员存续。适用实质合并规则进行破产清算的，破产程序终结后各关联企业成员均应予以注销。适用实质合并规则进行和解或重整的，各关联企业原则上应当合并为一个企业。根据和解协议或重整计划，确有需要保持个别企业独立的，应当依照企业分立的有关规则单独处理。

38. 关联企业破产案件的协调审理与管辖原则。多个关联企业成员均存在破产原因但不符合实质合并条件的，人民法院可根据相关主体的申请对多个破产程序进行协调审理，并可根据程序协调的需要，综合考虑破产案件审理的效率、破产申请的先后顺序、成员负债规模大小、核心控制企业住所地等因素，由共同的上级法院确定一家法院集中管辖。

39. 协调审理的法律后果。协调审理不消灭关联企业成员之间的债权债务关系，不对关联企业成员的财产进行合并，各关联企业成员的债权人仍以该企业成员财产为限依法获得清偿。但关联企业成员之间不当利用关联关系形成的债权，应当劣后于其他普通债权顺序清偿，且该劣后债权人不得就其他关联企业成员提供的特定财产优先受偿。

七、执行程序与破产程序的衔接

执行程序与破产程序的有效衔接是全面推进破产审判工作的有力抓手，也是破解“执行难”的重要举措。全国各级法院要深刻认识执行转破产工作的重要意义，大力推动符合破产条件的执行案件，包括执行不能案件进入破产程序，充分发挥破产程序的制度价值。

40. 执行法院的审查告知、释明义务和移送职责。执行部门要高度重视执行与破产的衔接工作，推动符合条件的执行案件向破产程序移转。执行法院发现作为被执行人的企业法人符合企业破产法第二条规定的，应当及时询问当事人是否同意将案件移送破产审查并释明法律后果。执行法院作出移送决定后，应当书面通知所有已知执行法院，执行法院均应中止对被执行人的执行程序。

41. 执行转破产案件的移送和接收。执行法院与受移送法院应加强移送环节的协调配合，提升工作实效。执行法院移送案件时，应当确保材料完备，内容、形式符合规定。受移送法院应当认真审核并及时反馈意见，不得无故不予接收或暂缓立案。

42. 破产案件受理后查封措施的解除或查封财产的移送。执行法院收到破产受理裁定后，应当解除对债务人财产的查封、扣押、冻结措施；或者根据破产受理法院的要求，出具函件将查封、扣押、冻结财产的处置权交破产受理法院。破产受理法院可以持执行法院的移送处置函件进行续行查封、扣押、冻结，解除查封、扣押、冻结，或者予以处置。

执行法院收到破产受理裁定拒不解除查封、扣押、冻结措施的，破产受理法院可以请求执行法院的上级法院依法予以纠正。

43. 破产审判部门与执行部门的信息共享。破产受理法院可以利用执行查控系统查控债务人财产，提高破产审判工作效率，执行部门应予以配合。

各地法院要树立线上线下法律程序同步化的观念，逐步实现符合移送条件的执行案件网上移送，提升移送工作的透明度，提高案件移送、通知、送达、沟通协调等相关工作的效率。

44. 强化执行转破产工作的考核与管理。各级法院要结合工作实际建立执行转破产工作考核机制，科学设置考核指标，推动执行转破产工作开展。对应当征询当事人意见不征询、应当提交移送审查不提交、受移送法院违反相关规定拒不接收执行转破产材料或者拒绝立案的，除应当纳入绩效考核和业绩考评体系外，还应当公开通报和严肃追究相关人员的责任。

八、破产信息化建设

会议认为，全国法院要进一步加强破产审判的信息化建设，提升破产案件审理的透明度和公信力，增进破产案件审理质效，促进企业重整再生。

45. 充分发挥破产重整案件信息平台对破产审判工作的推动作用。各级法院要按照最高人民法院相关规定，通过破产重整案件信息平台规范破产案件审理，全程公开、步步留痕。要进一步强化信息网的数据统计、数据检索等功能，分析研判企业破产案件情况，及时发现新情况，解决新问题，提升破产案件审判水平。

46. 不断加大破产重整案件的信息公开力度。要增加对债务人企业信息的公开内容，吸引潜在投资者，促进资本、技术、管理能力等要素自由流动和有效配置，帮助企业重整再生。要确保债权人等利害关系人及时、充分了解案件进程和债务人相关财务、重整计划草案、重整计划执行等情况，维护债权人等利害关系人的知情权、程序参与权。

47. 运用信息化手段提高破产案件处理的质量与效率。要适应信息化发展趋势，积极引导以网络拍卖方式处置破产财产，提升破产财产处置效益。鼓励和规范通过网络方式召开债权人会议，提高效率，降低破产费用，确保债权人等主体参与破产程序的权利。

48. 进一步发挥人民法院破产重整案件信息网的枢纽作用。要不断完善和推广使用破产重整案件信息网，在确保增量数据及时录入信息网的同时，加快填充有关存量数据，确立信息网在企业破产大数据方面的枢纽地位，发挥信息网的宣传、交流功能，扩大各方运用信息网的积极性。

九、跨境破产

49. 对跨境破产与互惠原则。人民法院在处理跨境破产案件时，要妥善解决跨境破产中的法律冲突与矛盾，合理确定跨境破产案件中的管辖权。在坚持同类债权平等保护的原则下，协调好外国债权人利益与我国债权人利益的平衡，合理保护我国境内职工债权、税收债权等优先权的清偿利益。积极参与、推动跨境破产国际条约的协商与签订，探索互惠原则适用的新方式，加强我国法院和管理人在跨境破产领域的合作，推进国际投资健康有序发展。

50. 跨境破产案件中的权利保护与利益平衡。依照企业破产法第五条的规定，开展跨境破产协作。人民法院认可外国法院作出的破产案件的判决、裁定后，债务人在中华人民共和国境内的财产在全额清偿境内的担保权人、职工债权和社会保险费用、所欠税款等优先权后，剩余财产可以按照该外国法院的规定进行分配。

【解　读】

解读《全国法院破产审判工作会议纪要》

今年 3 月 4 日，最高人民法院印发了《全国法院破产审判工作会议纪要》（法〔2018〕53 号，以下简称《会议纪要》），明确了当前和今后一个时期我国破产审判工作的总体要求，对破产审判专业化建设、管理人制度的完善、破产重整、破产清算、关联企业破产、执行程序与破产程序的衔接、破产信息化建设、跨境破产等重大疑难问题进行研究，并提供了解决路径和方法。其中，《会议纪要》第五部分、第六部分和第七部分对破产清算程序、关联企业破产、执行程序与破产程序衔接中的重点难点问题进行了梳理，并提出了相应的解决方案和对策。《会议纪要》对完善破产审判机制、促进企业破产依法高效进行具有重要指导作用。为正确理解和适用《会议纪要》，现对其中涉及的主要问题解读如下。

一、《会议纪要》的背景和意义

我国经济发展进入新常态，传统经济发展方式引发的问题已充分显现，供给侧产能过剩、有效供给比较匮乏的问题尤为突出。党的十八届五中全会提出，更加注重运用市场机制、经济手段、法治办法化解产能过剩，加大政策引导力度，完善企业退出机制。2015 年中央经济工作会议强调推进供给侧结构性改革，积极稳妥处置僵尸企业，司法部门要依法为实施市场化破产程序创造条件。随着中央集中处置僵尸企业，多头并进、多措并举，一批落后企业和过剩产能存在的矛盾充分暴露。破产是解决企业产业深层次矛盾、优化资源配置、提升企业产业质效的重要法治途径，破产制度是现代化经济体系的一项重要制度。人民法院切实将企业破产审判工作置于统筹推进“五位一体”总体布局和协调推进“四个全面”战略布局中谋划和开展，认真落实中央部署，通过审理企业破产案件，化解产能过剩，清理僵尸企业，建立完善破产审判工作机制，近年来在督促落后企业淘汰、促进企业产业优化升级方面取得了明显进展，努力为企业市场化破产创造良好司法环境。

但是，随着企业破产工作的深入推进，一些问题和困难严重制约了破产制度有效实施，有的甚至已成为制约企业依法顺利破产的重大障碍。主要表现在：一是部分企业和社会公众仍对破产存在认识偏差，破产审判在服务和推进供给侧结构性改革中的作用尚未得到充分发挥；二是破产相关配套制度尚不健全，人民法院处置僵尸企业的制度体系有待改进；三是重清算、轻重整的观念尚未得到根本扭转，破产重整制度的拯救价值未得到充分彰显；四是破产管理人的选任方式、考评机制、淘汰制度尚不健全，破产管理人制度体系亟待完善；五是破产费用保障机制尚未有效建立，三无企业破产面临现实瓶颈；六是执转破工作机制尚未形成，通过破产化解执行难的作用尚未充分发挥（参见2017年12月25日最高人民法院院长周强在全国法院破产审判工作会议上的讲话）。由于这些问题和困难的存在，企业破产工作同党中央的要求、人民群众的期盼和建设现代化经济体系的要求相比还存在着差距。

习近平总书记在党的十九大报告中深刻指出，我国经济已由高速增长阶段转向高质量发展阶段，正处在转变发展方式、优化经济结构、转换增长动力的攻关期，要贯彻新发展理念，坚持以供给侧结构性改革为主线，建设现代化经济体系。当前，加强企业破产案件审理工作，是人民法院贯彻新发展理念、服务供给侧结构性改革的重要抓手，也是完善人民法院司法工作整体布局、努力让人民群众在每一个司法案件中感受到公平正义的重要方面。破产审判工作部门应该登高望远，总结经验，直面问题，尽快补齐破产审判体制机制短板，推动企业破产再上新台阶。为此，2017年12月25日，最高人民法院在广东省深圳市召开了全国法院破产审判工作会议，与会代表对人民法院破产审判涉及的主要问题达成共识，形成了《会议纪要》。

《会议纪要》总的精神是：一要发挥破产审判功能，助推建设现代化经济体系；二要着力服务构建新的经济体制，完善市场主体救治和退出机制；三要健全破产审判工作机制，最大限度释放破产审判的价值；四要完善执行与破产工作的有序衔接，推动解决执行难。

二、关于破产管理人制度的完善

管理人是破产程序的主要推动者和破产事务的具体执行者。管理人的能力和素质不仅直接影响企业破产的质量和效率，还关系到破产企业的命运与未来发展。2007年最高人民法院根据企业破产法的精神发布了《关于审理企业破产案件指定管理人的规定》《关于审理企业破产案件确定管理人报酬的规定》两个司法解释，企业破产法和上述两个司法解释形成了目前管理人制度的基本法制格局。11年来，各地法院按照管理人法律制度的要求制定了管理人名册，在个案中依法指定管理人，开展对管理人的指导，较好地处理了一批企业破产案件，实现了债权人、债务人及其他相关利益主体的利益公平保护。同时，管理人队伍也在办理破产案件的实践中得到了锻炼，破产管理人的经验和水平得到了提升。随着企业破产的依法铺开和深入推进，管理人制度运作实践中出现了很多新的问题，现行制度在很多方面表现出了与新情况、新问题不适用、不协调的状况，既制约了管理人职能的发挥，也不利于切实运用破产手段促进企业、产业新的发展。

（一）破产管理人实践中的问题

1. 管理人结构不合理。由于各地法院管理人名册中只包括律师事务所、会计师事务所和破产清算事务所，以及上述机构中的从业人员，所以在企业破产中担任管理人的只是律师、会计师等人员。这种模式更多的是立足于企业的清算价值而从法律、财务角度对企业进行把脉。但是，破产企业除具有清算价值外，可能还具有运营价值。判断破产企业是否具有运营价值以及如何制定最佳的重整方案来展现企业的运营价值，需要具有企业经营能力和管理经验、专业技术知识的人员来判断和进行，先前的管理人制度未为这类人员提供通向破产管理的通畅入口。

2. 管理人指定方式以及对管理人的管理存在不足。法院指定管理人多数都是在管理人名册中采取摇号、抽签等方式随机指定。对比较简单的企业破产案件采取随机方式指定管理人，管理人都能够依法完成破产管理工作。但是，这种方式虽可避免管理人指定中的恣意现象，对于复杂的破产案件，尤其是破产重整案件，采取随机方式指定的管理人有时不能胜任，无法依法履职，对破产工作的质量和效果造成较大的不利影响。

3. 管理人的职责及与法院的职能划分不清晰。管理人缺位与法院越位的现象并不鲜见，对于一些本应由管理人作出商业判断的事项，管理人常常提请法院决策，这种怠于履行职责的行为导致了其从破产程序中的决策者沦为简单的执行者，不仅有违法律的规定，而且不利于管理人独立地位的塑造和责任意识的强化。

4. 管理人执业保障和队伍科学发展机制尚未形成。由于未建立管理人报酬保障机制和管理人行业组织，管理人执业动力、执业意愿、执业水平都受到较大影响。当前，尤其是破产费用缺乏导致无法支付管理人报酬的问题比较突出，企业无产可破或财产不足以支付管理人报酬时，管理人往往对工作消极应付，有的甚至拒绝履职。

我们认为，管理人制度问题是破产法律制度完善中的瓶颈问题，而上述几个问题又是突破瓶颈的关键。这些问题不解决，管理人法律制度的目的就难以圆满实现。《会议纪要》在管理人制度的完善部分对上述问题的解决作出了尝试和努力。

（二）优化管理人结构，促进搭建优质管理人团队

确保在企业破产中有优秀的管理人可供选择，搭建优质、合理的破产管理人团队，是完善管理人制度时应首先考虑的问题。《会议纪要》第4条、第5条就此作出了明确。

第一，改善管理人结构。虽然目前法律、司法解释将管理人限于律师、会计师等中介机构及其从业人员，但在具体的破产企业管理中，法院仍有必要根据单个企业的实际情况，指导上述中介机构吸收熟谙企业特点和运营规律，具有专业技术知识、经营能力的非中介机构类人员参与破产管理，确保企业破产病因诊断准确、企业拯救药方对症有效、经济资源配置整合合理。这既是人民法院在指定管理人时必须考虑的因素，更是管理人在实际搭建工作团队时必须认真研究和解决的问题。人民法院在指定管理人后，可以对管理人搭建工作团队提出必要的建议。

第二，许可管理人异地执业。原先，管理人多数是从受理破产案件法院本地制定的管理人名册中指定，这既导致优秀管理人无法跨地域执业从而无法形成有效竞争，又产生了由于本地管理人能力不强使破产受阻等问题。《会议纪要》在总结经验的基础上提出探索管理人跨区域执业，既有利于从个案中遴选出最佳管理人，更有利于管理人在更广泛的市场进行竞争，提升管理人素质。许可管理人异地执业的目的是确保破产案件能够遴选到优秀且合适的管理人，提高破产管理水平和强化破产管理职责，所以法院在许可异地管理人执业时也要考虑异地管理人是否能够切实承担破产职责这一因素。

第三，准许管理人联合执业。从地域范围看，管理人的地区发展很不平衡，破产管理的整体水平有待提高。虽然各高级法院和一些中级法院都建立了管理人名册，但是很多地方因破产案件数量较少，很多入册的中介机构并无破产管理的实践经验。相反，有的地方通过处理大量破产案件，管理人积累了较多经验。从行业特点看，律师、会计师等不同机构和人员各具优势，具备联合执业的需求、基础和经验。准许管理人联合执业，通过管理人间相互传帮带，实际上有利于在更大的范围选择管理人，优化管理人结构。但是，需要注意的是，在管理人联合执业的问题上，法院不能“拉郎配”，而是要尊重各相关中介机构的意见。而且，各具备资质的中介机构请求联合担任同一破产案件管理人的，除符合自愿协商的条件外，人民法院还应当从中介机构是否优势互补、能否做到权责一致等方面考虑是否有必要准许联合执业。

(三) 改进管理人指定方式，加强对管理人的管理

按照之前的法律规则，法院指定管理人应采取随机方式指定为原则、竞争方式指定为例外的模式。《会议纪要》第 6 条、第 7 条分别从以下两方面对这一模式进行改进：

一方面，加强竞争方式指定的分量。《会议纪要》印发前，最高人民法院《关于审理企业破产案件指定管理人的规定》第 21 条第 1 款规定："对于商业银行、证券公司、保险公司等金融机构或者在全国范围有重大影响、法律关系复杂、债务人财产分散的企业破产案件，人民法院可以采取公告的方式，邀请编入各地人民法院管理人名册中的社会中介机构参与竞争，从参与竞争的社会中介机构中指定管理人。参与竞争的社会中介机构不得少于三家。"所以，采用竞争方式指定管理人在以前只是例外地存在于金融机构破产和其他极少数在全国有重大影响的破产案件中。实际上，如果继续将竞争方式限定在上述范围内，而对上市公司破产案件、在本地有重大影响的破产案件，还只能采取随机方式指定管理人的话，结果就是选定的管理人难以胜任企业破产管理，难以量身制定企业最佳破产方案，严重影响破产效果。《会议纪要》第 7 条明确指出破产案件中可以引入竞争机制，进一步打开了适用竞争方式的大门。而且，该条进一步确立了上市公司破产等类型案件一般应采取竞争指定原则。

另一方面，实行对管理人的分级管理，降低管理人指定的制度性成本。管理人分级管理，是法院在综合考虑管理人专业水准、工作经验、执业操守、工作绩效、勤勉程度基础上，将同层次的管理人编入同一等级中，分别管理，分别考核。分级管理后，法院可以综合考虑破产案件的复杂程度和影响程度，选定在特定等级的管理人中来指定。在该等级中，如果采用竞争方式指定管理人，可以避免甄别不同层次管理人而发生的内在成本；如果采用随机方式指定时，可以消除不能胜任工作管理人产生的外部成本。分级管理是一项新的制度，法院应当在听取破产利害关系人、相关主管部门意见的基础上建立管理人评价档案，作为管理人水平的评价依据。应当设立严格、规范的准入、考评及淘汰机制，实现对管理人名册的动态管理。当前，已经设立了专业的清算与破产审判庭的中级法院，应当加强对管理人的分级管理。

(四) 廓清管理人职权范围，落实管理人职责

管理人依法行使职权、切实承担管理责任是企业破产有效进行的重要保障，《会议纪要》第 8 条、第 9 条、第 11 条在管理人的职权和责任方面提供了指引。

第一，管理人要切实承担其职能。虽然企业破产法规定了管理人的法定职

能和权限，但由于企业破产事务的复杂性和相关事务性质的模糊性，使得长期以来企业破产中审理破产案件法院（法官）的工作职能与管理人的职能并不清晰。比如，有的管理人对破产企业的日常费用开支计划均报经法院（法官）批准，法院如果不作出指令，管理人便不采取行为。这显然是不妥的。《会议纪要》明确指出，法院不得代替管理人作出本应由管理人自己作出的决定，管理人也不得将职责进行转让。这样规定的目的是确认并树立管理人法定主体地位，促进改善法院对管理人的监督方式，避免法院从程序的督导推动者变为破产事务的主导决策者。

第二，明晰重整管理人的特定职责。企业重整中如果是管理人管理的方式，一般来讲，管理人有较强的审慎履职动因，但如果是债务人自行管理的重整方式，管理人有时就缺乏积极、审慎履职的动力，往往对债务人的自行管理行为得过且过，充当橡皮图章或法院的传声筒。《会议纪要》第9条要求法院督促管理人制定监督债务人的具体制度，主要就是真正落实管理人监督职责，避免因管理方式不同而导致破产质效迥异。同时，《会议纪要》还对重整监督期间、重整等破产程序转化时管理人的职责进行了明确。

第三，设定管理人履职费用规则。管理人应当自行完成其职责范围的事项，但是，因破产企业的情况各异，每个破产案件中的具体破产事宜有时也很不相同，在管理人确实无法承担某些破产事务时，应当允许其聘请相关机构或人员帮助完成。此时，发生的有关费用如果由管理人从其报酬中支付的，法院无需干预；如果有关费用需要列入破产费用的，这相当于在管理人报酬之外又增加了破产费用的总额，此时应当经过债权人会议的同意。这也意味着法院在确定管理人报酬时要充分考虑管理人自行完成的工作量这一因素，切实避免有关费用在破产费用中被重复提取。

（五）加强执业保障，促进管理人队伍规范有序发展

《会议纪要》第10条、第12条、第13条从管理人报酬的支付、管理人报酬的资金保障、管理人协会建立三个方面进一步加强管理人的执业保障，促进管理人队伍规范有序发展。第一，恰当发挥管理人报酬激励作用。法院应当根据企业破产工作的进展程度确定管理人报酬支付方式，既要避免一次性支付管理人报酬下管理人缺乏激励的问题，也要避免管理人长期无法获得合理回报而不能正常发挥作用。《会议纪要》第10条设计了分期支付为主、一次性支付为辅的报酬支付方式。

第二，推动建立管理人报酬等破产费用保障制度。破产企业往往经济状况不佳，很多企业没有财产或者全部财产已经被设定担保，导致管理人难以从企业财产中获得报酬。《会议纪要》明确要求各地法院采取争取地方财政部门支持、从破产案件管理人报酬中提取一定比例成立保障资金等方式来解决无力支

付报酬问题。可以说，这个问题是今后一个时期破产审判机制完善的重点。最高人民法院也在协调有关国家机关建立破产费用保障制度，已经取得一定的进展。

第三，推动建立管理人协会。律师、会计师等中介机构分属不同行业，由于缺乏统一的管理人自律组织，实践中管理人水平参差不齐。从发达国家管理人制度发展经验看，建立管理人行业协会有利于强化管理人行业自治，提升管理人素质和水平。目前，一些地方已经建立了市级或省级管理人协会，取得了很好的效果，各地法院要勇于探索，这也是破产管理人规范管理工作的重点。当然，在管理人协会主管单位方面，虽然《会议纪要》没有明确，但各地法院要结合实际来解决，尤其是在今年新一轮政府机构改革后，各地要密切注意发挥有关行政机关在推动成立管理人协会方面的积极作用。

三、关于破产重整制度的完善

（一）加强重整对象的识别审查，防止重整程序滥用

《会议纪要》第 14 条对重整适用的对象作了明确限定，即破产重整的对象应当是具有挽救价值和可能的困境企业。这也是人民法院在裁定是否启动重整程序时应予重点审查的内容。该条包含两层含义：

第一，重整对象是生产经营出现问题的困境企业。按法律标准判断，重整对象就是出现企业破产法第二条所规定的破产重整原因的企业，即不能清偿到期债务，并且资产不足以清偿全部债务或者明显缺乏清偿能力的企业，或者有明显丧失清偿能力可能的企业。从破产原因上看，重整比破产清算门槛低，除破产清算的原因外，债务人企业有明显丧失清偿能力可能的，即可申请重整。这样规定是为了对困境企业及早挽救，提高重整成功率。

第二，困境企业应具有拯救价值和拯救可能。这是启动重整程序应具备的必要性和可能性标准。困境企业即便出现了重整原因，但如不具有拯救的价值和可能，也无启动重整程序之必要。困境企业的拯救价值体现在其继续经营价值高于清算价值，维持企业的继续经营有利于债权人、债务人、出资人、员工等各利害关系人，有利于社会整体价值最大化。商事重整的理念就在于：财产用于生产经营时的价值要高于备废弃出售时的价值。[①] 困境企业具有挽救的可能，是指企业通过调整债权债务关系以及生产经营等，具有重新获得盈利能力、恢复清偿能力的前景和可能性。从另一方面看，困境企业的挽救需要各利害关系人共同努力、各自作出不同程度的让步才有实现的可能性，因此，如果

---

① ［美］查尔斯·J·泰步：《美国破产法新论（第 3 版）》（下册），韩长印、何欢、王之洲译，中国政法大学出版社 2017 年版，第 1130 页。

各方利害关系人没有挽救债务人企业的意愿，或者均不愿作出让步，也就表明债务人企业不具有挽救希望。① 就此而言，重整的条件其实比破产清算更为严格，这是重整制度价值和制度功能使然。

认定重整对象是否具有拯救价值和可能性涉及一定的商业判断，这对从事破产审判工作的法官提出了较高要求。为适应这种要求，破产审判法官需要从两方面作出努力：一是拓宽知识领域。除法律知识外，破产审判法官还需要了解重整企业的行业现状、发展前景，加强企业管理、商业经营等方面的知识积累和储备，提高综合业务素质，增强处理破产案件的能力。二是丰富审查方法。在对重整申请进行审查时，除书面材料审查外，对债权债务关系复杂、债务规模较大，或者涉及上市公司重整的案件，还可以组织申请人、被申请人听证。此外，还可以采取征询企业主管部门意见、听取行业专家意见等方式进行综合判断衡量。

审判实践中适用本条时，要注意克服两种倾向：

一是不论困境企业是否具有拯救的价值和可能，只要具备重整原因就启动重整程序。重整程序成本高、耗时长，对利害关系人影响巨大，被拯救对象具有拯救价值和拯救的可能性时才有启动重整程序的必要。如让经营无望的困境企业随意进入重整程序，只会造成重整程序的空转，最终仍无力回天，徒增时间成本、经济成本，减损债务人企业的资产，损害债权人利益甚至是社会利益。在当前中央大力推进供给侧结构性改革、清理僵尸企业的大形势下，强调严格识别审查重整对象的现实意义在于，防止部分地方出于经济指标考核、维护社会稳定、安置职工就业等法外因素考虑，滥用重整程序，使高污染、高能耗、连年亏损，产品没有市场，主要靠政府补贴和银行续贷维持经营的僵尸企业借重整之名，逃避被清理的命运，规避供给侧结构性改革。从制度功能上看，我们必须认识到，重整并非调整社会资源配置的唯一手段，破产清算同样具有优化资源配置、实现优胜劣汰的积极功效，对于经营无望的困难企业，通过清算尽早退出市场无疑是资源配置的最佳选择。因此，人民法院在审查重整申请过程中，根据债务人的资产状况、技术工艺、生产销售、行业前景等因素，能够认定债务人明显不具备重整价值以及拯救可能性的，应裁定不予受理。

二是滥用重整企业识别审查标准，人为抬高重整门槛，阻碍重整案件受理，滋生新的启动难问题。重整涉及商业判断、沟通协调、司法认定等多方面工作，程序繁琐，对法官综合素质要求高；加之目前破产审判专业化程度不高、破产审判绩效考核不健全，致使重整案件犹如烫手的山芋，很多人避之唯

---

① 王欣新：《破产法》（第三版），中国人民大学出版社 2011 年版，第 249 页。

恐不及。其实，不独重整，包括重整在内的整个破产案件启动难问题一直是社会各界诟病的顽疾。其具体表现在：破产立案条件严苛，立案门槛高；破产申请即便符合立案条件，但有的法院出于种种原因仍不立案；有的虽然最终立案，但时日漫长，以至于耗尽了申请人的耐心，突破了其心理承受能力底线，令申请人产生迟来的正义并非正义的嗔怨。① 近年来，伴随着立案制度改革，破产案件启动难问题有一定程度的缓解，但问题并没有根本解决。在此情形下，我们需要注意防范对重整申请进行审查时，滥用重整价值和可能性标准，人为抬高重整门槛，随意拒绝启动重整程序的倾向，防止滋生新的重整启动难问题。

（二）发挥人民法院在制定重整计划中的作用，提高重整企业质效

《会议纪要》第16条规定了人民法院在重整计划制定过程中应发挥的作用。重整计划的制定是重整程序的关键环节，是重整拯救功能得以实现的前提和基础。重整程序对困境企业的拯救正是通过制定行之有效的重整计划草案并表决通过付诸执行得以实现的。制定重整计划并对各方利益主体作出合理安排，是重整制度利益平衡的精髓，也是重整程序中最为关键的一环。② 根据企业破产法的规定，重整计划草案由管理人或者债务人负责制定，人民法院并非重整计划草案的制定者。由于重整计划草案由债权人分组表决以及出资人组表决通过，管理人或债务人在制定重整计划草案时，往往比较重视债权债务关系如何了结的问题，尤其关注债权调整和股权调整的内容；而在时间和精力有限的情况下，很难深入分析企业陷入困境的原因并有针对性地制定改善生产经营的方案。在这种情形下，即使企业重整成功，也仅仅是从形式上消除了重整原因，但却没有改善生产经营、完善企业管理、提高技术工艺，不能使企业提质增效，重整也就无法达到真正挽救困境企业的目的。

此外，重整拯救措施不明确，经营方案不具体，企业未来是否能够恢复盈利能力难以预测，势必会增加投资人的预期收益风险。为规避预期收益风险，投资人必然要求增加当期收益，从而挤压债权人和出资人的利益空间，最终影响重整计划草案的表决通过。在重整计划草案无法表决通过的情况下，人民法院出于各种考虑，常常不得不采取强制批准方式。这样极易激化矛盾，招致社会舆论非议，甚至引发信访维稳事件，使人民法院工作陷入十分被动的局面。

因此，尽管人民法院并非重整计划草案的制定者，但为了避免重整制度的运行偏离制度设计初衷，人民法院对重整计划草案的制定应加强与管理人或债务人的沟通，引导其深入分析债务人陷于困境的原因，有针对性地制定重整计

---

① 王富博：《破产立案制度的反思与重构》，载《人民司法》2017年第19期。

② 池伟宏：《论重整计划的制定》，载《交大法学》2017年第3期。

划草案，改善企业生产经营和管理，促使企业重新获得盈利能力。当然，这主要是针对实务中常见的企业存续型重整而言，对于出售式重整，主要是企业资产和营业的整体转让，与存续型重整的目的和手段均有所不同，要求上也有所不同。但对于出售式重整究竟属于重整还是清算，学术界尚存争议。有学者认为，不能将破产清算所实现的债务人的资源、劳动力、营业的整体移转当作破产重整对待，以模糊这两个不同破产程序的适用条件、程序差别和法律效力，故在观念上和实务上，还是应当区别破产清算与破产重整的程序化特征。① 此外，人民法院还应与政府建立沟通协调机制，帮助管理人或债务人解决重整计划草案制定过程中自身无法解决的困难和问题，提高重整成功率。

（三）完善重整计划的批准条件，规范批准程序

重整计划的批准分为正常批准与强制批准两种情形。企业破产法对人民法院正常批准重整计划的条件付之阙如，对强制批准条件规定得不尽完备，导致实务中司法尺度不统一。为此，《会议纪要》第 17 条、第 18 条对人民法院正常批准和强制批准重整计划的条件加以完善，以期解决审判实践中存在的问题。

关于正常批准的条件。正常批准的前提是各表决组均已表决通过重整计划草案。由于各表决组均已决议通过重整计划草案，加之企业破产法对正常批准条件未作规定，因此实务中人民法院往往不加审查就直接批准重整计划。从性质上看，重整计划是债务人与债权人、出资人之间达成的有关如何拯救债务人及重整溢价如何分配的合同。但与通常合同不同的是，当事人也并不享有完全自主权，即使所有当事人都同意，也只有在满足一系列法定要件之后，法院才会批准重整计划。② 这是因为，重整计划草案的分组表决采取会议多数决原则，各表决组均已通过重整计划，并不代表重整计划就一定公正、合法，其中仍存在多数人利用表决程序损害少数人权益的可能。故此，对于各表决组均已通过的重整计划草案，人民法院仍应进行审查，只有当其符合一定的条件后才能裁定批准。《会议纪要》第 17 条规定正常批准重整计划的条件包括两个方面：一是合法性条件，包括程序合法和内容合法。程序合法强调重整计划草案的表决程序符合企业破产法的规定；内容合法是指重整计划的内容符合债权人利益最大化原则、绝对优先原则、公平对待原则，不损害利害关系人和社会公共利益。需要强调的是，人民法院在审查重整计划的内容是否合法时，应着重审查其是否损害各表决组中少数反对者的合法权益，是否依法公平保障各债权人的利益。重整计划草案的表决通过虽然实行少数服从多数的原则，但是重整

① 邹海林：《供给侧结构性改革与破产重整制度的适用》，载《法律适用》2017 年第 3 期。

② ［美］查尔斯 · J · 泰步：《美国破产法新论（第 3 版）》（下册），韩长印、何欢、王之洲译，中国政法大学出版社 2017 年版，第 1201 页。

计划草案的内容决不能损害少数反对者的既得清偿利益，多数人的表决绝不能用来剥夺少数人的合法权益。[①] 如果任何债权人或股权人在重整计划下获得的待遇低于破产清算，且其不同意该计划，那么该计划就不能获得法院的批准。[②] 二是可行性条件，即重整计划中关于企业重新获得盈利能力的经营方案具有可行性。即使所有分组都通过了重整计划，也只有在认定重整计划具有可行性之后，法院才可能批准该计划。[③] 重整计划符合上述两方面条件的，人民法院应当自收到批准申请之日起30日内裁定批准。

关于强制批准的条件。强制批准是在部分表决组未能决议通过重整计划草案的情况下，人民法院强行批准重整计划草案。赋予人民法院强制批准权的正当性依据在于，部分表决组基于有利于实现自身利益的考量通过了重整计划草案，而反对组的利益也未因重整计划草案而受到侵害，因此批准重整计划草案有利于增进社会整体利益。但由于强制批准与私法自治原则相冲突，会造成司法权对私权的直接调整和干涉，必须贯彻审慎适用原则，设定严格的限制条件，防止人民法院强制批准权的滥用。强制批准时，重整计划除应符合前述正常批准的原则外，还应满足特殊的条件要求。对此，《会议纪要》第18条规定，人民法院行使强制批准权的，重整计划草案除应当符合企业破产法第八十七条第二款规定外，如债权人分多组的，还应当至少有一组已经通过重整计划草案，且各表决组中反对者能够获得的清偿利益不低于依照破产清算程序所能获得的利益。

（四）明确重整计划的变更程序，彰显尽量挽救原则

重整计划的本质是一种经过司法确认的合同，按照合同严守原则，债务人应严格执行，不得随意变更解除。但重整计划的执行需要一定时间，有时长达数年，期间经常会遇到国家政策调整、法律修改变化、战略投资人的情况发生变化需要更换等特殊情况，导致重整计划无法执行。按照企业破产法第九十三条规定，此时应终止重整计划的执行，并宣告债务人破产。但一概如此处理，不免过于机械僵化，不利于对仍具有挽救价值和可能的困境企业进行拯救，并对各利害关系人的权益造成不利影响。为缓解法律的刚性，适应审判实践要求，《会议纪要》借鉴域外立法成果，在第19条、第20条对重整计划的变更问题作了规定，彰显对有重整价值和可能的困境企业尽量挽救的原则。

为防止已经进入执行阶段的重整计划随意变更，导致重整程序不当拖延，损害利害关系人的合法权益，在肯定重整计划可以变更的同时，还应对重整计

① 王欣新：《论经济危机下的破产法应对》，载2009年6月18日《人民法院报》。

② ［美］查尔斯·J·泰步：《美国破产法新论（第3版）》（下册），韩长印、何欢、王之洲译，中国政法大学出版社2017年版，第1243页。

③ 同上，第1201页。

划变更的条件、程序等作出明确限定，以防变更权的滥用。为此，《会议纪要》用两个条文从三个方面作出了规定：其一，明确规定了重整计划变更的前提条件是原重整计划因客观原因无法执行。如果债务人能够执行重整计划而拒绝执行，则不适用变更程序，以维护重整计划的严肃性。其二，限定了重整计划变更的次数。《会议纪要》第 19 条规定债务人或管理人仅能申请变更一次，以防久变不绝，无限拖延。其三，规定了重整计划变更的程序。按《会议纪要》的要求，重整计划的变更应遵循以下程序：第一，应由债务人或管理人提出变更申请。从域外做法看，重整计划的批准后修改也并非一种当然的权利。只有计划提交方或重整债务人可以寻求对批准后计划的修改，并且只有在法院认定依照具体情况可进行修改时，才能进行批准后修改。① 第二，召开债权人会议，对变更申请进行表决。第三，债权人会议表决同意变更申请的，应自决议通过之日起 10 日内提请人民法院批准。第四，人民法院裁定批准变更申请的，由债务人或管理人在 6 个月内提出新的重整计划。第五，新的重整计划提交给因重整计划变更而遭受不利影响的债权人组和出资人组进行表决，利益未受不利影响的组别无需再次表决。第六，人民法院依申请审查是否批准变更后的重整计划。表决、申请人民法院批准以及人民法院裁定是否批准的程序与原重整计划相同。

(五) 探索推行庭外重组与庭内重整衔接机制，弥补重整制度的不足

重整制度以积极拯救困境企业为目标，体现了再建主义的立法理念，奉行社会本位的价值追求，代表了现代破产法的发展趋势。与此同时，我们也应清醒地认识到，重整亦存在程序繁琐、时间冗长、成本偏高等不足，这大大限制了其适用性。据学者研究表明，在美国，每年有近 50 万个企业关闭，有更多企业遭遇经营或财务困难，不过，真正适用重整程序处理债务纠纷的企业只有 1 万个左右。而在适用美国破产法第 11 章进行重整的企业中，绝大多数是总资产在 10 万美元以下的企业，大企业重整的数量越来越少，相比 20 余年前，现在进入重整程序的企业只有当时的一半。② 为克服传统重整制度的不足，英美等破产法治发达国家经过实践探索，发展出了一套将法庭外重组与法庭内重整优势相结合，有利于节约重整成本、提高重整效率的新型企业拯救模式，我国业界称之为预重整。近年来，国内也出现了一批通过预重整成功挽救困境企业的案例，例如二重集团、德阳二重破产重整案，深圳福昌电子公司破产重整案等。但由于我国企业破产法中未明确规定预重整制度，相当一部分人对此还比较陌生；即便有所了解，但因法无明文，实务界也多持审慎、观望的态度。

---

① ［美］查尔斯·J·泰步：《美国破产法新论（第 3 版）》（下册），韩长印、何欢、王之洲译，中国政法大学出版社 2017 年版，第 1223 页。

② 许德风：《破产法论——解释与功能比较的视角》，北京大学出版社 2015 年版，第 474 页。

为增进人们对预重整制度的了解，打消适用中的疑虑，《会议纪要》第22条对预重整作出明确规定，体现了鼓励探索、倡导践行的司法政策取向。

预重整的突出特征在于将法庭外重组与法庭内重整相衔接。首先，预重整是在庭内重整程序开始之前，先由债务人与主要债权人、出资人等利害关系人通过商业谈判与协调，拟定重组方案。这实际上是将本应在庭内重整程序中完成的重整计划草案制定及表决工作前置。与庭内重整程序相比，这一安排的优势显而易见：通过各利害关系人的自由协商谈判，既可以避免重整程序中管理人或债务人单方制定重整计划造成的利益失衡、表决难以通过问题，也有利于降低重整成本、缩短重整期限、合理确定重整企业的经营价值。其次，预重整将庭外重组协商的结果适用于庭内重整程序中并通过司法程序加以确认。这是预重整与单纯的庭外重组的显著区别。庭外重组遵从意思自治原则，由债务人与债权人等自由协商确定重组方案，根据合同相对性原则，重组方案仅对同意该方案的当事人具有约束力，而无法约束不同意的利害关系人。而要求债务人与全体债权人协商一致，达成共同认可的重组方案，操作上十分困难。这就造成庭外重组中持反对意见的少数债权人对多数债权人的钳制困境和搭便车问题。① 在预重整程序中，庭外协商是为庭内重整所作的准备工作，庭外协商形成的重组方案是制定重整计划草案的依据，对企业的拯救最终仍要通过庭内重整程序来完成。根据禁反言原则，在债务人已经充分披露相关信息，且重整计划草案未对重组方案作实质性修改的情况下，同意庭外重组方案的债权人和出资人即被视为同意重整计划草案，无需再参加债权人分组表决。人民法院批准重整计划后，重整计划对所有债权人包括少数反对的债权人均具有约束力，这就能够有效克服前述庭外重整的弊端。当然，从比较法的角度看，国外还存在庭外重组方案满足一定条件时，法院直接作为重组计划予以审查批准，无需另行制定重整计划的预重整模式。② 从国内的实务操作看，预重整的具体模式和操作方式也不一而足。

我国预重整的司法实践起步较晚，实务中对庭外重组协商阶段究竟由谁主导、法院是否参与庭外协商、庭外协商的费用如何支付、庭外重组方案与庭内重整计划草案如何衔接等还存在不同认识，做法也不尽相同。《会议纪要》本着开放的态度，仅对预重整作了原则性规定，为各地法院在实践中进一步研究探索预留了必要的空间。

① 季奎明：《论企业预先重整制度》，载《公司法律评论》2011年卷。

② 金春、任一民、池伟宏：《预重整的制度框架分析和实践模式探索》，载王卫国、郑志斌主编：《法庭外债务重组》，法律出版社2017年版，第107页。

四、关于破产清算制度的完善

(一) 破产清算制度的价值和《会议纪要》的原则精神

破产清算程序是我国企业破产法规定的破产程序组成部分之一，与重整程序、和解程序并列为独立的债权债务清理程序。作为破产制度创立和发展的原初形态和制度基石，破产清算是在债务人不能清偿债务时，由管理人对破产财产进行集中清理、变价和分配，以清偿全体债权人债权的一种程序。在制度功能上，与重整程序、和解程序重在挽救不同，破产清算则是让没有挽救希望和生存价值的企业，通过对债权债务关系的全面清理退出市场。虽然现代破产法更注重于破产预防和拯救制度的发展，但破产清算制度的重要性仍不可忽视，其在市场主体退出机制中始终居于基础性地位。在全国法院近年来受理的各类破产案件中，破产清算案件占比80%以上，即大多数企业进入破产程序后，都是通过清算程序予以处理。

为了更好地发挥破产清算程序优化资源配置、实现优胜劣汰的重要作用，不断完善我国市场主体退出机制，《会议纪要》在总结实践经验的基础上，立足于企业破产法的基本规定，对破产宣告、担保权人权利的行使、破产财产处置、破产债权清偿顺序、清算程序终结等问题进行了规范和完善。在制定《会议纪要》破产清算部分的过程中，我们始终坚持了以下原则：

一是坚持依法有据与程序安定为优选价值。企业破产法第十章就破产宣告、变价和分配、破产程序的终结进行了专门规定，而广义的破产清算程序还包括申请、受理以及破产宣告前的程序，因此，企业破产法中与破产清算程序相关的制度规定，均构成制定《会议纪要》本部分内容的基本法律依据。《会议纪要》立足于企业破产法的立法原则和制度框架，在完善相关制度的同时，维护和确保程序效力的稳定性。

二是确保公平公正与提升效率相统一。公平公正原则是破产程序贯穿始终的基本原则，而如何有效降低程序成本、增进程序效率，则是实现高效公正司法、尽快实现资源重新配置、促进相关主体利益最大化的内在要求。对此，《会议纪要》通过规范破产清算程序对财产和损失的公平分配和分担，在确保程序正当性的基础上，简化程序流程节点、鼓励创新财产处置方式、促进案件审理进程，从而达到依法公正保护各方主体利益、提升破产清算程序效率的目标。

三是坚持总结经验与鼓励探索相结合。在制定《会议纪要》过程中，我们对于一些较为成熟、认识比较统一、实践证明效果较好的司法经验予以肯定和吸收；对于争议较大的问题，如房地产企业破产清算中购房者的权利顺位、建筑工程优先权在破产程序中的清偿顺位、担保权的分别行使、职工集资款的清偿顺位等，则未纳入《会议纪要》中，留待理论与实践进一步探索和检验。

(二) 完善破产宣告的条件、程序和转换

破产宣告是法院对债务人不能清偿债务而应当被清算的事实所作出的法律上的判定。[①] 根据企业破产法的规定，法院受理破产申请时破产程序即告开始，但并不意味着债务人已被宣告破产。[②] 法院还可能在受理案件后一定时间内根据各方利害关系人尤其是债权人的意愿，决定是否进行和解或重整，从而体现出现代破产法鼓励对企业进行挽救的价值取向。这种将破产受理与宣告相分离的做法，凸显了破产宣告的特定程序意义，但也留下了破产受理后、破产宣告前的空白阶段，并与现行有关实体法将特定法律效果与破产宣告相联系的规定难以衔接。[③] 此外，由于缺乏对破产宣告条件和程序的规定，在一定程度上也影响了破产清算程序的效率。对此，《会议纪要》第 23 条和第 24 条对法院受理破产清算申请后破产宣告的条件和程序予以完善。

第一，《会议纪要》要求第一次债权人会议期间如果无人提出重整或和解申请的，相关主体应当及时申请破产宣告。之所以限定在此期间，主要是考虑到第一次债权人会议为法定债权人会议，许多事项均在此期间决定，也是债权人等利害关系人了解债务人情况、依法行使程序权利的重要阶段，从债权人自身利益最大化角度考虑，其有动力也有条件在判断债务人挽救可能性的基础上，提出重整或和解的申请。另外，企业破产法虽然规定破产宣告前均可通过重整或和解对债务人进行挽救，但为了避免以挽救为名不当拖延程序进程，损害债权人清偿利益，也有必要促使相关主体尽早作出判断，尽快对债务人进行挽救。

第二，提出破产宣告申请的主体为管理人。虽然企业破产法规定在破产重整或和解程序中，法院可依管理人或利害关系人申请宣告债务人破产，也可在债务人出现应当被宣告破产情形时依职权宣告破产，但在破产清算程序中，管理人作为对债务人财产进行管理、对债权债务关系进行清理的专门机构，由管理人在对债务人财产情况进行调查后及时申请法院进行破产宣告，符合其职责定位并具有程序适当性。此外，考虑到实践中有时第一次债权人会议期间尚未完成对债务人财产的评估、破产债权的审核确定等事务，故即便第一次债权人会议期间无人提出重整或和解的意愿，管理人亦应当在充分调查债务人财产、债权等情况下，对债务人破产原因进行充分判断后，及时申请对债务人进行破产宣告。

---

① 邹海林：《破产法——程序理念与制度结构解析》，中国社会科学出版社 2016 年版，第 488 页。

② 王欣新：《破产法》(第三版)，中国人民大学出版社 2011 年版，第 286 页。

③ 许德风：《破产法论——解释与功能比较的视角》，北京大学出版社 2015 年版，第 466 页。

第三，限制破产宣告后的程序转换。关于破产宣告后能否申请将破产清算程序转入重整或和解程序的问题，《会议纪要》起草过程中有意见认为，无论是基于实践中已有成功案例，还是从鼓励拯救债务人的角度出发，都应当允许债务人被宣告破产后，在一定条件下能够再行转入重整或和解程序。《会议纪要》对此未予采纳，主要理由为：一是因为企业破产法没有规定破产宣告后的程序转换，而是在允许由清算程序转入重整或和解程序的条文中，明确限定应在破产宣告前进行；二是在企业破产法上述规定内，相关主体应当充分利用破产受理后至宣告破产前的期间，积极对债务人进行挽救，如果仍允许在破产宣告后转入重整或和解程序，在一定程度上也会增加程序适用的不确定性，加大债权人通过破产清算程序获得清偿的成本。故《会议纪要》第 24 条没有突破法律规定，限定了债务人被宣告破产后的程序转换，以明确三类破产程序的适用阶段及其程序的稳定性。

（三）规范担保权人权利的行使与限制

严格来说，破产程序中的担保权人既包括以债务人特定财产设定担保的债权人，也包括以第三人特定财产设定担保的债权人，由于后者行使权利的财产不属于破产财产范围，不以破产程序约束为必要，故《会议纪要》所指担保权人仅指对债务人的特定财产享有担保权的权利人。上述担保权人在破产程序中应当如何行使权利以及对其权利如何保护，是一个在理论和实践中都相当有争议并具研究价值的问题。破产程序中的担保权人以破产程序开始前对债务人特定财产成立担保物权为基础，是物权法、担保法等有关担保权利优先性和排他性效力在破产法上的延伸和认同，因此，在理论上，其可不受破产程序的约束，优于其他债权人单独、及时受偿，以确保担保物权本身立法目的和制度价值得到实现。正如有学者指出，如果在债务人破产即丧失清偿能力最为严重时优先受偿权反而受到限制，则违背了立法之宗旨及当事人设立担保的本意。[①]但是出于保障对企业进行挽救的需要，担保权人权利的行使仍然要受到重整程序的适当限制。此外，出于程序设计需要和立法目标，企业破产法第九十六条规定，和解程序中担保权人权利行使不受限制。

实践中，争议比较大的是破产清算程序中担保权人能否随时行使优先受偿权的问题。根据企业破产法第一百零九条的规定，对破产人的特定财产享有担保权的权利人，对该特定财产享有优先受偿的权利。对此，主张担保权人行使优先受偿权仍应受到破产清算程序约束的理由主要是，根据企业破产法的规定，担保财产也属于债务人财产或破产财产，即便是没有放弃优先受偿权的担保债权人，也有权对管理人制定的财产管理方案、变价方案进行表决，这意味

① 李永军、王欣新、邹海林、徐阳光：《破产法》，中国政法大学出版社 2017 年版，第 126 页。

着担保财产应当由管理人统一进行管理和变价。此外，企业破产法还规定了破产财产整体处置的原则，因此企业破产法第一百零九条规定的优先受偿权仅指担保权人对变现价款享有优先受偿权。

主张担保权人可不受破产清算程序限制随时行使权利的观点认为：第一，担保权人优先受偿权不限于就变现价款的优先受偿权，还应包括对担保财产实现的权利即变现权，① 在破产程序中确保担保权人优先受偿的权利，是各国破产法普遍接受的一项原则；第二，企业破产法规定重整程序中担保权暂停行使，但对清算程序中担保权的行使没有限制，如果担保物权的行使也要受到债权人会议表决程序的制约，将大大延缓破产程序的推进，从而使当前本已经非常突出的破产案件审理程序冗长的问题更加突出；第三，在大力推进破产财产网络司法拍卖的情况下，主要担保财产是通过公开、公平、公正和完全竞争的方式进行处置，可以衡平保护担保债权人和普通债权人的利益。

对此，《会议纪要》采纳了后一种观点，并针对实践中不仅存在担保权人任意行使优先受偿权，导致财产分离处置降低整体处置效益，损害普通债权人受偿权的情形，也经常发生普通债权人利用债权人会议决议阻却、破坏担保权人优先受偿的现象，在《会议纪要》第25条规定，在破产清算程序中，担保权人可以随时向管理人主张就该特定财产变价处置行使优先受偿权为原则，单独处置担保财产会降低其他破产财产的价值而应整体处置为例外，从而依法平衡保护担保权人与普通债权人的利益。

（四）鼓励建立案件繁简分流审理机制，完善破产财产处置分配规则

一是鼓励建立案件繁简分流审理机制。破产案件作为非诉性的债权债务清理程序，在保障债权人获得公平清偿、实现对债务人挽救的同时，破产程序能否获得高效的运行亦是破产法追求的重要目标，反映了破产制度降低其自身运转成本，提升程序效益，实现程序公正与效率的统一，更好地维护相关主体利益的内在要求。目前，我国企业破产法未规定破产案件简易审理制度，所有破产案件均适用统一的破产程序规定，对于那些债务人财产较少、债权债务关系相对简单、处理难度不大的案件，如果仍按照一般的普通破产程序处理，在一定程度上会造成审理周期冗长，不但浪费司法资源，也导致债权人利益不能得到及时实现，消减了债权人申请破产的积极性。

从国外立法情况看，设立破产案件的简易审理程序已是普遍做法，如德国、英国、日本、瑞士、美国等国的破产制度中均对破产简易审理程序作出了规定。在我国的司法实践中，一些法院也对简易破产案件的快速审理机制作出有益探索。对此，《会议纪要》第29条在总结实践经验的基础上，明确鼓励以

---

① 李永军、王欣新、邹海林、徐阳光：《破产法》，中国政法大学出版社2017年版，第128页。

确保程序正当性为前提，建立破产案件审理繁简分流机制，对于债权债务关系明确、债务人财产状况清楚的破产案件，可以在现有法律制度框架内加快审理进程，简化程序流程节点，提升破产案件审理效率，促进相关主体利益的尽快实现。

二是完善破产财产处置分配规则。破产清算程序的目的在于通过变价债务人财产并将其最终分配给债权人，以尽可能地满足债权人的清偿要求，因此，处置破产财产应当采取对全体债权人最为有利的财产变价方式，并以提高处置价格为目标。根据企业破产法第一百一十二条和第一百一十四条的规定，破产财产的变价出售以拍卖为原则，分配以货币分配为原则，目的在于确保破产财产变价和分配的公正、公平。但当破产财产拍卖所得不足以支付拍卖费用或拍卖不成的，为了节省成本、提升效率，《会议纪要》第 26 条规定，可以采取作价变卖的方式对破产财产进行变价，或者进行非金钱的实物分配。由于破产财产如何变价分配直接影响债权人的受偿利益，故《会议纪要》要求此时应当以债权人会议的决议为条件，即财产变价或分配方案应对作价变卖和实物分配的范围和具体办法作出规定。为避免债权人会议不能通过上述变价或实物分配方案而导致程序拖延，该条亦基于破产法有关债权人会议职权的规定，赋予法院在债权人会议表决无法通过上述方案的情况下及时裁定的权力，确保破产程序的有序推进。

此外，针对网络拍卖这一利用互联网平台处置破产财产的新型方式，由于具有处置费用低、程序公开透明、询价充分、溢价率高等优势，《会议纪要》第 26 条在明确破产财产处置价值最大化的原则下，对包括网络拍卖在内的多种处置方式和渠道予以鼓励，以提升程序效率和破产财产处置价格。

（五）完善破产分配顺序和原则

破产分配是管理人将变价后或无法变价的破产财产依照法定清偿顺位公平分配给各请求权人的行为和程序，其中，破产分配顺序是破产分配要解决的主要问题之一。企业破产法第一百一十三条规定了破产分配顺位和分配原则，但比较原则，不能涵盖所有的请求权类型。对此，《会议纪要》第 27 条和第 28 条在尊重权利人破产程序开始前的地位及其差异性的基础上，根据破产清算程序对财产和损失的公平分配和分担原则，对破产分配顺序和原则予以补充完善，从而达到依法公正保护各方主体利益的目标。

一是继续完善对职工权益的保护。在企业破产清算的情况下，妥善安置好职工仍然是维护社会稳定工作的重要内容。对职工工资等劳动债权的特殊保护，体现了国家法律以人为本的价值追求，通过对职工的基本劳动收入优先保护，保障职工的生存权利。《会议纪要》鼓励对属于工资构成的职工劳动收入优先予以保护，并基于国内外欠薪保障制度的成功经验，鼓励推进完善欠薪保障机制，解决企业破产情形下的欠薪保障问题。人民法院在处理涉及职工权益的争议时，要严格按照企业破产法和有关法规及国家政策，依法保护职工债权的实现。

二是完善没有明确规定清偿顺序的债权清偿顺位和清偿原则。首先，对于侵权行为造成的人身损害赔偿，从人身权益优于财产性权益的角度出发，赋予其优先顺位。其次，根据法律的一般原理，违法行为发生后，法律的首要目的是恢复原状，然后才涉及对侵害人进行惩罚的问题，因此，《会议纪要》确定了补偿性债权优于惩罚性债权的原则，并且规定在债务人需要承担民事惩罚性赔偿金、行政罚款、刑事罚金，其财产不足以同时支付时，首先应当清偿普通债权人，在其财产还有剩余的情况下，再用剩余的财产缴纳民事惩罚性赔偿金、行政罚款、刑事罚金。《会议纪要》作出上述指引性的原则规定，符合民法总则关于责任聚合的一般法理，具有较强的针对性和指导性，未涉及的债权清偿顺序问题也有待于进一步探索和完善。

（六）明确破产清算程序的终结和后果

破产清算程序的终结，是指清算程序中发生终结清算程序的法定原因时，由法院裁定结束清算程序。根据企业破产法的规定，破产清算程序终结的具体情形包括：破产财产最终分配完毕、破产人无财产可供分配、债务人财产不足以清偿破产费用、破产程序中自行和解、免于破产宣告。上述情形均是基于债务人财产情况、债权人债权的清偿状态，而使继续进行清算程序已无必要。由于破产程序终结后具有不可逆性，不得以任何理由恢复已终结的破产程序，依照破产程序变价处理的破产财产，产生法律上处分财产的确定效力，依照破产程序所受分配，亦产生法律上保有分配利益的确定效力，① 因此，《会议纪要》第 30 条强调，破产清算程序的终结应当符合上述法律规定，并以查明债务人财产状况、明确破产财产分配方案、确保破产债权人获得依法清偿为基础，以避免在不符合终结条件的情况下仓促结案，或将破产程序比照执行程序采取所谓终结本次破产程序的错误做法。另外，针对企业破产法第四十三条第四款规定的终结情形未明确是否应先宣告破产的问题，基于破产宣告的法律意义，《会议纪要》明确此种情形下应首先宣告破产，并可同时裁定终结破产程序，以减少不必要的程序空转。

破产清算程序终结后，除了产生破产企业法人地位终止、管理人终止执行职务的法律效果外，债权人未受偿的债权继续有效。

首先，根据企业破产法第一百二十三条的规定，自破产清算程序终结之日起 2 年内，发现可供分配的破产财产的，债权人可以请求法院按照破产财产分

① 李永军、王欣新、邹海林、徐阳光：《破产法》，中国政法大学出版社 2017 年版，第 276 页。

配方案进行追偿。实践中，对于超过2年后发现的破产财产能否追加分配存在争议。我们认为，企业破产法规定的2年为除斥期间，不得延长或中止，如果允许2年后仍可追加分配，虽然有利于债权人利益的保护，但不利于交易安全，更会造成追加分配的不可预知性和程序的复杂性；如果允许债权人追回后用于自身债权的清偿，不仅会助长个别债权人的追讨行为，加剧程序的不稳定性，而且也容易产生破产人与个别债权人相互串通的道德风险。因此，《会议纪要》对于破产清算程序终结2年后的追加分配分配问题未予补充规定，以确保程序终结后法律关系的稳定性，督促管理人在破产程序中穷尽一切手段去追收债务人的财产。

其次，根据企业破产法第一百二十四条的规定，破产清算程序终结后，破产人的保证人和其他连带债务人，对债权人依照破产清算程序未受清偿的债权依法继续承担责任。由于企业破产法未限制债权人在主债务人进入破产程序时向保证人主张保证责任，故实践中，债权人向主债务人申报债权并同时诉请保证人承担责任的情形较多，此时债权人提出的保证责任诉讼程序上应当如何处理、保证人承担保证责任后如何实现对破产主债务人的求偿，都是理论和实践中争议较大的问题。根据最高人民法院对《关于担保期间债权人向保证人主张权利的方式及程序问题的请示》的答复（〔2002〕民二他字第32号），破产程序进行中，人民法院受理债权人对保证人提起的保证责任纠纷诉讼后，可以采取中止审理或径行判决两种处理方式。由于上述处理方式最终都需等待破产程序确定债权人受偿份额，故即便直接判决保证人承担责任，通常也要等待破产程序终结后才能执行，尤其是如果破产程序审理周期较长的，会导致债权人的保证担保利益得不到及时实现。实际上，根据企业破产法第五十一条的规定，保证人承担责任后可以其对债务人的求偿权申报债权，如果之前债权人已经申报全部或部分债权的，保证人亦可通过申请转付相应清偿份额的方式行使求偿权。因此，《会议纪要》基于保证制度所应有的债权保障功能，将保障债权人利益的及时实现作为出发点，结合破产程序中有关保证人申报债权的相关规定，明确了破产程序终结前，已向债权人承担了保证责任的保证人，可通过申请转付相应清偿份额的方式，理顺保证人承担责任与求偿权之间的程序关系，并避免债权人获得双重受偿。此外，根据企业破产法第九十四条和第一百零六条的规定，为了避免存在保证担保的破产债权比其他破产债权获得更多比例的清偿，从而违反破产法同类债权平等清偿的原则，《会议纪要》亦明确了保证人承担保证责任后，不得向重整计划或和解协议执行完毕后的债务人追偿。

五、关于关联企业破产制度的探索与完善

（一）关联企业破产案件的审理原则

关联企业破产已经成为当前破产审判实践中亟待解决的一大难题。关联企业一方面为了发展需要，相互之间时常进行资金调剂、担保和业务合作，另一方面也存在利用关联关系转移资产、逃避债务等不法行为的可能。关联企业之间存在的非正当关联行为，使得关联企业成员法律责任的独立性与公司经营的非独立性之间产生了尖锐矛盾，打破了法人人格独立制度所维系的公司、股东、债权人以及其他利害关系人之间的利益平衡，这在关联企业破产时尤为突出。

近年来，随着关联企业破产案件日益增多，如何处理此类案件，以公平保护债权人利益，有效化解社会矛盾，维护市场应有秩序，已成为实务界和理论界共同面对的重要课题。实践中，部分法院通过借鉴域外实质合并规则对关联企业破产案件进行处理，取得了比较好的效果，但也存在实质合并规则的适用标准不统一等问题，且理论和实践中对于此种处理方式亦存在质疑。对此，《会议纪要》第六部分明确了关联企业破产案件的审理原则，即人民法院审理关联企业合并破产案件时要立足于破产关联企业之间的具体关系模式，采取不同方式予以处理。既要通过实质合并原则纠正法人人格高度混同的关联关系，确保全体债权人的公平清偿利益，也要避免不当适用实质合并原则损害相关利益主体的合法权益，依法妥善审理好关联企业破产案件，公平维护各方利益。

（二）实质合并规则的适用条件

目前，实质合并规则在我国实践中虽然被广泛应用，但有关实体制度、程序设计和监督制度尚不完善。我们认为，实质合并规则虽然有助于公平保护关联债权人的利益，有利于防范破产欺诈行为，提升破产效率和降低案件处理成本，但其毕竟属于对企业法人独立人格的极端否定，并可能导致部分关联债权人的清偿比例因合并而降低的情形，故《会议纪要》第 32 条要求审慎适用这一规则。

首先，实质合并规则仅在关联企业成员法人人格存在高度混同、区分各自财产的成本过于高昂、严重损害债权人利益的情况下，才可例外适用。其次，对于不当利用关联关系损害债权人利益的行为，现有破产法上的撤销权制度、无效行为制度以及公司法上的法人人格否认制度等均在一定程度提供了救济，因此，对于个别关联交易或不当关联关系能够通过上述制度予以纠正的，应当优先在现有制度框架内解决。再次，企业之间的关联关系日益呈现出复杂性和多样性，针对不符合实质合并规则适用条件的关联企业破产案件，从促进企业集团整体债务危机的解决、提升资产整体处置效益等目标考虑，在保持法人人

格独立性的基础上，可以积极探索对关联企业破产案件集中审理或协调审理的方式，以促进破产程序公平高效进行。

（三）实质合并申请的审查与监督

人民法院对实质合并申请的审查，包括人民法院审查的程序方式和具体内容。就审查程序而言，由于实质合并规则的适用将对关联企业成员及部分债权人的利益产生重要影响，因此，基于破产程序的正当性要求以及权利保障的原则，《会议纪要》第33条要求法院在接到实质合并的申请后，应将申请事由及时通知被申请合并的关联企业及其出资人、已知债权人等利害关系人，并对外发布公告。该关联企业或利害关系人有权提出异议，法院应该组织相关人员进行听证，由申请人与异议人就是否应当适用实质合并规则提供证据并各自进行陈述，法院在此基础上对实质合并规则的适用条件进行实质审查并作出裁定。

关于法院审查的具体内容，一方面要审查适用实质合并破产的关联企业是否具有企业破产法第二条规定的破产原因，即关联企业成员应当分别或在整体上达到破产界限，另一方面，法院要对实质合并规则的适用条件进行审查，包括适用的主体资格、产生关联关系的具体行为方式、滥用关联关系导致的损害结果等内容。法院在审查时应当结合关联企业之间的利益关系，根据资产混同程度等法人人格混同的情形是否具有显著性、广泛性、持续性，实质合并规则的适用是否有助于债权人整体清偿水平的提升、增加重整成功几率等因素，综合进行判断。

由于对关联企业破产进行实质合并审理属于破产程序中的重要事项，因此，《会议纪要》要求法院无论是否进行实质合并审理，均应当以裁定的方式作出。对于法院裁定不受理实质合并破产的，参照企业破产法第十二条的规定，申请人可以提起上诉；对于法院裁定受理实质合并破产的，鉴于企业破产法没有规定对受理裁定的上诉程序，《会议纪要》亦不宜作出审级上的规定，但考虑该裁定对相关主体权利有重大影响，故《会议纪要》赋予相关主体向上一级法院申请复议的权利，最大程度兼顾当事人权利保护、程序效率、上一级法院监督三者的平衡。

（四）关联企业破产案件的管辖原则

根据《会议纪要》的规定，关联企业破产案件的审理应当根据关联关系的不同程度和模式，区别适用实质合并规则或协调审理的原则。对于适用实质合并规则审理的，《会议纪要》第35条规定，由关联企业中的核心控制企业所在地法院管辖。这主要是由于核心控制企业往往集中了关联企业的主要资产，并处于决策控制的最高层，由其所在地法院审理，有利于确保案件的审理效率、减少程序费用。如果无法识别或确认核心控制企业的，基于上述管辖原则，《会议纪要》规定由企业主要财产所在地法院管辖。由于关联企业关系复杂，如果多个法院之间对管辖权产生争议的，根据民事诉讼法第三十七条第二款的规定，在协商解决不了的情况下，应当报请共同的上级法院指定管辖。

协调审理主要适用于具备破产原因的多个关联企业之间，不存在法人人格高度混同等情形时，根据《会议纪要》第38条的规定，此时不得以程序便利为由适用实质合并规则进行审理，但可以通过程序协调的方式进行处理。具体的协调方式包括但不限于各受理法院和管理人之间建立有效的沟通和信息披露机制，协调债权申报和债权人会议召开的时间、财产处置案件审理进程等程序事项，从而提升破产案件的处理效率，减少破产费用，增加重整成功几率。此外，出于程序协调便利的考虑，受理法院可以综合考虑破产申请的先后顺序、成员负债规模大小、核心控制企业住所地等因素，按照民事诉讼法及其司法解释的规定，申请由上级法院指定一家法院集中管辖。

（五）关联企业破产审理的法律后果

实质合并规则以企业主体理论为主要理论基础，即认为如果关联企业之间关联关系足够密切，存在法人人格高度混同等情形，则应当将其作为一个整体来处理，从而实现整体上的公平和程序上的效率，因此，各关联企业成员的财产应当合并作为破产财产，各成员之间的债权债务由于主体合并而归于消灭，各成员的债权人以合并后资产按照法定顺序公平受偿。采用实质合并方式进行重整的，重整计划草案中应当制定统一的债权分类、债权调整和债权受偿方案，实现对债权债务清偿、经营方案制定、出资权益调整等事项的统一处理。就法律后果而言，适用实质合并规则进行破产清算的，由于破产清算的后果是企业债务人主体消灭，故破产清算程序终结后各关联企业成员均应予以注销；适用实质合并规则进行和解或重整的，基于关联企业经济上的整体性，原则上应当合并为一个企业；如果确有需要保持个别企业独立的，独立企业在实质和程序上应当符合法人人格独立的要求。

通过协调审理方式处理关联企业破产案件的，由于并未改变各关联企业成员法人人格的独立性，故其各自的债权债务关系、破产财产、债权人受偿比例等均应单独处理。此外，《会议纪要》借鉴衡平居次规则，对于关联企业之间不当利用关联关系形成的债权，尤其是对子公司有不当行为的母公司债权，规定应当劣后于其他普通债权顺序清偿，并据此否定其就其他关联企业所提供特定财产的优先受偿权。

对于关联企业破产问题的处理，既要考虑依法规制关联企业滥用关联关系、损害债权人利益和维护市场诚信的法治要求，也要兼顾保护企业发展的积极性、维护交易安全、促进关联企业发展的国情需要。各级人民法院要继续总结经验，规范和完善关联企业破产相关制度，充分发挥破产审判功能，服务经济高质量发展。

六、执行程序与破产程序衔接的困难与应对

(一) 执行转破产制度的意义与价值

执行转破产制度由2015年最高人民法院《关于适用〈中华人民共和国民事诉讼法〉的解释》(以下简称《民诉法解释》)所确立，2017年1月最高人民法院《关于执行案件移送破产审查若干问题的指导意见》(以下简称《指导意见》)予以较为系统地规定。该制度的设立与完善，主要考虑了如下几方面的因素：

1. 助力根本解决执行难。大量执行积案的存在是执行难的一个典型表现形式，其中相当一部分是被执行人为企业法人的案件。解决执行难，必须让确已无力清偿到期债务的企业法人通过破产程序尽快退出市场。对于执行转破产的制度价值，要从根本解决执行难的战略高度来认识与把握。

2. 缓解企业破产启动难。破产审判工作无论是对于供给侧结构改革、僵尸企业清理，还是市场主体退出机制理顺、现代市场体系完善，都具有不可替代的保障与促进功能，但是破产制度在实践中运行并不理想，执行程序中参与分配制度对于企业法人的扩大适用是导致破产制度运行不畅的重要因素之一。《民诉法解释》建立了执行转破产制度，同时明确排除参与分配制度对于企业法人的适用，目的在于通过对企业法人的执行适用按照查封顺序清偿债权规则，倒逼相关权利主体申请破产，或者同意执行移送破产。

3. 强制破产制度的替代。建立强制破产或者职权移送破产制度，能够更好地实现上述解决执行难与缓解破产启动难目的，但由于企业破产法规定企业法人的破产原则上只能有由债权人或债务人申请，该方案遇到现行法律的制约。为了恪守企业破产法的规定，《民诉法解释》最终作了目前的程序设计，即规定了先通过征得当事人同意再将执行案件移送破产的方式，来推动符合条件的案件进入破产程序。执行难与破产难是特定历史时期的产物，终究会随着相关制度的完善与整体意识的提升而解决。相应地，执行转破产也是一个过渡性、补充性的制度安排，但该制度在我国当下具有不可替代的重要作用。只要执行法院发挥主动性，做好征询、解释工作，并履行当事人同意后的及时移送义务，促进符合条件的案件进入破产程序，就能够最大程度地实现这一制度价值。

目前，对于执行转破产制度的意义，大家的认识并不统一。进一步深化各级法院对制度价值的认识，强调制度适用的基本要求，仍然是推动此项工作面临的首要任务。《会议纪要》“执行程序与破产程序的衔接”部分首先对此项工作的重要意义进行了强调。

(二) 执行转破产程序衔接的规范

执行转破产制度的运行，涉及执行与审判两个部门，程序的衔接尤其重

要。《民诉法解释》与《指导意见》对于程序衔接问题已经作了较为细致的规定，但是实践中还是屡生争议。《会议纪要》第 40 条、第 41 条对执行法院的审查告知义务、移送职责及执行法院与受移送法院之间的移送接收等关键程序节点予以规范。该部分需要注意以下几个问题：

第一，执行法院应注意征询后顺位查封普通债权人、劳动债权人的意见。根据《民诉法解释》第 516 条的规定，对于具备破产资格的企业法人，执行程序中应按照查封顺序来确定普通债权的受偿顺序。与之相比，破产程序中的普通债权按比例受偿规则对后顺位查封的普通债权人更具吸引力。企业破产法将劳动债权列为优先受偿的顺位，执行程序对此并无明确规定，因此破产程序对劳动债权人也更有优势。此外，尚未取得执行依据的债权人不属于执行程序的当事人，根据规定执行法院无法直接征询其意见，但如其申请进入执行程序参与分配财产，则应当在驳回申请的同时，告知其可以申请破产。

第二，关于执行法院需要释明法律后果的内容。执行法院需要释明的法律内容主要包括两方面：一是如不能进入破产程序，执行中就要适用《民诉法解释》第 516 条按查封顺序清偿债权的规则；二是进入破产程序后的债权受偿顺位规则、股东出资义务的加速到期等规则。

第三，关于执破衔接专门机构的设置问题。目前，有些地方法院成立了执破衔接专门机构，并在工作中发挥了一定的作用。《会议纪要》建议稿也曾借鉴该经验，尝试规定相关内容。讨论中，大家认为各地情况差异较大，且专门机构设置并非当前关键问题，不宜统一规定。《会议纪要》最终采纳了该意见。

（三）查封移转与争议处理

根据企业破产法与《指导意见》的相关规定，法院受理破产案件后，诉讼程序与执行程序中对债务人财产采取的查封、扣押、冻结措施应予解除，控制的财产应向破产受理法院移交。但实践中，因查封措施衔接引发的问题仍非常突出，《会议纪要》第 42 条对此予以回应。本条文适用中应注意以下问题：

第一，适用范围。虽然本条文在执行程序与破产程序衔接部分予以规定，但其适用于全部破产案件。只要法院受理的破产案件存在诉讼查封或者执行查封情形，均应适用本条文的规则。

第二，查封措施衔接的两种方式。现行法律规定，破产案件受理后，查封法院应解除针对债务人财产的查封措施并移交控制的财产，这是查封措施在执行与破产程序之间衔接的主要方式。实践中，在执行法院与破产受理法院为同一法院的情况下，为了减少查封程序的重复适用，避免查封衔接的繁琐与风险，有时也采用直接保留执行查封、不予变更查封手续的做法。本条文吸收该经验，增加规定了不解除查封、直接将查封财产处置权移转给破产受理法院的查封衔接方式。

第三，移送查封财产处置权的具体操作。借鉴执行程序中的做法，查封财产处置权移转的通常流程为：首先，破产受理法院发函要求查封法院将查封财产处置权移送；然后，查封法院不解除查封，出具移送执行函，将查封财产的处置权转移给破产受理法院，破产受理法院凭上述移送执行函实现对查封财产的处置。这种做法在执行程序中广泛存在。具体的程序衔接，可以参照最高人民法院《关于首先查封法院与优先债权执行法院处分查封财产有关问题的批复》的相关内容予以处理。

第四，诉讼与执行程序中的查封措施能否直接转化为破产程序中查封的问题。讨论中有人提出，可以借鉴诉讼查封自动转为执行查封的原理，规定破产案件受理后，诉讼查封与执行查封直接转化为破产受理法院的查封。但是一方面，执破程序转换与诉执程序转换在性质上并不相同。诉讼程序与执行程序是司法链条上前后承继的两个环节，诉执程序转换后通常不会发生逆转；执行程序与破产程序在司法链条上兼有并列与前后承继的双重关系，执破程序转换是从个别执行到概括执行的转化，是执行方式或者说权利实现方式的变更，如果破产程序受阻，还有恢复到执行程序的可能。另一方面，由于审判实践中难以避免主客场的问题，既存在执行法院该移送不移送的案例，也存在利用虚假破产来保护地方企业的情况，如果采用诉讼查封与执行查封直接转换为破产查封的方式，可能会导致查封秩序的混乱，进而破坏司法的权威。《会议纪要》最终未采纳该建议。

第五，争议的处理。实践中，破产受理法院与执行法院就查封衔接问题时常发生争议，如果不能通过协商沟通有效解决，可以根据《会议纪要》第 42 条第 2 款规定请求上级法院的破产审判庭与执行机构沟通协调。对于执行法院应当解除查封而拒不解除的情形，上级法院应依法予以纠正。

（四）信息系统的共享与联通

近几年，人民法院信息化建设成效显著，系统功能逐步完善。借助信息化建设的成果，能有效推动破产工作的顺利开展。《会议纪要》第 43 条对执行与破产程序的信息共享与系统联通问题予以规定。

本条包括两方面内容：一是破产受理法院利用执行查控系统的问题。执行程序中，通过“总对总”“点对点”两个执行查控系统能迅速而广泛地查找被执行人的财产，但破产程序中利用执行查控系统存在一定障碍。针对实践中的问题，最高人民法院周强院长在今年 4 月份给全国法院执行转破产工作推进会的批示中，站在推进执行转破产工作、打赢“基本解决执行难”这场硬仗的高度，再次强调了要加快实现执行与破产审判的无缝对接和资源共享。由于执行和破产并无本质区别，只不过一个是个别执行，一个是概括执行，因此信息资源上完全可以整合，以提高资源利用效率，避免重复建设。《会议纪要》第 43

条回应实践需要，明确规定了破产受理法院对于执行查控系统的使用权限和执行部门的配合义务。目前，最高人民法院民二庭、执行局、信息中心等部门正在共同研究为破产案件开通“总对总”执行查控系统过程中的具体问题。二是执行转破产案件的网上移送问题。案件通过网上移送效率高，责任明确，便于监督管理。《会议纪要》对此作出了明确规定。根据网络化办公的经验，系统功能的完善与人员习惯的培养互为因果，相互促进，实践中信息网络的软硬件建设与办案人员的培训引导应同步进行，缺一不可。

（五）考核与管理

当事人主动申请破产的动力不足，是执行转破产制度创设的直接原因。该制度的直接目的就是通过规定法院的释明与移送等职责与义务，改善当事人动力不足的问题，促进破产程序的启动。法院相关人员尤其是执行人员的工作积极性，对制度运行效果影响显著。通过强化考核与管理，提高法院相关人员的积极性，是促进执行转破产工作的有效手段。《会议纪要》第 44 条对此予以规定。

本条规定了如下两方面内容：一是考核问题。科学合理的考核机制能够充分发挥指挥棒作用，有效推动工作的开展。《会议纪要》起草过程中，大家对建立考核机制已经达成共识，认为考核机制的理想状态与最终目标是出台一套全国适用的考核指标体系，而且最高人民法院就此项工作已经开始调研。二是管理问题。《会议纪要》还规定要加强日常管理，对于不履行相关职责的行为，要予以公开通报、追究责任。目的在于通过管理与考核的配合，增强法院相关人员的动力，促进执行转破产工作乃至整个破产审判工作的开展。

（撰稿人：贺小荣　王富博　杜　军　葛洪涛　郁　琳）

（四）商事合同

最高人民法院
关于正确适用《中华人民共和国合同法》若干问题的解释（二） 服务党和国家的工作大局的通知

2009 年 4 月 27 日　　法〔2009〕165 号

各省、自治区、直辖市高级人民法院，解放军军事法院，新疆维吾尔自治区高级人民法院生产建设兵团分院：

《最高人民法院关于适用〈中华人民共和国合同法〉若干问题的解释(二)》（法释〔2009〕5 号）业经最高人民法院审判委员会第 1462 次会议讨论通过，现已公布。为保证各级人民法院严格适用该司法解释第二十六条的程序，特别是在当前正处于国际金融危机的情况下，充分发挥其在统一司法标准、保障和服务金融业健康稳定运行、保持经济平稳较快发展方面的积极作用，特通知如下：

一、进一步增强为大局服务的针对性和有效性

保持经济平稳较快发展是当前党和国家的工作大局。当前，国际金融危机的冲击还在蔓延，而且对实体经济的影响还可能进一步加深，保持经济平稳较快发展的任务异常艰巨。受国际金融危机快速蔓延和世界经济增长明显减速的影响，我国经济运行中出现的问题和合同履行困难都可能转化为各类案件进入司法领域，并给人民法院的审判工作尤其是合同纠纷案件的审判工作带来新的挑战。各级人民法院要紧紧围绕工作大局，充分发挥审判职能作用，在审判各种类型合同纠纷案件过程中，正确适用合同法及其司法解释，促进合同交易顺利进行，更加重视增强为大局服务的针对性和有效性，积极维护国家金融安全，增强司法服务的效果。越是在企业遇到困难的时候，越要重视发挥诉讼调解的作用。要着眼于从根本上化解合同纠纷，多做调解工作，在依法、自愿的前提下，努力争取案结事了，力求从源头上化解矛盾，为促进经济平稳较快发展创造良好司法环境。

二、严格适用《中华人民共和国合同法》若干问题的解释（二）第二十六条

为了因应经济形势的发展变化，使审判工作达到法律效果与社会效果的统一，根据民法通则、合同法规定的原则和精神，解释第二十六条规定：合同成立以后客观情况发生了当事人在订立合同时无法预见的、非不可抗力造成的不属于商业风险的重大变化，继续履行合同对于一方当事人明显不公平或者不能实现合同目的，当事人请求人民法院变更或者解除合同的，人民法院应当根据公平原则，并结合案件的实际情况确定是否变更或者解除。

对于上述解释条文，各级人民法院务必正确理解、慎重适用。如果根据案件的特殊情况，确需在个案中适用的，应当由高级人民法院审核。必要时应报请最高人民法院审核。

特此通知。

最高人民法院
印发《关于当前形势下审理民商事合同纠纷案件若干问题的指导意见》的通知

2009年7月7日　　　　法发〔2009〕40号

各省、自治区、直辖市高级人民法院，解放军军事法院，新疆维吾尔自治区高级人民法院生产建设兵团分院：

现将最高人民法院《关于当前形势下审理民商事合同纠纷案件若干问题的指导意见》印发给你们，请结合当地实际，认真贯彻落实。

附：

关于当前形势下审理民商事合同纠纷案件若干问题的指导意见

当前，因全球金融危机蔓延所引发的矛盾和纠纷在司法领域已经出现明显反映，民商事案件尤其是与企业经营相关的民商事合同纠纷案件呈大幅增长的态势；同时出现了诸多由宏观经济形势变化所引发的新的审判实务问题。人民法院围绕国家经济发展战略和“保增长、保民生、保稳定”要求，坚持“立足审判、胸怀大局、同舟共济、共克时艰”的指导方针，牢固树立为大局服务、为人民司法的理念，认真研究并及时解决这些民商事审判实务中与宏观经济形势变化密切相关的普遍性问题、重点问题，有效化解矛盾和纠纷，不仅是民商事审判部门应对金融危机工作的重要任务，而且对于维护诚信的市场交易秩序，保障公平法治的投资环境，公平解决纠纷，提振市场信心等具有重要意义。现就人民法院在当前形势下审理民商事合同纠纷案件中的若干问题，提出以下意见。

一、慎重适用情势变更原则，合理调整双方利益关系

1. 当前市场主体之间的产品交易、资金流转因原料价格剧烈波动、市场需求关系的变化、流动资金不足等诸多因素的影响而产生大量纠纷，对于部分当事人在诉讼中提出适用情势变更原则变更或者解除合同的请求，人民法院应当依据公平原则和情势变更原则严格审查。

2. 人民法院在适用情势变更原则时，应当充分注意到全球性金融危机和国内宏观经济形势变化并非完全是一个令所有市场主体猝不及防的突变过程，而是一个逐步演变的过程。在演变过程中，市场主体应当对于市场风险存在一定程度的预见和判断。人民法院应当依法把握情势变更原则的适用条件，严格审查当事人提出的“无法预见”的主张，对于涉及石油、焦炭、有色金属等市场属性活泼、长期以来价格波动较大的大宗商品标的物以及股票、期货等风险投资型金融产品标的物的合同，更要慎重适用情势变更原则。

3. 人民法院要合理区分情势变更与商业风险。商业风险属于从事商业活动的固有风险，诸如尚未达到异常变动程度的供求关系变化、价格涨跌等。情势变更是当事人在缔约时无法预见的非市场系统固有的风险。人民法院在判断某种重大客观变化是否属于情势变更时，应当注意衡量风险类型是否属于社会

一般观念上的事先无法预见、风险程度是否远远超出正常人的合理预期、风险是否可以防范和控制、交易性质是否属于通常的“高风险高收益”范围等因素，并结合市场的具体情况，在个案中识别情势变更和商业风险。

4. 在调整尺度的价值取向把握上，人民法院仍应遵循侧重于保护守约方的原则。适用情势变更原则并非简单地豁免债务人的义务而使债权人承受不利后果，而是要充分注意利益均衡，公平合理地调整双方利益关系。在诉讼过程中，人民法院要积极引导当事人重新协商，改订合同；重新协商不成的，争取调解解决。为防止情势变更原则被滥用而影响市场正常的交易秩序，人民法院决定适用情势变更原则作出判决的，应当按照最高人民法院《关于正确适用〈中华人民共和国合同法〉若干问题的解释（二）服务党和国家工作大局的通知》（法〔2009〕165 号）的要求，严格履行适用情势变更的相关审核程序。

二、依法合理调整违约金数额，公平解决违约责任问题

5. 现阶段由于国内宏观经济环境的变化和影响，民商事合同履行过程中违约现象比较突出。对于双方当事人在合同中所约定的过分高于违约造成损失的违约金或者极具惩罚性的违约金条款，人民法院应根据合同法第一百一十四条第二款和最高人民法院《关于适用〈中华人民共和国合同法〉若干问题的解释（二）》［以下简称《合同法解释（二）》］第二十九条等关于调整过高违约金的规定内容和精神，合理调整违约金数额，公平解决违约责任问题。

6. 在当前企业经营状况普遍较为困难的情况下，对于违约金数额过分高于违约造成损失的，应当根据合同法规定的诚实信用原则、公平原则，坚持以补偿性为主、以惩罚性为辅的违约金性质，合理调整裁量幅度，切实防止以意思自治为由而完全放任当事人约定过高的违约金。

7. 人民法院根据合同法第一百一十四条第二款调整过高违约金时，应当根据案件的具体情形，以违约造成的损失为基准，综合衡量合同履行程度、当事人的过错、预期利益、当事人缔约地位强弱、是否适用格式合同或条款等多项因素，根据公平原则和诚实信用原则予以综合权衡，避免简单地采用固定比例等“一刀切”的做法，防止机械司法而可能造成的实质不公平。

8. 为减轻当事人诉累，妥当解决违约金纠纷，违约方以合同不成立、合同未生效、合同无效或者不构成违约进行免责抗辩而未提出违约金调整请求的，人民法院可以就当事人是否需要主张违约金过高问题进行释明。人民法院要正确确定举证责任，违约方对于违约金约定过高的主张承担举证责任，非违约方主张违约金约定合理的，亦应提供相应的证据。合同解除后，当事人主张违约金条款继续有效的，人民法院可以根据合同法第九十八条的规定进行处理。

三、区分可得利益损失类型，妥善认定可得利益损失

9. 在当前市场主体违约情形比较突出的情况下，违约行为通常导致可得利益损失。根据交易的性质、合同的目的等因素，可得利益损失主要分为生产利润损失、经营利润损失和转售利润损失等类型。生产设备和原材料等买卖合同违约中，因出卖人违约而造成买受人的可得利益损失通常属于生产利润损失。承包经营、租赁经营合同以及提供服务或劳务的合同中，因一方违约造成的可得利益损失通常属于经营利润损失。先后系列买卖合同中，因原合同出卖方违约而造成其后的转售合同出售方的可得利益损失通常属于转售利润损失。

10. 人民法院在计算和认定可得利益损失时，应当综合运用可预见规则、减损规则、损益相抵规则以及过失相抵规则等，从非违约方主张的可得利益赔偿总额中扣除违约方不可预见的损失、非违约方不当扩大的损失、非违约方因违约获得的利益、非违约方亦有过失所造成的损失以及必要的交易成本。存在合同法第一百一十三条第二款规定的欺诈经营、合同法第一百一十四条第一款规定的当事人约定损害赔偿的计算方法以及因违约导致人身伤亡、精神损害等情形的，不宜适用可得利益损失赔偿规则。

11. 人民法院认定可得利益损失时应当合理分配举证责任。违约方一般应当承担非违约方没有采取合理减损措施而导致损失扩大、非违约方因违约而获得利益以及非违约方亦有过失的举证责任；非违约方应当承担其遭受的可得利益损失总额、必要的交易成本的举证责任。对于可以预见的损失，既可以由非违约方举证，也可以由人民法院根据具体情况予以裁量。

四、正确把握法律构成要件，稳妥认定表见代理行为

12. 当前在国家重大项目和承包租赁行业等受到全球性金融危机冲击和国内宏观经济形势变化影响比较明显的行业领域，由于合同当事人采用转包、分包、转租方式，出现了大量以单位部门、项目经理乃至个人名义签订或实际履行合同的情形，并因合同主体和效力认定问题引发表见代理纠纷案件。对此，人民法院应当正确适用合同法第四十九条关于表见代理制度的规定，严格认定表见代理行为。

13. 合同法第四十九条规定的表见代理制度不仅要求代理人的无权代理行为在客观上形成具有代理权的表象，而且要求相对人在主观上善意且无过失地相信行为人有代理权。合同相对人主张构成表见代理的，应当承担举证责任，不仅应当举证证明代理行为存在诸如合同书、公章、印鉴等有权代理的客观表象形式要素，而且应当证明其善意且无过失地相信行为人具有代理权。

14. 人民法院在判断合同相对人主观上是否属于善意且无过失时，应当结

合合同缔结与履行过程中的各种因素综合判断合同相对人是否尽到合理注意义务，此外还要考虑合同的缔结时间、以谁的名义签字、是否盖有相关印章及印章真伪、标的物的交付方式与地点、购买的材料、租赁的器材、所借款项的用途、建筑单位是否知道项目经理的行为、是否参与合同履行等各种因素，作出综合分析判断。

五、正确适用强制性规定，稳妥认定民商事合同效力

15. 正确理解、识别和适用合同法第五十二条第（五）项中的“违反法律、行政法规的强制性规定”，关系到民商事合同的效力维护以及市场交易的安全和稳定。人民法院应当注意根据《合同法解释（二）》第十四条之规定，注意区分效力性强制规定和管理性强制规定。违反效力性强制规定的，人民法院应当认定合同无效；违反管理性强制规定的，人民法院应当根据具体情形认定其效力。

16. 人民法院应当综合法律法规的意旨，权衡相互冲突的权益，诸如权益的种类、交易安全以及其所规制的对象等，综合认定强制性规定的类型。如果强制性规范规制的是合同行为本身即只要该合同行为发生即绝对地损害国家利益或者社会公共利益的，人民法院应当认定合同无效。如果强制性规定规制的是当事人的“市场准入”资格而非某种类型的合同行为，或者规制的是某种合同的履行行为而非某类合同行为，人民法院对于此类合同效力的认定，应当慎重把握，必要时应当征求相关立法部门的意见或者请示上级人民法院。

六、合理适用不安抗辩权规则，维护权利人合法权益

17. 在当前情势下，为敦促诚信的合同一方当事人及时保全证据、有效保护权利人的正当合法权益，对于一方当事人已经履行全部交付义务，虽然约定的价款期限尚未到期，但其诉请付款方支付未到期价款的，如果有确切证据证明付款方明确表示不履行给付价款义务，或者付款方被吊销营业执照、被注销、被有关部门撤销、处于歇业状态，或者付款方转移财产、抽逃资金以逃避债务，或者付款方丧失商业信誉，以及付款方以自己的行为表明不履行给付价款义务的其他情形的，除非付款方已经提供适当的担保，人民法院可以根据合同法第六十八条第一款、第六十九条、第九十四条第（二）项、第一百零八条、第一百六十七条等规定精神，判令付款期限已到期或者加速到期。

【链　　接】

妥善审理合同纠纷案件　维护市场正常交易秩序

——最高人民法院民二庭负责人就《关于当前形势下审理民商事合同纠纷案件若干问题的指导意见》答记者问

近日，最高人民法院发布了《关于当前形势下审理民商事合同纠纷案件若干问题的指导意见》(以下简称《指导意见》)。最高人民法院民二庭负责人在接受记者采访时表示，在当前形势下，认真研究并及时解决民商事审判实务中与宏观经济形势变化密切相关的普遍性问题、重点问题，有效化解矛盾和纠纷，不仅是民商事审判部门应对金融危机工作的重要任务，而且对于维护诚信的市场交易秩序，保障公平法治的投资环境，公平解决纠纷、提振市场信心等具有重大意义。

一、问：情势变更原则的适用是当前形势下人民法院审判实务中的热点问题，人民法院应当如何把握该原则？

答：金融危机形势下，企业之间的产品交易、资金流转因原料价格剧烈波动、市场需求关系的变化、流动资金不足等诸多因素的影响而产生大量纠纷，部分当事人在诉讼中提出适用情势变更原则变更或者解除合同的请求，如何妥善适用情势变更原则，成为当前商事审判中的热点和难点问题。

合同法的立法者考虑到不可抗力基本涵盖了情势变更，而且情势变更与商业风险难以区分，加之防止法官滥用，故未在合同法中规定情势变更原则。但合同法也未明文禁止适用该原则，因此，最高人民法院合同法解释（二）第26条规定了情势变更原则。《指导意见》对当前形势下情势变更原则的适用提出了更加具体的要求。审判实践中应当注意三个问题：

第一，关于对无法预见主张的审查。适用情势变更原则的关键要件之一是在合同成立之后出现了当事人缔约时无法预见的客观重大变化。需要注意的是，全球性金融危机和国内宏观经济形势变化并非完全是一个令所有市场主体猝不及防的突变过程，而主要是一个日益发展、逐步演变的过程。在该过程中，市场主体应当对于市场风险存在一定程度的预见和判断，在审判实务中对于当事人提出“无法预见”主张的，法院应慎重审查。在确定是否可预见时，应审查三个因素。其一，预见的时间。预见的时间应当是合同缔结之时。其二，预见的标准。该标准应为主观标准，即以遭受损失一方当事人的实际情况为准。其三，风险的承担。如果根据合同的性质可以确定当事人在缔约时能够预见情势变更或者自愿承担一定程度的风险，则自无运用情势变更之余地。例如，合同标的物是石油、焦炭、有色金属等市场属性活泼、长期以来价格波动较大的大宗商品或者是股票、期货等风险投资型金融产品，通常不宜适用情势变更原则。

第二，关于情势变更与商业风险的区分。情势变更与商业风险虽不易区分，但两者在风险的固有性、风险可预见性、风险的可归责性等方面并不相同。法院在衡量某种重大客观变化是否属于情势变更时，应注意考量风险类型是否属于社会一般观念上的预先无法预见、风险程度是否远远超出正常人的合理预期、风险是否可以防范和控制、交易性质是否属于通常的“高风险高收益”范围等因素，并结合市场具体情况，在个案中识别情势变更和商业风险。

第三，关于调整尺度的价值取向。如果当事人经过诚信地再交涉后仍然无法改订合同而请求人民法院变更或解除合同的，人民法院在利益衡量方面应当认识到，司法解释规定情势变更原则的适用并非单向地豁免债务人的义务而使债权人单方承受不利后果，而是要求人民法院应当充分注意利益均衡，公平合理地调整双方利益格局。在调整尺度的价值取向把握上，人民法院仍应遵循侧重于保护守约方的原则。

二、问：审判实务就如何对待合同中约定的过高违约金或者极具惩罚性的违约金条款存在较大争议，《指导意见》在违约金调整方面的精神是什么？

答：的确，审判实务对于过高违约金的调整规则存在较大争议，为此，合同法解释（二）第 29 条对此作出比较明确的规定。《指导意见》针对审判实务中的相关问题进一步提出意见，旨在依法合理调整违约金额，公平解决违约责任问题。对此，审判实践中应当主要把握三个问题：

第一，关于违约金的性质和调整的立法精神。关于违约金的性质，无论是民法理论界还是审判实务界，历来众说纷纭，莫衷一是，大致可以归纳为补偿说、惩罚说、双重说以及目的解释说等四种观点。合同法解释（二）和《指导意见》以及最高人民法院的相关判决均采纳“以赔偿性为主、赔偿性为辅”的双重性质说。人民法院在适用合同法第 114 条第 2 款调整过高的违约金数额时，应当注意准确把握该授权条款的立法本意和精神。合同自由并非绝对，需以合同正义予以规制，以防止违约金条款成为一方压榨另一方和获取暴利的工具。在金融危机中企业经营状况普遍较为困难的情况下，人民法院不能将违约金条款完全留待当事人约定，尤其是对数额过高的违约金条款，更是如此。如果任由当事人约定过高的违约金且以意思自治为由予以支持，在有些情况下，无异于鼓励当事人通过不正当的方式取得暴利，也可能促使一方为取得高额违约金而故意引诱对方违约。因此，人民法院可以根据当事人的请求依法对不合理的违约金数额进行调整，以维护民法的公平和诚实信用原则。

第二，关于衡量标准和因素的综合运用。人民法院依法调整过高的违约金时，应避免绝对地按照固定比例调整那种“一刀切”的简单做法，防止机械司法而造成的以偏概全、挂一漏万等的实质不公平结果。《指导意见》根据合同法解释（二）第29条规定精神，提出人民法院调整过高违约金时应当综合衡量多种因素。首先，“违约造成的损失”可谓衡量违约金是否过高的最基础、最重要的标准。其次，应考虑合同的履行程度。毋庸置疑，已经几近履行完毕的合同和尚未履行的合同，违约所造成的结果存在较大区别。再次，应考虑当事人的过错程度。违约方的恶意违约还是过失违约，直接决定违约金的补偿性和惩罚性功能的此消彼长。最后，人民法院应考虑当事人缔约时对可得利益损失的预见、当事人之间的缔约地位是否平等、是否适用格式合同条款、是否存在过失相抵、减损规则以及损益相抵规则等因素，根据诚实信用原则和公平原则，结合案件的实际情况，综合衡量。

第三，关于法官释明权的行使。审判实践表明，对于在守约方提起的违约之诉中，违约方通常以合同不成立、合同不生效、合同无效或者不构成违约进行免责抗辩而未提出违约金调整请求的情形，人民法院可以就违约金是否过高的问题进行释明，即假设违约成立，是否认为违约金过高。对于已经向违约方进行释明但违约方坚持不提出调整违约金请求的，人民法院应当遵循民法意思自治原则，一般不予主动调整。

三、问：审判实务中对可得利益损失如何认定见仁见智，判法不一。《指导意见》在认定可得利益损失方面有何精神？

答：违约行为通常会产生可得利益损失。多年来，由于相关认定规则比较模糊并难以把握，不少法官在判决中并不支持可得利益损失。为此，《指导意见》根据审判实践经验和调研成果，对此提出具有可操作性的指导意见。适用时应当注意把握三个问题：

第一，关于可得利益损失类型的区分。根据交易的性质、合同的目的等因素，可得利益损失主要分为生产利润损失、经营利润损失和转售利润损失等三种类型。生产设备和原材料等买卖合同违约中，因出卖人违约而造成买受人的可得利益损失通常属于生产利润损失。承包经营、租赁经营合同以及提供服务或劳务的合同中，因一方违约造成的可得利益损失通常属于经营利润损失。先后系列买卖合同中，因原合同出卖方违约而造成其后的转售合同出售方的可得利益损失通常属于转售利润损失。

第二，关于四个认定规则的适用。人民法院在计算和认定可得利益损失时，应当综合运用合同法第 113 条第 1 款规定的可预见规则、合同法第 119 条规定的减损规则、以及损益相抵规则和过失相抵规则等，从非违约方主张的可得利益赔偿总额中扣除违约方不可预见的损失、非违约方不当扩大的损失、非违约方因违约获得的利益、非违约方亦有过失所造成的损失以及必要的交易成本。但在以下三种情形中，不宜适用上述认定规则。其一，在合同法第 113 条第 2 款规定的欺诈经营情形，应当适用消费者权益保护法；其二，在合同法第 114 条第 1 款规定的当事人约定损害赔偿的计算方法情形中，应当按照当事人约定的计算方法认定；其三，因违约导致人身伤亡、精神损害等情形，应当适用侵权行为法则。

第三，关于合理确定举证责任。为了保障认定规则的实务操作性，《指导意见》提出举证责任的确定规则。即违约方一般应当承担非违约方没有采取合理减损措施而导致损失扩大、非违约方因违约而获得利益、以及非违约方亦有过失的举证责任；非违约方应当承担其遭受的可得利益损失总额、必要的交易成本的举证责任。对于可以预见的损失，既可以由非违约方举证，也可以由人民法院根据具体情况予以裁量。

四、问：表见代理制度可谓合同纠纷案件审判实务中长期以来争论较大的问题，《指导意见》在该制度适用方面的精神是什么？

答：当前形势下，在国家重大项目和承包租赁行业等受到全球性金融危机冲击和国内宏观经济形势变化影响比较明显的行业领域，由于合同当事人采用转包、分包、转租方式，出现了大量以单位部门、项目经理乃至个人名义实际履行合同的情形，并因合同主体和效力认定问题引发表见代理纠纷案件。鉴于表见代理属于市场交易法则中极其例外的情形，为维护正常的市场交易秩序，《指导意见》对于表见代理制度适用的主要精神是严格认定其构成要件。人民法院要注意两个问题：

第一，关于“有理由相信”的理解。根据合同法第 49 条的规定，构成表见代理行为不仅要求代理人的无权代理行为在客观上形成具有代理权的表象，而且要求相对人在主观上有理由相信行为人有代理权。《指导意见》认为“有理由相信”是指合同相对人善意且无过失地相信行为人有代理权，即相对人在不知道行为人无代理权方面不存在疏忽或懈怠，并为此承担举证责任。

第二，关于表见代理的综合认定。《指导意见》根据多年的审判经验提出，人民法院在判断合同相对人主观上是否属于善意且无过失时，应当结合合同缔结与履行过程中的各种因素综合判断合同相对人是否尽到合理注意义务，此外还要考虑合同的出具时间、以谁的名义签字、是否盖有相关印章及印章真伪、标的物的交付方式与地点、购买的材料、租赁的器材、所借款项的用途、建筑单位是否知道项目经理的行为、是否参与合同履行等各种因素，作出综合分析判断。

五、问：如何理解和适用合同法第52条第5项规定“强制性规定”，在审判实务中见仁见智。《指导意见》对该问题的指导精神是什么？

答：强行性规范通常以“应当”“必须”“不得”等用语提醒当事人必须严格遵守而不得随意以协议交易改变，但由于文字表义的局限性，立法者在制定法律法规条文时，其所使用的文字常常背离其立法意旨；因此，在合同的有效和无效取决于一个法律条文是否属于强行性规范时，如果法官仅仅以条文的措辞或用语作为区分或判断标准，是远远不够的，甚至在许多情况下是相当危险的。

近年来，理论界和实务界对强制性规定的分类进行探讨，并形成效力性强制性规定与管理性强制性规定之区分及其不同效力影响之认识。目前形成的共识是：强制性规定区分为效力性强制规定和管理性强制规定，违反效力性强制规定，合同无效；违反管理性强制规定，合同未必无效。在国内经济形势发生变化的情形下，最高人民法院合同法解释（二）第14条据此作出一个原则性和理念性的规定：“《合同法》第52条第5项规定的‘强制性规定’是指效力性强制性规定”。这意味着，司法解释将法律、行政法规的强制性规定作出效力性和管理性之区分，法院不得仅以违反管理性强制性规定为由认定合同无效。

该区分原则的理论基础在于：效力性强制规范着重于违反行为之法律行为的价值，以否认其法律效力为目的，违反效力性强制规范的，合同应被认定无效；而管理性强制规范着重于违反行为之事实行为价值，以禁止其行为为目的，违反管理性强制规范的，合同未必无效。最高人民法院在近几年的一些请示答复和司法解释中已运用该区分原则，如法经（2000）27号请示答复就是对违反《商业银行法》第39条第4项管理性强制规范的解答；再如，对于违反规定《城市房地产管理法》第37条第1项和第38条第1款规定的商品房预售合同，法经（2003）7号并未认定合同无效，而是规定在起诉前预售人取得商品房预售许可证的，可以认定预售合同有效。《指导意见》为保障国民经济又好又快发展，鼓励增加社会财富，防止因合同效力的不当认定而中断交易链条，进一步提出，人民法院应综合法律法规的意旨，权衡相互冲突的权益诸如权益的种类、交易安全以及其所规制的对象等综合认定强制性规定的类型。如果强制性规范规制的是合同行为本身即只要该合同行为发生即绝对地损害国家利益或者社会公共利益的，应当认定合同无效。如果强制性规定规制的是当事人的“市场准入”资格而非某种类型的合同行为，或者规制的是某种合同的履行行为而非某类合同行为，此类合同未必绝对无效。人民法院在把握不准时，应当征求相关立法部门的意见或者请示上级法院。

六、问：在当前形势下，为防止合同欺诈、保障权利人的合法权利，《指导意见》提出哪些措施？

答：在市场经济条件下，大多数双务合同的订立和履行均非同时进行。尤其是在动产的交易实务中，标的物先行交付、价款于日后另行交付的交易安排占据压倒性的多数。在当前形势下，由于信用的不安等诸多因素引发了深刻的法律问题，直接危及权利人合法权益的保护。为此，《指导意见》结合当前形势，根据合同法第68条等规定，对不安抗辩权的适用提出具体指导意见，以敦促诚信的合同一方当事人及时保全证据，进而有效保护权利人的正当合法权益。具体而言，对于一方当事人已经履行全部交付义务，虽然约定的价款期限尚未到期，但其诉请付款方支付未到期价款的，如果有确切证据证明付款方明确表示不履行给付价款义务，或者付款方被吊销营业执照、被注销、被有关部门撤销、处于歇业状态，或者付款方转移财产、抽逃资金以逃避债务，或者付款方丧失商业信誉，或者付款方以自己的行为表明不履行给付价款义务的其他情形的，除非付款方已经提供适当的担保，否则人民法院可以根据合同法第68条第1款、第69条、第94条第（二）项、第108条、第167条等规定精神，判令付款期限已到期或者加速到期。

（五）不良资产转让

最高人民法院
关于国有金融资产管理公司处置国有商业银行不良资产案件交纳诉讼费用的通知

2001 年 10 月 25 日　　　　法〔2001〕156 号

各省、自治区、直辖市高级人民法院，新疆维吾尔自治区高级人民法院生产建设兵团分院：

近来，各级人民法院陆续依法受理了一批华融、长城、信达、东方等四家国有金融资产管理公司处置国有商业银行剥离的不良资产的案件。据国务院有关部门反映，涉及四家国有资产管理公司的此类案件数量多、标的大，所需交纳的诉讼费用数额也很大，要求适当给予减免。为了支持国家金融体制改革，防止国有资产流失，减轻国有资产管理公司在处置国有商业银行不良资产过程中的费用负担，使这部分不良资产得以尽快依法处置，现对审理此类案件交纳的诉讼费用等问题通知如下：

一、凡属上述金融资产管理公司为处置国有商业银行不良资产提起诉讼（包括上诉和申请执行）的案件，其案件受理费、申请执行费和申请保全费，按照《人民法院诉讼收费办法》的规定计算，减半交纳。

二、上述案件中，金融资产管理公司申请财产保全的，依照《最高人民法院关于审理涉及金融资产管理公司收购、管理、处置国有银行不良贷款形成的资产的案件适用法律若干问题的规定》（法释〔2001〕12 号）第五条的规定执行。

三、对于诉讼过程中所实际支出的诉讼费用，以及按照《〈人民法院诉讼收费办法〉补充规定》的规定应向当事人收取的差旅费等费用，各级人民法院要严格按照实际发生的项目和金额收取。

四、各级人民法院要严格执行上述规定，不得擅自提高收费标准，改变计费方式以及违反规定加收诉讼活动费、执行活动费等其他费用。

五、本通知规定的事项自下发之日起实行，至 2006 年 2 月 28 日废止。本通知下发之前已经受理的案件，所收取的诉讼费用不予退回。人民法院过去处理这类案件，已决定同意当事人缓交的，超出本通知规定限额的部分不再追收。

最高人民法院
对《关于贯彻执行最高人民法院“十二条”司法解释有关问题的函》的答复

2002年1月7日　　　　法函〔2002〕3号

信达、华融、长城、东方资产管理公司：

你们于2001年10月15日发出的“信总报〔2001〕64号”关于贯彻执行最高人民法院“十二条”司法解释有关问题的函收悉。经研究，现就函中所提出问题答复如下：

依据我院《关于审理涉及金融资产管理公司收购、管理、处置国有银行不良贷款形成的资产的案件适用法律若干问题的规定》（以下简称《规定》）第十条规定，为了最大限度地保全国有资产，金融资产管理公司在全国或省级有影响的报纸上发布的有催收内容的债权转让公告或通知所构成的诉讼时效中断，可以溯及至金融资产管理公司受让原债权银行债权之日；金融资产管理公司对已承接的债权，可以在上述报纸上以发布催收公告的方式取得诉讼时效中断（主张权利）的证据。关于涉及资产管理公司清收不良资产的诉讼案件，其“管辖问题”应按《规定》执行。

最高人民法院
关于金融资产管理公司收购、处置银行不良资产有关问题的补充通知

2005年5月30日　　法〔2005〕62号

各省、自治区、直辖市高级人民法院，新疆维吾尔自治区高级人民法院生产建设兵团分院：

为了深化金融改革，规范金融秩序，本院先后下发了《关于审理涉及金融资产管理公司收购、管理、处置国有银行不良贷款形成的资产的案件适用法律若干问题的规定》、《关于贯彻执行最高人民法院“十二条”司法解释有关问题的函的答复》和《关于国有金融资产管理公司处置国有商业银行不良资产案件交纳诉讼费用的通知》。最近，根据国务院关于国有独资商业银行股份制改革的总体部署，中国信达资产管理公司收购了中国银行、中国建设银行和交通银行剥离的不良资产。为了维护金融资产安全，降低不良资产处置成本，现将审理金融资产管理公司在收购、处置不良资产发生的纠纷案件的有关问题补充通知如下：

一、国有商业银行（包括国有控股银行）向金融资产管理公司转让不良贷款，或者金融资产管理公司受让不良贷款后，通过债权转让方式处置不良资产的，可以适用本院发布的上述规定。

二、国有商业银行（包括国有控股银行）向金融资产管理公司转让不良贷款，或者金融资产管理公司收购、处置不良贷款的，担保债权同时转让，无须征得担保人的同意，担保人仍应在原担保范围内对受让人继续承担担保责任。担保合同中关于合同变更需经担保人同意的约定，对债权人转让债权没有约束力。

三、金融资产管理公司转让、处置已经涉及诉讼、执行或者破产等程序的不良债权时，人民法院应当根据债权转让协议和转让人或者受让人的申请，裁定变更诉讼或者执行主体。

最高人民法院
印发《关于审理涉及金融不良债权转让案件工作座谈会纪要》的通知

2009 年 3 月 30 日　　　　法发〔2009〕19 号

各省、自治区、直辖市高级人民法院，解放军军事法院，新疆维吾尔自治区高级人民法院生产建设兵团分院：

为认真落实中央关于研究解决金融不良债权转让过程中国有资产流失问题的精神，统一思想，明确任务，依法公正妥善地审理涉及金融不良债权转让案件，防止国有资产流失，保障金融不良债权处置工作的顺利进行，维护和促进社会和谐稳定，维护社会公共利益和相关当事人的合法权益，最高人民法院商有关部门形成了《关于审理涉及金融不良债权转让案件工作座谈会纪要》，现印发给你们，请结合审判工作实际，遵照执行。

各高级人民法院，特别是不良债权转让纠纷案件数量较多、标的额较大、影响较大地区的高级人民法院，要加强对有关案件审判、执行工作的调研指导，发现新情况、新问题的，应当及时报告最高人民法院。

附：

关于审理涉及金融不良债权转让案件工作座谈会纪要

为了认真落实中央关于研究解决金融不良债权转让过程中国有资产流失问题的精神，统一思想，明确任务，依法妥善公正地审理涉及金融不良债权转让案件，防止国有资产流失，保障金融不良债权处置工作的顺利进行，维护和促进社会和谐稳定，最高人民法院邀请全国人大常委会法制工作委员会、中共中央政法委员会、国务院法制办公室、财政部、国务院国有资产监督管理委员会、中国银行业监督管理委员会、中国人民银行和审计署等单位，于 2008 年 10 月 14 日在海南省海口市召开了全国法院审理金融不良债权转让案件工作座谈会。各省、自治区、直辖市高级人民法院和解放军军事法院以及新疆维吾尔自治区高级人民法院生产建设兵团分院主管民商审判工作的副院长、相关审判庭的负责同志参加了座谈会。与会同志通过认真讨论，就关于审理涉及金融不良债权转让案件的主要问题取得了一致的看法。现纪要如下：

一、关于审理此类案件应遵循的原则

会议认为，此类案件事关金融不良资产处置工作的顺利进行，事关国有资产保护，事关职工利益保障和社会稳定。因此，人民法院必须高度重视此类案件，并在审理中注意坚持以下原则：

（一）坚持保障国家经济安全原则。民商事审判工作是国家维护经济秩序、防范和化解市场风险、维护国家经济安全的重要手段。全国法院必须服从和服务于国家对整个国民经济稳定和国有资产安全的监控，从中央政策精神的目的出发，以民商事法律、法规的基本精神为依托，本着规范金融市场、防范金融风险、维护金融稳定、保障经济安全的宗旨，依法公正妥善地审理此类纠纷案件，确保国家经济秩序稳定和国有资产安全。

（二）坚持维护企业和社会稳定原则。金融不良资产的处置，涉及企业重大经济利益。全国法院要进一步强化政治意识、大局意识、责任意识和保障意识，从维护国家改革、发展和稳定的大局出发，依法公正妥善地审理好此类纠纷案件，切实防止可能引发的群体性、突发性和恶性事件，切实做到“化解矛盾、理顺关系、安定人心、维护秩序”。

（三）坚持依法公正和妥善合理的原则。人民法院在审理此类案件中，要将法律条文规则的适用与中央政策精神的实现相结合，将坚持民商法的意思自治、平等保护等理念与国家经济政策、金融市场监管和社会影响等因素相结合，正确处理好保护国有资产、保障金融不良资产处置工作顺利进行、维护企业和社会稳定的关系，做到统筹兼顾、妥善合理，确保依法公正与妥善合理的统一，确保审判的法律效果和社会效果统一。

（四）坚持调解优先、调判结合的原则。为了避免矛盾激化，维护社会稳定，平衡各方利益，人民法院在诉讼中应当向当事人充分说明国家的政策精神，澄清当事人对法律和政策的模糊认识。坚持调解优先，积极引导各方当事人本着互谅互让的精神进行协商，尽最大可能采用调解的方式解决纠纷。如果当事人不能达成和解，人民法院要根据相关法律法规以及本座谈会纪要（以下简称《纪要》）进行妥善公正的审理。

二、关于案件的受理

会议认为，为确保此类案件得到公正妥善的处理，凡符合民事诉讼法规定的受理条件及《纪要》有关规定精神涉及的此类案件，人民法院应予受理。不良债权已经剥离至金融资产管理公司又被转让给受让人后，国有企业债务人知道或者应当知道不良债权已经转让而仍向原国有银行清偿的，不得对抗受让人对其提起的追索之诉，国有企业债务人在对受让人清偿后向原国有银行提起返还不当得利之诉的，人民法院应予受理；国有企业债务人不知道不良债权已经转让而向原国有银行清偿的，可以对抗受让人对其提起的追索之诉，受让人向国有银行提起返还不当得利之诉的，人民法院应予受理。

受让人在对国有企业债务人的追索诉讼中，主张追加原国有银行为第三人的，人民法院不予支持；在《纪要》发布前已经终审或者根据《纪要》做出终审的，当事人根据《纪要》认为生效裁判存在错误而申请再审的，人民法院不予支持。

案件存在下列情形之一的，人民法院不予受理：（一）金融资产管理公司与国有银行就政策性金融资产转让协议发生纠纷起诉到人民法院的；（二）债权人向国家政策性关闭破产的国有企业债务人主张清偿债务的；（三）债权人向已列入经国务院批准的全国企业政策性关闭破产总体规划并拟实施关闭破产的国有企业债务人主张清偿债务的；（四）《纪要》发布前，受让人与国有企业债务人之间的债权债务关系已经履行完毕，优先购买权人或国有企业债务人提起不良债权转让合同无效诉讼的；（五）受让人自金融资产管理公司受让不良债权后，以不良债权存在瑕疵为由起诉原国有银行的；（六）国有银行或金融资产管理公司转让享受天然林资源保护工程政策的国有森工企业不良债权而引发受让人向森工企业主张债权的（具体详见《天然林资源保护区森工企业金融机构债务免除申请表》名录）；（七）在不良债权转让合同无效之诉中，国有企业债务人不能提供相应担保或者优先购买权人放弃优先购买权的。

三、关于债权转让生效条件的法律适用和自行约定的效力

会议认为，不良债权成立在合同法施行之前，转让于合同法施行之后的，该债权转让对债务人生效的条件应适用合同法第八十条第一款的规定。

金融资产管理公司受让不良债权后，自行与债务人约定或重新约定诉讼管辖的，如不违反法律规定，人民法院应当认定该约定有效。金融资产管理公司在不良债权转让合同中订有禁止转售、禁止向国有银行、各级人民政府、国家机构等追偿、禁止转让给特定第三人等要求受让人放弃部分权利条款的，人民法院应认定该条款有效。国有银行向金融资产管理公司转让不良债权，或者金融资产管理公司收购、处置不良债权的，担保债权同时转让，无须征得担保人的同意，担保人仍应在原担保范围内对受让人继续承担担保责任。担保合同中关于合同变更需经担保人同意或者禁止转让主债权的约定，对主债权和担保权利转让没有约束力。

四、关于地方政府等的优先购买权

会议认为，为了防止在通过债权转让方式处置不良债权过程中发生国有资产流失，相关地方人民政府或者代表本级人民政府履行出资人职责的机构、部门或者持有国有企业债务人国有资本的集团公司可以对不良债权行使优先购买权。

金融资产管理公司向非国有金融机构法人转让不良债权的处置方案、交易条件以及处置程序、方式确定后，单笔（单户）转让不良债权的，金融资产管理公司应当通知国有企业债务人注册登记地的优先购买权人。以整体“资产包”的形式转让不良债权的，如资产包中主要债务人注册登记地属同一辖区，应当通知该辖区的优先购买权人；如资产包中主要债务人注册登记地属不同辖区，应当通知主要债务人共同的上级行政区域的优先购买权人。

按照确定的处置方案、交易条件以及处置程序、方式，上述优先购买权人在同等条件下享有优先购买权。优先购买权人收到通知后明确表示不予购买或者在收到通知之日起三十日内未就是否行使优先购买权做出书面答复，或者未在公告确定的拍卖、招标日之前做出书面答复或者未按拍卖公告、招标公告的规定时间和条件参加竞拍、竞标的，视为放弃优先购买权。

金融资产管理公司在《纪要》发布之前已经完成不良债权转让，上述优先购买权人主张行使优先购买权的，人民法院不予支持。

债务人主张优先购买不良债权的，人民法院不予支持。

五、关于国有企业的诉权及相关诉讼程序

会议认为，为避免当事人滥用诉权，在受让人向国有企业债务人主张债权的诉讼中，国有企业债务人以不良债权转让行为损害国有资产等为由，提出不良债权转让合同无效抗辩的，人民法院应告知其向同一人民法院另行提起不良债权转让合同无效的诉讼；国有企业债务人不另行起诉的，人民法院对其抗辩不予支持。国有企业债务人另行提起不良债权转让合同无效诉讼的，人民法院应中止审理受让人向国有企业债务人主张债权的诉讼，在不良债权转让合同无效诉讼被受理后，两案合并审理。国有企业债务人在二审期间另行提起不良债权转让合同无效诉讼的，人民法院应中止审理受让人向国有企业债务人主张债权的诉讼，在不良债权转让合同无效诉讼被受理且做出一审裁判后再行审理。

国有企业债务人提出的不良债权转让合同无效诉讼被受理后，对于受让人的债权系直接从金融资产管理公司处受让的，人民法院应当将金融资产管理公司和受让人列为案件当事人；如果受让人的债权系金融资产管理公司转让给其他受让人后，因该受让人再次转让或多次转让而取得的，人民法院应当将金融

资产管理公司和该转让人以及后手受让人列为案件当事人。

六、关于不良债权转让合同无效和可撤销事由的认定

会议认为，在审理不良债权转让合同效力的诉讼中，人民法院应当根据合同法和《金融资产管理公司条例》等法律法规，并参照国家相关政策规定，重点审查不良债权的可转让性、受让人的适格性以及转让程序的公正性和合法性。金融资产管理公司转让不良债权存在下列情形的，人民法院应当认定转让合同损害国家利益或社会公共利益或者违反法律、行政法规强制性规定而无效。（一）债务人或者担保人为国家机关的；（二）被有关国家机关依法认定为涉及国防、军工等国家安全和敏感信息的以及其他依法禁止转让或限制转让情形的；（三）与受让人恶意串通转让不良债权的；（四）转让不良债权公告违反《金融资产管理公司资产处置公告管理办法（修订）》规定，对依照公开、公平、公正和竞争、择优原则处置不良资产造成实质性影响的；（五）实际转让的资产包与转让前公告的资产包内容严重不符，且不符合《金融资产管理公司资产处置公告管理办法（修订）》规定的；（六）根据有关规定应经合法、独立的评估机构评估，但未经评估的；或者金融资产管理公司与评估机构、评估机构与债务人、金融资产管理公司和债务人以及三方之间恶意串通，低估、漏估不良债权的；（七）根据有关规定应当采取公开招标、拍卖等方式处置，但未公开招标、拍卖的；或者公开招标中的投标人少于三家（不合三家）的；或者以拍卖方式转让不良债权时，未公开选择有资质的拍卖中介机构的；或者未依照《中华人民共和国拍卖法》的规定进行拍卖的；（八）根据有关规定应当向行政主管部门办理相关报批或者备案、登记手续而未办理，且在一审法庭辩论终结前仍未能办理的；（九）受让人为国家公务员、金融监管机构工作人员、政法干警、金融资产管理公司工作人员、国有企业债务人管理人员、参与资产处置工作的律师、会计师、评估师等中介机构等关联人或者上述关联人参与的非金融机构法人的；（十）受让人与参与不良债权转让的金融资产管理公司工作人员、国有企业债务人或者受托资产评估机构负责人员等有直系亲属关系的；（十一）存在其他损害国家利益或社会公共利益的转让情形的。

在金融资产管理公司转让不良债权后，国有企业债务人有证据证明不良债权根本不存在或者已经全部或部分归还而主张撤销不良债权转让合同的，人民法院应当撤销或者部分撤销不良债权转让合同；不良债权转让合同被撤销或者部分撤销后，受让人可以请求金融资产管理公司承担相应的缔约过失责任。

七、关于不良债权转让无效合同的处理

会议认为，人民法院认定金融不良债权转让合同无效后，对于受让人直接

从金融资产管理公司受让不良债权的，人民法院应当判决金融资产管理公司与受让人之间的债权转让合同无效；受让人通过再次转让而取得债权的，人民法院应当判决金融资产管理公司与转让人、转让人与后手受让人之间的系列债权转让合同无效。债权转让合同被认定无效后，人民法院应当按照合同法的相关规定处理；受让人要求转让人赔偿损失，赔偿损失数额应以受让人实际支付的价金之利息损失为限。相关不良债权的诉讼时效自金融不良债权转让合同被认定无效之日起重新计算。

金融资产管理公司以整体“资产包”的形式转让不良债权中出现单笔或者数笔债权无效情形、或者单笔或数笔不良债权的债务人为非国有企业，受让人请求认定合同全部无效的，人民法院应当判令金融资产管理公司与转让人之间的资产包债权转让合同无效；受让人请求认定已履行或已清结部分有效的，人民法院应当认定尚未履行或尚未清结部分无效，并判令受让人将尚未履行部分或尚未清结部分返还给金融资产管理公司，金融资产管理公司不再向受让人返还相应价金。

八、关于举证责任分配和相关证据的审查

会议认为，人民法院在审查不良债权转让合同效力时，要加强对不良债权转让合同、转让标的、转让程序以及相关证据的审查，尤其是对受让人权利范围、受让人身份合法性以及证据真实性的审查。不良债权转让合同中经常存在诸多限制受让人权利范围的条款，人民法院应当要求受让人向法庭披露不良债权转让合同以证明其权利合法性和权利范围。受让人不予提供的，人民法院应当责令其提供；受让人拒不提供的，应当承担举证不能的法律后果。人民法院在对受让人身份的合法性以及是否存在恶意串通等方面存在合理怀疑时，应当根据最高人民法院《关于民事诉讼证据的若干规定》及时合理地分配举证责任；但人民法院不得仅以不良债权出让价格与资产账面额之间的差额幅度作为引起怀疑的证据，而应当综合判断。对当事人伪造或变造借款合同、担保合同、借款借据、修改缔约时间和债务人还贷时间以及产生诉讼时效中断证据等情形的，人民法院应当严格依据相关法律规定予以制裁。

九、关于受让人收取利息的问题

会议认为，受让人向国有企业债务人主张利息的计算基数应以原借款合同本金为准；受让人向国有企业债务人主张不良债权受让日之后发生的利息的，人民法院不予支持。但不良债权转让合同被认定无效的，出让人在向受让人返还受让款本金的同时，应当按照中国人民银行规定的同期定期存款利率支付利息。

十、关于诉讼或执行主体的变更

会议认为，金融资产管理公司转让已经涉及诉讼、执行或者破产等程序的不良债权的，人民法院应当根据债权转让合同以及受让人或者转让人的申请，裁定变更诉讼主体或者执行主体。在不良债权转让合同被认定无效后，金融资产管理公司请求变更受让人为金融资产管理公司以通过诉讼继续追索国有企业债务人的，人民法院应予支持。人民法院裁判金融不良债权转让合同无效后当事人履行相互返还义务时，应从不良债权最终受让人开始逐一与前手相互返还，直至完成第一受让人与金融资产管理公司的相互返还。后手受让人直接对金融资产管理公司主张不良债权转让合同无效并请求赔偿的，人民法院不予支持。

十一、关于既有规定的适用

会议认为，国有银行向金融资产管理公司转让不良债权，或者金融资产管理公司受让不良债权后，通过债权转让方式处置不良资产的，可以适用最高人民法院《关于审理金融资产管理公司收购、管理、处置国有银行不良贷款形成的资产的案件适用法律若干问题的规定》、《关于贯彻执行最高人民法院“十二条”司法解释有关问题的函的答复》、《关于金融资产管理公司收购、管理、处置银行不良资产有关问题的补充通知》和《关于国有金融资产管理公司处置国有商业银行不良资产案件交纳诉讼费用的通知》。受让人受让不良债权后再行转让的，不适用上述规定，但受让人为相关地方人民政府或者代表本级人民政府履行出资人职责的机构、部门或者持有国有企业债务人国有资本的集团公司除外。

国有银行或者金融资产管理公司根据《关于贯彻执行最高人民法院“十二条”司法解释有关问题的函的答复》的规定，在全国或省级有影响的报纸上发布有催收内容的债权转让通知或公告的，该公告或通知之日应为诉讼时效的实际中断日，新的诉讼时效应自此起算。上述公告或者通知对保证合同诉讼时效发生同等效力。

十二、关于《纪要》的适用范围

会议认为，在《纪要》中，国有银行包括国有独资商业银行、国有控股商业银行以及国有政策性银行；金融资产管理公司包括华融、长城、东方和信达等金融资产管理公司和资产管理公司通过组建或参股等方式成立的资产处置联合体。国有企业债务人包括国有独资和国有控股的企业法人。受让人是指非金融资产管理公司法人、自然人。不良债权转让包括金融资产管理公司政策性和商业性不良债权的转让。政策性不良债权是指1999年至2000年上述四家金融资产管理公司在国家统一安排下通过再贷款或者财政担保的商业票据形式支付收购成本从中国银行、中国农业银行、中国建设银行、中国工商银行以及国家开发银行收购的不良债权；商业性不良债权是指2004年至2005年上述四家金融资产管理公司在政府主管部门主导下从交通银行、中国银行、中国建设银行和中国工商银行收购的不良债权。

《纪要》的内容和精神仅适用于在《纪要》发布之后尚在一审或者二审阶段的涉及最初转让方为国有银行、金融资产管理公司通过债权转让方式处置不良资产形成的相关案件。人民法院依照审判监督程序决定再审的案件，不适用《纪要》。

会议还认为，鉴于此类纠纷案件具有较强政策性，人民法院在案件审理过程中，遇到难度大、涉及面广或者涉及社会稳定的案件，要紧紧依靠党委领导，自觉接受人大监督，必要时也可以请示上级人民法院。在不良债权处置工作中发现违规现象的，要及时与财政、金融监管部门联系或者向金融监管部门提出司法建议；对存在经济犯罪嫌疑、发现犯罪线索的，要及时向有关侦查机关移送案件或者案件线索。上级人民法院要加强审理此类纠纷案件的监督指导，及时总结审判经验，发布案件指导，依法妥善公正地审理好此类案件。

【解　读】

关于审理涉及金融不良债权转让案件的若干政策和法律问题

——解读《关于审理涉及金融不良债权转让案件工作座谈会纪要》

为依法妥善公正地审理涉及金融不良债权转让案件，防止国有资产流失，保障金融不良债权处置工作的顺利进行，维护和促进社会和谐稳定，维护社会公共利益和相关当事人的合法权益，最高人民法院于2005年1月正式起草制定关于审理涉及金融不良债权转让案件的司法政策性文件。该文件的起草、论证、沟通、协调工作历时四年有余，不仅梳理了最高人民法院以往发布的相关司法解释和司法解释性文件，而且总结了各级法院的审判实践，更吸纳了国家相关主管部门的意见。为贯彻落实中央确定的解决金融不良债权转让过程中国有资产流失问题精神，最高人民法院邀请全国人大常委会法制工作委员会、中共中央政法委员会、国务院法制办公室、国家财政部、国务院国有资产监督管理委员会、中国银行业监督管理委员会、中国人民银行和国家审计署等单位，于2008年10月14日在海南省海口市召开了全国法院审理金融不良债权转让案件工作座谈会。以前期已经起草比较成熟的司法政策性文件为蓝本，并根据与会代表就关于审理涉及金融不良债权转让案件的主要问题所取得的一致意见，最高人民法院于2009年3月30日公布了法发〔2009〕19号《关于审理涉及金融不良债权转让案件工作座谈会纪要》(以下简称《纪要》)。该《纪要》共计12部分，主要规定了审理此类案件的原则、案件的受理、债权转让生效条件的法律适用和自行约定的效力、地方政府等优先购买权、国有企业的诉权及相关诉讼程序、不良债权转让合同无效和可撤销事由的认定、不良债权转让无效合同的处理、举证责任分配和相关证据审查、受让人收取利息、诉讼或执行主体变更、既有规定的适用以及纪要的适用范围等问题。为了有助于各级法院把握该《纪要》的背景和蕴含的价值权衡以及若干重要规则形成的脉络，进一步加深对该《纪要》精神和内容的理解，更好地发挥其在审理涉及金融不良债权转让案件中的指导作用，现就该规定所涉及的主要问题加以阐释。

一、问题背景与价值权衡

(一) 问题之所在

为了防范金融风险，解决国有商业银行不良贷款问题，1999年，国务院组建了华融、长城、东方、信达四大金融资产管理公司，分别受让了工、农、中、建四家国有商业银行约1.3万亿元人民币左右的不良资产（其后又陆续受让了部分债权，总额达到2万亿元人民币左右），并于2000年11月1日公布实施《金融资产管理公司条例》。金融资产管理公司运用其特殊的法律地位，通过打包出售、债务重组、债转股、资产证券化等手段，最大限度地保全国有资产，比较有效地降低了不良资产率，缓解了金融业经营风险。但在处置不良资产过程中，仍然存在一些导致国有资产流失的漏洞。最高人民法院、财政部、中国人民银行、国资委、中国银监会等五单位的协同调研报告指出，其中导致国有资产流失的突出问题有四：第一，不良债权定价机制不完善，缺少有效的外部监督和约束，容易出现内部人控制、低价贱卖等问题。第二，评估程序欠缺规范，评估机构多由资产管理公司自行委托，评估结果亦由其自行认定，容易导致评估价格与不良债权的真实价值大幅偏离。第三，资产管理公司内控系统在实践中操作性不强，常流于形式。实际处置资产过程不透明，内部交易和关联交易较多，存在假招标和假拍卖等问题。第四，资产管理公司采取折扣转让的方式处置债权时，与国有企业债务人（担保人）、国有资产管理部门之间缺乏必要的沟通，使债务人或担保人直接面临不良债权处置后的诉讼风险和高额偿付风险。2005 年 6 月 28 日，国家审计署在向人大常委会做报告时指出：审计署对四大资产管理公司的审计发现了诸多违规问题，包括违规剥离和收购不良资产、违规低价处置不良资产、违规挪用资产处置回收资金为职工谋利或公款私存，造成回收资金损失，共涉及金额 715.49 亿元。国家审计署 2006 年 3 月 29 日发布的审计公告显示：金融资产管理公司收购违规剥离的不良资产 169.18 亿元，违规和不规范不合理处置不良资产 272.15 亿元。这种状况不仅引发社会各界关于国有资产流失的争论，而且可能影响不良金融资产处置目标的实现，进而可能因国有企业职工债权问题而造成社会不稳定。中央对此高度重视。

由于不良资产处置涉及面较广，影响较大，所涉问题较多，既面临国家相关政策各异的困境，也遭遇法律适用不一的问题，致使人民法院在审理此类案件中面临规则适用上的巨大困境，造成大量的此类相关案件处于中止审理或中止执行状态，并使此类案件的审理和执行已经成为近年来全国民商审判工作中的焦点和疑难问题。据统计，全国各级法院目前已经受理此类相关案件 1 万余件。

为审理此类案件提供妥当的适用规则，最高人民法院与相关部门进行了多次沟通和协调，但各部门就政策性破产企业的核销债务及担保、国有企业债务人优先购买权、债务人提起无效之诉权、认定转让合同无效的情形，以及受让人收取利息等诸多问题，相互之间仍然存在一定的分歧，有些意见甚至比较激烈。其中诸多争论问题并非最高人民法院法定权限内所能解决。因此，充分征求中央相关部门和立法部门意见，并由更高决策层确定解决此类问题的精神，以此为基础制定相关司法政策性文件，尽快明确法律适用规则，是人民法院公正稳妥地解决此类纠纷的当务之急。

（二）利益之权衡

我们认为，相关诸多争论问题的根本症结或者说解决不良债权转让纠纷案件的关键在于：如何解决和化解计划经济时期形成的历史遗留问题。该问题的实质是一个价值权衡以及价值选择问题，并至少权衡以下五个价值因素。

价值权衡之一：私权处分和公共利益的权衡。有观点认为，金融资产管理公司受让不良债权后通过各种方式处置债权，属于私权处分行为，债务人无权过问，人民法院不宜干预。我们认为，数以万亿的国有金融债权的剥离与处置，绝不仅是国有商业银行、金融资产管理公司与受让人之间简单的债权转让关系问题，更不仅仅是简单的商事主体之间的私权处分，而是巨额国有资产的流动与利益再分配问题。这种流动能否在公开公平公正的程序下进行，事关全体国民和国家的利益，事关人民对党和政府的基本信心，事关我国金融体制改革乃至国有资产管理体制改革目的能否顺利实现，这是我国当前非常重要的社会公共利益之一。因此，单纯地以意思自治为由并以保护私权处分的名义来评断不良债权转让行为，是有失偏颇的。

价值权衡之二：职工债权和金融债权的权衡。虽然国有企业财务账面上主要体现为银行的金融债权，但实际上还存在一笔政府承认的“职工债权”，即企业拖欠职工的工资、医疗伤残补助、抚恤费用，基本养老保险、基本医疗保险费用，以及法律、行政法规规定应当支付给职工的补偿金等。根据国家相关政策，在国企改革中为了确保社会稳定和社会公平，在计算国有企业净资产时，既要从企业账面总资产中扣除包括金融债权在内各种账面债务，也要扣除“职工债权”。实践中，受让人以较低的市场价格购买金融不良债权时，其支付的仅是购买金融不良债权的对价，并未支付购买“职工债权”的对价，而得到的实际效果却是整个国有企业的所有权。受让人作为新债权人对国有企业债务人追索债权的结果通常是，或者在现行法律规则下造成国有企业破产，或者新企业为增效而减员，从而引发职工下岗、集体上访问题，由此直接触及国企改制中的难点问题即职工债权和职工安置问题。① 由于该过程中经常出现一些受让人“一夜暴富”或“一案暴富”现象，故而引发社会各界关于国有资产流失的争论。我们认为，根据《合同法》和《金融资产管理公司条例》的规定，金融资产管理公司或者受让人有权向国有企业债务人追偿债权，而国有企业职工主张保护其自身债权，也是有国家政策和相关法律支持的。因此，单纯地以《合同法》等规定保护金融机构债权，难以避免出现职工上访、围攻金融机构或法院的现象，并进而影响社会和谐稳定；而单纯地通过国家政策和相关法律精神保护职工权益，也必然出现金融机构或受让人不服裁判，认为司法不公的现象。如何协调法律法规与国家政策的关系，如何权衡金融债权与职工债权之间的冲突，是制定相关司法政策时必须思考的一个重要问题。

价值权衡之三：中央财政和地方财政的权衡。金融资产管理公司处置债权后，将其回收的款项上缴财政部，从而充盈中央财政。但国有企业在向受让人清偿后，常常导致职工下岗或上访，地方政府为维护社会和谐稳定必然要对职工进行安置，安置费用通常由地方财政负责。因此，不良债权处置问题也蕴含着中央财政和地方财政之间的权衡问题。

价值权衡之四：计划经济法律问题与市场经济法律规则的权衡：如果说经

① 通常而言，一个国有企业的债务中所蕴含的金融债权与职工债权之间的竞争和冲突问题要进入清算或破产阶段才会爆发和解决。但近年来的实践表明，在不良资产处置后，该权利冲突问题因受让人向原国有企业债务人追偿债权时提前爆发。根据《企业破产法》第一百三十二条之规定，在解决有担保的债权（诸如金融债权）与职工债权冲突时，通过设定优先权规则来保护职工债权，即对 2006 年 8 月 27 日《企业破产法》公布前形成的未清偿职工债权，以第一百零九条规定的特定财产优先于对该特定财产享有担保权的权利人受偿。该规定可谓从解决目前我国社会矛盾的角度作出的特别规定，也是新旧破产法之间的重要区别之一。

济法律规则是经济运行规则在法律上的抽象和体现，那么现行民商法律规则是社会主义市场经济交易规则在法律上的抽象和体现。由于国有商业银行剥离和金融资产管理公司处置的不良债权大多是计划经济阶段形成的债权债务关系，其中的很多债权债务法律关系的形成是源于政府指令而非基于意思自治原则，因此，如果依据社会主义市场经济阶段以意思自治为原则的现行民商事法律规则来裁判，那么这种做法的实质就是赋予现行民商法律规则以溯及力。这不仅违反“法不溯及既往”的基本原则，而且必将导致利益安排和分配方面的不公平。加之，《合同法》是以一般合理对价交易行为所形成的普通债权作为规制对象，虽然不再明确强调等价，但仍然内在地遵循价值和价格的关系；而不良债权并非普通债权，而是一种特定历史时期形成的特别债权，尽管处置时在形式上遵循了市场交易方式，但对其价值和价格的偏离程度以及合理的价格，至今未有明确和完善的认定机制。因此，单纯机械地适用合同法等法律法规裁判此类纠纷案件，其结果自然有失公允。权衡计划经济法律问题与市场经济法律规则的实质是如何做到“尊重历史、正视现实、展望未来”。

价值权衡之五：市场竞争与国家干预的权衡。有观点认为，人民法院应当采取司法保守立场，包括人民法院在内的国家层面不宜干预不良债权处置问题，否则将严重影响社会主义市场经济发展进程，甚至关乎能否坚持市场化的方向问题。我们认为，法律规则与经济规则之间属于互动关系。改革开放三十年的历程，在经济层面上体现为从计划经济向市场经济的转型过程；在市场层面上体现为从没有市场竞争向培育和鼓励市场竞争的演变过程；在国家干预层面上体现为从国家全面过度干预向国家适时适度干预的演变过程；在法律层面体现为市场经济法律规则的逐步建立和健全的发展过程；在司法层面上，体现为人民法院不断推动市场经济法律规则建立和健全以及妥当适用规则的过程。因此，在我国三十年改革开放历程中，人民法院的司法立场和态度并不是发达国家司法机关那种趋于保守的态度，而是采取积极推进和大力保障的立场，充分发挥经济基础和上层之间的良性互动功能。但应当看到，在经济转型阶段特别容易出现社会财富分配不公平状况，在市场培育和发展过程中特别容易出现不公平竞争，因此，国家在这个良性互动过程中，虽然不会全面地、过度地干预，但也绝不是“守夜人”式的不干预；司法裁判作为国家干预的一种方式，无疑要对市场化进程中出现的不公平进行干预。所以，人民法院代表国家通过裁判方式对不良债权处置过程中出现的诸多问题进行干预，不仅是必要的，而且是必需的。当然，这种干预不是旨在阻碍市场化进程，更不是意在逆转市场化方向，而是在保障市场化方向的前提下，矫正市场化进程中出现的不公平，防止或减少市场化过程中因规则模糊、道德风险等因素所造成的国有资产流失。

(三) 立场之选择

合理地权衡不良债权转让行为所蕴含的价值因素并妥当地解决相关问题，并非人民法院依靠自身力量所能及。但是我们始终认为，中国经济要发展，社会要进步，必须坚持社会主义市场经济的方向。中国社会和经济发展的历史阶段，决定了人民法院不能采取过于保守的司法立场，而必须继续采取积极参与并提供良性保障的立场。

在经历较长时间调研的基础上，通过与中央相关部门反复沟通、多次协调，最后根据中央确定的精神，就不良债权转让问题以及相关案件的处理形成了共识：不良债权的政策性和商业性剥离以及相关的转让行为是在特定时期、特定背景下出现的特殊金融债权处置行为，不良金融债权转让及相关纠纷案件的审理，事关金融不良资产处置工作的顺利进行，事关职工利益保障和社会稳定，事关国有资产保护和社会公共利益。此类案件的处理，并非一个单纯的法律问题，而是一个以政策性为主、法律性为辅的社会经济问题。人民法院既要尊重不良债权转让的市场性和交易行为的自治性，又要尊重不良债权形成的历史背景，在坚持市场化的前提下，着重审查并矫正转让过程以及其中出现的不公平情形，这就是《纪要》所体现的价值衡量和价值选择。

二、审理原则与裁判理念

审判原则事关民商审判工作的发展方向，裁判理念关涉对民商审判工作本质和审判规律的把握。人民法院在审理此类案件中，要在充分了解问题背景、价值考量以及司法立场的基础上，进一步把握和坚持四个原则和理念。

原则和理念之一：保障国家经济安全。《纪要》明确指出："民商事审判工作是国家维护经济秩序、防范和化解市场风险、维护国家经济安全的重要手段，全国法院必须服从和服务于国家对整个国民经济稳定和国有资产安全的监控。"保障国家经济安全是人民法院民商审判工作的重要原则。我们认为，虽然随着我国经济体制改革进程的不断深入，国家在国有企业和国有资产管理方面的监管更趋灵活，但这并不意味着国家放弃国有资产监管和金融安全监控，适当干预并不意味着不干预，不良资产的剥离并不等于不良责任的剥离。特别是在全球性金融危机正在蔓延的形势下，人民法院要公正妥善地审理此类纠纷案件，必须从国家政策精神的目的出发，以民商事法律、法规的基本精神为依托，本着规范金融市场、防范金融风险、维护金融稳定，保障经济安全的宗旨，确保国家经济秩序稳定和国有资产安全。这既是《纪要》所体现的"维护国有资产安全，防止国有资产流失"的价值所在，也是人民法院民商审判工作的历史责任所在。

原则和理念之二：维护企业和社会稳定。《纪要》指出："金融不良资产的处置，涉及企业重大经济利益。人民法院要从维护国家改革、发展和稳定的大局出发，依法妥善公正地审理好此类纠纷案件，切实防止可能引发的群体性、突发性和恶性事件，切实做到化解矛盾、理顺关系、安定人心、维护秩序。”我们认为，在社会主义市场经济体制中，企业是主要的市场主体。只有企业搞活，市场才能搞活；只有企业发展，经济才能发展；只有企业稳定，社会才能稳定。应当看到，中国的国有企业承载着建国以来几代人艰苦努力和无私奉献的劳动成果，虽然经济改革和体制转型是经济发展的必由之路，但在坚持市场化的路途中必须确保改革成果和国民财富的公平分配。国有企业改革和不良债权处置过程中之所以呈现出“矛盾突出、纠纷增多、规模扩大”的特点，重要原因之一就是在改革过程中出现了各种不公平分配。分配不公必然发生纠纷，而此类纠纷一旦处理不当，必将直接影响到企业和社会经济乃至政治稳定。因此，人民法院应当深刻认识维护企业和社会稳定的重大意义，进一步强化政治意识、大局意识、责任意识和保障意识，维护国家改革、发展和稳定的大局。这既是《纪要》所体现的“维护企业和社会稳定”的价值所在，也是当前和今后一个时期人民法院民商审判工作的重要任务。

原则和理念之三：依法公正和妥善合理。《纪要》指出：“人民法院在审理此类案件中，要将法律条文规则的适用与国家政策精神的实现相结合，将坚持民商法的意思自治、平等保护等理念与国家经济政策、金融市场监管和社会影响等因素相结合，做到统筹兼顾，避免机械执法，确保依法公正与妥善合理的统一。”我们认为，“实现国家政策精神”“结合经济政策和社会影响”等，体现出人民法院尊重历史，保障现实社会分配公平合理的价值取向；“坚持民商法的意思自治”“坚持平等保护理念”“适用法律条文规则”等，彰显着人民法院要坚持并保障市场化方向和道路的价值取向。因此，坚持“依法公正和妥善合理”原则，意味着人民法院要统筹兼顾市场经济下的法律规则和计划经济下的历史问题，在坚持市场化方向的前提下，最大限度地实现纠纷案件的平衡处理和社会分配的公平合理，这就是《纪要》所蕴含的“尊重历史、正视现实、展望未来”价值逻辑之体现。

原则和理念之四：调解优先、调判结合。《纪要》强调：“坚持调解优先，积极引导各方当事人本着互谅互让的精神进行协商，尽最大可能采用调解的方式解决纠纷。”由于此类案件中蕴含着前述诸多相互冲突的价值因素，因此，在纠纷中国有企业债务人、担保人与资产公司尤其是新的受让人之间情绪对立、矛盾激化。加之，无论是企业积累的几代职工的劳动成果，还是企业欠下的不良金融债权，在经历长时间，多次数改制后，很多企业资产状况和债权债务数额呈现出非常复杂的特点。有鉴于此，为了避免矛盾激化，维护社会稳定，平衡各方利益，人民法院在诉讼中应当坚持“优先调解、调判结合”原则，向当事人充分说明国家政策和《纪要》精神，澄清当事人对法律和政策的模糊认识。既要向受让人说明不良债权的特殊性质，清收债权时要尊重历史和考虑国有企业职工的合法利益，只有协商和解才能实现共赢，盲目博弈只能出现零和结果；又要促使债务人认清受让人与金融机构在法律地位上并无实质区别，任何合法债权均应清偿，打消国有企业债务人期冀国家豁免、逃避债务的幻想；积极引导各方尊重历史、面对现实、互谅互让、友好协商地履行债务。

三、案件受理与诉讼管辖

近年来，由于此类案件相关规则模糊和政策各异，各方矛盾难以协调而致使人民法院陷入左右为难、进退维谷的困境，因此，很多法院不得不采取“暂缓受理、暂缓审理和暂缓执行”此类案件的做法。鉴于目前此类案件的相关规则和政策已经比较明晰，为此，《纪要》明确规定：凡符合民事诉讼法规定的受理条件及《纪要》有关规定精神涉及的此类案件，人民法院应予受理；并就实务中关于受理和管辖方面争议较多的问题作出专门规定。

（一）关于以国有银行为被告的问题

在案件受理方面，原国有商业银行能否成为被告，可谓实务中最具争议的问题。该问题争论来源于最高人民法院〔2004〕民二他字第25号《关于人民法院是否受理金融资产管理公司与国有商业银行就政策性金融资产转让协议发生的纠纷问题的答复》关于“金融资产管理公司接收国有商业银行的不良资产是国家根据有关政策实施的，具有政府指令划转国有资产的性质。金融资产管理公司与国有商业银行就政策性金融资产转让协议发生纠纷起诉到人民法院的，人民法院不予受理”的规定。该答复的法理基础是：对于设定法律关系的主体为政府、法律关系内容各方当事人并无选择权、资产转移无对价或者对价不平衡的行为，虽然表现为民事法律关系的形式，但实质上是行政性调整、划转行为所引发的纠纷，不属于民商事案件受理范围。但是，事物发展通常超出预想。在这种行政划转行为侵害他人合法权利时，受害人能否对国有商业银行提起诉讼，便成为备受争议的问题，[1] 并导致各地法院判法不一。我们认为，国家剥离不良债权的战略目的在于提高国有商业银行的国际竞争力和最大限度地保障国有商业银行的安全，如果受理债务人或受让人对国有商业银行的诉讼，金融资产管理公司完全可以通过将争议债权以转让的方式间接获得对国有商业银行的诉权，这相当于变相违背了最高人民法院答复的精神和国家剥离不良债权战略的目的初衷以及合同相对性原则。因此，债务人或受让人起诉国有

---

① 2006年6月8日，梁慧星教授在《人民法院报》发表《“不良债权”受让人不能起诉银行》一文，引发诸多争论。

商业银行的案件在原则上不予受理。例如，《纪要》明确规定："金融资产管理公司与国有银行就政策性金融资产转让协议发生纠纷起诉到人民法院的，或者受让人自金融资产管理公司受让不良债权后，以不良债权存在瑕疵为由起诉原国有银行的，人民法院不予受理。"在同样的考虑之下，受让人在对国有企业债务人的追索诉讼中，主张追加原国有银行为第三人的，人民法院亦应不予支持。

但是，有原则就有例外。在特殊情况下，我们不宜将权利人寻求司法救济的渠道一概封闭。《纪要》规定了国有商业银行在获得不当得利时可以被起诉的两种例外情形：其一，不良债权已经剥离至金融资产管理公司又被转让给受让人后，国有企业债务人知道或者应当知道不良债权已经转让，而仍向原国有银行清偿的，国有企业债务人在对受让人清偿后可以向原国有银行提起返还不当得利之诉。其二，国有企业债务人不知道不良债权已经转让，而向原国有银行清偿并以此对抗受让人追索之诉的，受让人可以向国有银行提起返还不当得利之诉。

此外，需要说明的是，近年来，随着《公司法》《担保法》以及相关司法解释的出台，明确了债务人的开办单位、投资人、验资机构等向债权人承担相应的民事责任。实践中，不断出现因国有商业银行剥离其对自办公司不良债权所引发的纠纷案件，在案件类型上主要表现为不良债权最终受让人以国有商业银行出资不足等理由，要求国有商业银行承担赔偿责任的纠纷。为此，最高人民法院于2008年4月14日发布法〔2008〕130号《关于审理国有商业银行剥离其对自办公司的债权纠纷案件有关问题的通知》，要求对此类案件在调解不成的情形下判令解除合同。该通知下发后，有观点认为，该通知的法理基础和法律依据不足，① 因此，为便于人民法院在审理此类案件过程中更好地适用该通知，有必要对该通知之法理依据略作阐释。在该通知制定过程中存在是认定合同无效抑或是以情势变更为基础解除合同的争论，该通知最后否定无效的裁判方案而采纳解除合同的做法。理由在于：其一，禁止此类不良债权转让的政策是近期由国家相关主管部门联合制定的，而此类债权中已经在1999年至2000年间转让了一部分，以嗣后的规则追溯认定前期法律行为无效，有违"法不溯及既往"的法律原则。加之，由于合同是否无效属于国家意志的评判，当事人不能通过重新协商或协议变更等意思自治的方式予以处分；如果判令此类合同无效，必然导致当事人之间协商解决的基础不复存在。其二，因前期关于此类债权是否可以转让没有明文规定，嗣后出台禁止规定，这在法律上应属

① 广东省高级人民法院民二庭：《关于审理涉及金融不良债权转让案件综合情况报告》，第10页。

于情势变更范畴。尽管合同法没有规定情势变更原则，但情势变更原则早已为最高人民法院司法解释和司法政策所确认。例如，最高人民法院法函〔1992〕27号《关于武汉市煤气公司诉重庆检测仪表厂煤气表装配线技术转让合同购销煤气表散件合同纠纷一案适用法律问题的函》中就明确提出并认可情势变更原则。此外，1993年5月6日最高人民法院发布的（法发〔1993〕8号）《全国经济审判工作座谈会纪要》中明确提出："由于不可归责于当事人双方的原因，作为合同基础的客观情况发生了非当事人所能预见的根本性变化，以致按原合同履行显失公平的，可以根据当事人的申请，按情势变更的原则变更或解除合同。"虽然最高人民法院清理并废止了七批司法解释，但是上述两个司法解释并不在废止之列，由此可以说明其仍然有效。因此，将国家相关主管部门关于"禁止国有商业银行剥离其对自办公司的债权"的金融政策界定为情势变更事由，并据此认为当事人合同目的落空，则自然得出上述通知的规定内容：先由当事人进行协商，能达成协议的，按照协议执行；不能达成协议的，应当解除合同，并赔偿相应的损失。

（二）关于申请再审是否受理的问题

考虑到不良债权形成历史悠久、关系庞杂、矛盾交织，加之此类案件通常审理时间较长，为防止处置行为和案件审理出现不断反复的结果，以维护不良债权处置行为的稳定性、维护交易的稳定和安全、维护生效判决的既判力，根据"法不溯及既往"原则，《纪要》规定：在《纪要》发布前已经终审或者根据《纪要》作出终审的，人民法院对申请再审应作出不予支持的裁判。人民法院依照审判监督程序决定再审的案件，不适用《纪要》。

（三）关于破产债权核销后追偿问题

国有企业债务人属于国家政策性破产或者被纳入政策性破产并拟实施破产情形，债权人向债务人或担保人提起追偿之诉的，人民法院应否受理？该问题可谓司法政策制定过程中相关主管部门之间争议最大的问题。一种观点认为，根据国务院关于国有企业政策性关闭破产工作的政策精神，如果政策性关闭破产企业的债权已被核销，则意味着债权已经消灭，债权人不能再起诉债务人或担保人。对列入经国务院批准的全国企业政策性关闭破产总体规划的拟实施关闭破产的企业，债权人亦不得追讨债权及担保责任。另一种观点认为，虽然政策性关闭破产企业的债权已经核销，但该债权核销仅仅是债权人在内部对债权进行的账面处理而已，债权处于"账销案存"状态，不意味着债权已经消灭，因此，债权人仍然有权向债务人和担保人进行追偿。

经过充分沟通和协调之后，根据中央的精神并结合部委间的共识，《纪要》对此区分两种情形处理：其一，对于国有企业债务人已经实施国家政策性关闭破产或者被列入经国务院批准的全国企业政策性关闭破产总体规划并拟实施关闭破产的，因相关部委就此政策精神达成共识即同意有限地放弃权利，故债权人向债务人追索债权的，人民法院不予受理。其二，在上述情形中，债权人向担保人追偿债权的，因相关部委没有达成共识，故《纪要》对此不作规定，应继续按照国务院国办发〔2006〕3号等文件精神办理。

（四）关于案件诉讼管辖和约定问题

关于金融资产管理公司对债务人、担保人提起追偿之诉时的诉讼管辖问题，最高人民法院法释〔2001〕12号《关于审理涉及金融资产管理公司收购、管理、处置国有银行不良贷款形成的资产的案件适用法律若干问题的规定》第三条规定："金融资产管理公司向债务人提起诉讼的，应当由被告人住所地人民法院管辖。原债权银行与债务人有协议管辖约定的，如不违反法律规定，该约定继续有效。"如果金融资产管理公司自行与债务人约定或重新约定诉讼管辖的，应当如何认定该约定管辖之效力，在审判实务中颇具争议。有观点认为，不良债权转让属于债权转让，而非合同转让。因此，合同争议解决条款只有在合同权利义务概括式转让时才能一并转让，纯粹的债权转让并不能产生上述效力，受让人亦不得享有原合同当事人的法律地位。该观点在审判实务中的体现是：有些法院认为金融资产管理公司追索诉讼案件的管辖属于"专属管辖"，即由债务人住所地法院管辖，金融资产管理公司与债务人之间的协议管辖约定无效。①

我们认为，如果单纯从债权转让与合同转让的区别角度出发，可能会导出金融资产管理公司与债务人之间的协议管辖约定无效的判断，但不能得出此类案件管辖系专属管辖的结论，况且《民事诉讼法》并未规定此类案件管辖属于专属管辖。应当看到，尽管不良债权转让行为和相关诉讼蕴含着诸多利益衡量因素，而且价值权衡的结果通常会影响实体规则和举证规则，但只要受让的债权是合法债权，那么在管辖方面仍然要遵循方便当事人诉讼、方便债权人实现债权的价值取向。鉴于金融资产管理公司大多仅在省会城市设置办事处，而债务人却遍布全国各地的现实，考虑到现阶段市场诚信缺失、法制环境欠佳、地方保护主义严重的状况，以及债务人利用所谓的"专属管辖"在追偿诉讼中恶意逃废债务的可能性，《纪要》本着高效处置不良资产、排除地方保护主义、降低资产处置成本之宗旨，明确规定："金融资产管理公司受让不良债权后，自行与债务人约定或重新约定诉讼管辖的，如不违反法律规定，人民法院应当认定该约定有效。"②

---

① 北京市高级人民法院民二庭：《关于审理涉及金融不良债权转让案件的情况及相关法律问题的调研报告》，第29页。

② 2002年12月24日，最高人民法院在提审中国东方资产管理公司诉徐州罐头厂等借款担保合同纠纷管辖权异议一案中，已经裁定支持金融资产管理公司与债务人自行达成的协议管辖条款的效力。

四、限制条款与担保约定

(一) 限制条款的效力

实践中，金融资产管理公司在与受让人签订不良债权转让合同时，常常约定有禁止向国有银行、各级人民政府、国家机构追偿等要求受让人放弃部分权利的条款。对于这类条款的效力，审判实践见解不一。有观点认为，该约定不仅排除了受让人根据法律规定追究应当承担民事责任的部分主体的诉讼权利，而且排除了国家机关和原国有商业银行依法必须承担的出资责任、清算责任等，应当认定无效。另有观点认为，此种约定仅能约束金融资产管理公司与受让人，受让人即便违反该约定向有关国家机关或原国有商业银行提起诉讼的，仅构成对金融资产管理公司的违约，相关主体无权以此抗辩。①

我们认为，此类约定不仅符合金融不良债权剥离政策的目的初衷，而且在法律性质上亦可被视为“利他合同”或“为第三人的合同”。《合同法》第六十四条规定：“当事人约定由债务人向第三人履行债务的，债务人未向第三人履行债务或者履行债务不符合约定，应当向债权人承担违约责任。”虽然就该条款是否明确赋予第三人对债务人的履行请求权，我国学界尚存争论，但从体系解释、法意解释、比较法解释以及目的解释的视角观之，将其解释为赋予了第三人直接针对债务人的请求权更为妥当。② 据此，上述限制追偿条款实际赋予了受让人针对特定主体的不作为义务，第三人基于对不良债权转让合同的信赖，应当有权以此抗辩受让人对其追偿债务的请求权。因此，《纪要》明确规定人民法院应当认定此类限制条款有效。这也为人民法院有权审查受让人的权利范围确定了理论基础。

(二) 担保约定的效力

审判实践中，一些不良债权的保证担保合同中通常订有类似“主合同变更需经担保人同意，未经保证人书面同意的免除保证责任”的约定，在金融资产管理公司等债权人向担保人主张承担担保责任时，担保人通常以《担保法》第二十二条和第二十四条之规定以及合同约定提出免责的抗辩。在最高人民法院法发〔2005〕62号《关于金融资产管理公司收购、处置银行不良资产有关问题的补充通知》第二条明确作出“国有商业银行（包括国有控股银行）向金融资产管理公司转让不良贷款，或者金融资产管理公司收购、处置不良贷款的，担保债权同时转让，无须征得担保人的同意，担保人仍应在原担保范围内对受让人继续承担担保责任。担保合同中关于合同变更需经担保人同意的约定，对

---

① 江苏省高级人民法院民二庭：《涉及不良金融资产处置案件的调查报告》，第34页。

② 关于《合同法》第六十四条的学理争论和详细解释，请参阅韩世远：《合同法总论》，法律出版社2008年版，第232～237页。

债权人转让债权没有约束力”的规定后，仍有观点认为该规定与《担保法》上述条文相冲突。

我们认为，保证人之所以自愿为债务人担保，主要源于其对债务人的财产状况及其履约能力的信任，而不是对债权人为何人的关注。也正因为如此，最高人民法院《关于适用〈中华人民共和国担保法〉若干问题的解释》第三十条采用“责任不加重说”规定：“主合同变更未经保证人同意的，如果减轻债务人的债务的，保证人仍应当对变更后的合同承担保证责任；如果加重债务人的债务的，保证人对加重的部分不承担保证责任。”事实表明，无论是债权剥离合同还是债权转让合同，其变更的结果通常是减轻担保人的债务负担，最高人民法院法发〔2005〕62号《关于金融资产管理公司收购、处置银行不良资产有关问题的补充通知》第二条继续遵循《关于适用〈中华人民共和国担保法〉若干问题的解释》第三十条的规定精神。鉴于实务中仍有不同观点，为维持司法政策的一致性，《纪要》对此再次重申：“国有银行向金融资产管理公司转让不良债权，或者金融资产管理公司收购、处置不良债权的，担保债权同时转让，无须征得担保人的同意，担保人仍应在原担保范围内对受让人继续承担担保责任。担保合同中关于合同变更需经担保人同意的约定，对债权人转让债权没有约束力。”

五、优先购买与司法导向

为最大程度地减少国有资产流失，实现私权处分与公共利益、金融债权与职工债权、市场竞争与国家干预、历史问题与现行法律规定等诸多价值的权衡目的，国家相关主管部门达成一个重要共识：赋予相关地方人民政府或者代表本级人民政府履行出资人职责的机构、部门或者持有国有企业债务人国有资本的集团公司对不良债权的优先购买权。《纪要》对此亦作出明确规定。由于绝大多数不良债权目前均已处置完毕，因此，《纪要》关于优先购买权的规定内容主要是适用于某些转让行为被认定无效后再行处置的情形，以及将来国家允许适用《纪要》规则的其他金融机构处置和清收不良债权的情形。应当注意的是整体资产包转让情形中“主要债务人注册登记地”的概念。所谓“主要债务人”是指在整体“资产包”总债权额中所占份额较大，或者人数较多且债权份额比重较大的债务人。所谓“注册登记地”是指注册登记各机关所在地。

审判实践中，经常出现债务人在金融资产管理公司转让不良债权时主张行使优先购买权的情形。应否允许债务人主张优先购买权，无论是审判实践中，还是国家相关部委间，均存在赞成与反对两种意见。① 我们认为，尽管国有商

① 重庆市高级人民法院：《关于审理涉及金融不良债权转让案件综合情况报告》，第8页。

业银行已经或即将上市，但由于各种因素的影响导致这些国有商业银行仍然不断产生不良资产。如果赋予债务人优先购买权，就可能为潜在的债务人提供一个逃债机会，即债务人从国有商业银行贷款之后久拖不还，直至将贷款拖成不良债权，进而在不良债权处置时要求行使优先购买权。《纪要》关于“债务人主张优先购买不良债权的，人民法院不予支持”的明确规定，充分彰显了最高人民法院“维护诚信体系、制裁恶意逃债”的司法导向。

六、国企诉权与诉讼程序

（一）赋予国企诉权的依据

国有企业债务人能否对金融不良债权转让合同的效力提起无效之诉，是司法政策文件制定过程中争议较大的问题。通常认为，在债权转让中，债权人仅对债务人负有《合同法》第八十条规定的通知义务；而债务人对于转让合同的效力不应享有诉权。但是，《纪要》明确了国有企业债务人以损害国有资产等为由提起不良债权转让合同无效的诉权。理由有三：其一，《金融资产管理公司条例》导言中明确规定：“为了规范金融资产管理公司的活动，依法处理国有银行不良贷款，促进国有银行和国有企业的改革和发展，制定本条例。”分析该导言，可以发现其蕴含着调整国有企业债务人利益的目的，因此，国有企业债务人对不良债权转让合同的效力便具有可诉之利益。根据民事诉讼法学关于“诉之利益”的法理，不良债权转让直接关涉了国有企业债务人的根本利益，故而有必要肯定国有企业债务人提起不良债权转让合同无效的诉讼主体资格。其二，由于国有企业经营管理国有资产是经过国有资产监督机构授权的，因此，国有企业便具备了企业法人和国有资产管理机构代理人的双重身份。在国有资产监管机构未就金融不良债权转让合同主张无效的场合，国有企业债务人可以国有资产管理机构代理人的身份提起合同无效之诉。国有资产经营管理理论为此提供了理论基础。其三，最大限度地防止国有资产流失，可谓《纪要》的重要目的之一。如果不赋予国有企业债务人提起不良债权转让合同无效之诉权，人民法院将难以启动对债权转让合同效力的审查，从而导致防止国有资产流失规则目的之落空。

当然，肯定或赋予权利的同时，必须防止权利滥用之可能。为了防止国有企业债务人滥用诉权，引导理性诉讼，《纪要》规定两种防止滥诉措施：其一，增加诉讼成本。在国有企业债务人通过抗辩的方式提出不良债权转让合同无效时，人民法院应当进行释明，告知其以金融资产管理公司和受让人为被告向同一人民法院另行提起转让合同无效之诉；债务人不另行起诉的，人民法院对其抗辩不予支持。其二，提供诉讼担保。国有企业债务人提起在不良债权转让合同无效之诉中必须提供相应的担保，否则人民法院不予受理。关于诉讼担保的参考基数问题，我们认为，以债权转让标的金额为参考基数为宜。

（二）无效之诉的相关程序

国有企业债务人另行提起不良债权转让合同无效诉讼后的程序问题主要涉及两个方面：其一，合并审理；其二，当事人列置。

1. 关于合并审理问题

《纪要》规定："人民法院应中止审理受让人向国有企业债务人主张债权的诉讼，在不良债权转让合同无效诉讼被受理后，两案合并审理。国有企业债务人在二审期间另行提起不良债权转让合同无效诉讼的，人民法院应中止审理受让人向国有企业债务人主张债权的诉讼，在不良债权转让合同无效诉讼被受理且做出一审裁判后再行审理。"如此规定的目的是为了便于查明事实，一次性解决纠纷。

2. 关于当事人列置问题

《纪要》规定："国有企业债务人提出的不良债权转让合同无效诉讼被受理后，对于受让人的债权系直接从金融资产管理公司处受让的，人民法院应当将金融资产管理公司和受让人列为案件当事人；如果受让人的债权系金融资产管理公司转让给其他受让人后，因该受让人再次转让或多次转让而取得的，人民法院应当将金融资产管理公司和该转让人以及后手受让人列为案件当事人。"需要指明的是，金融资产管理公司和受让人应当作为共同被告参加诉讼，而不是第三人。理由在于：其一，通常是诉讼必须有原告和被告。国有企业债务人提起转让合同无效诉讼，其理由是转让合同损害国家利益或社会公共利益等，因此，被告必然是转让合同当事人。其二，如果转让合同被认定无效，那么金融资产管理公司和受让人应当承担合同无效后的相互返还和赔偿责任等。若其以作为第三人参加诉讼，则面临其是有独立请求权第三人还是无独立请求权第三人的争论，在诉讼权利行使方面存在模糊之处。

此外，关于其他被转让债权的债务人尤其是整体资产包中未提起债权转让合同无效诉讼的债务人是否应当参加诉讼的问题，我们认为，基于不告不理之原则并考虑转让合同是否有效与其是否履行债务并无实际影响，故没有必要追加其他债务人为诉讼当事人。

七、无效事由与无效处理

（一）无效事由的认定

根据国家相关部门的共识，人民法院在审理不良债权转让合同效力的诉讼中的审查重点有三：其一，不良债权的可转让性。即被转让的不良债权是否属于国家禁止或限制转让的债权。其二，受让人的适格性。即受让人是否属于国家政策规定不准介入购买的组织或个人。其三，转让程序的公正性和合法性。

即转让过程中评估、公告、批准、登记、备案、拍卖等诸环节是否符合“公开、公平、公正、竞争、择优”原则。下文着重阐释其中易生歧义的认定根据和三种无效事由。

1. 关于无效事由认定的法律依据问题

《纪要》判定转让无效的依据是转让合同损害国家利益或社会公共利益或者违反法律、行政法规强制性规定，该依据来源于《合同法》第五十二条之规定。如前所述，不良债权处置问题事关不良债权处置战略实施、国有资产保护、职工合法权益保护、社会公共利益，以及社会和谐稳定等诸多重要价值权衡因素，这些因素均可以归入国家利益、集体利益、社会公益以及第三人利益范畴。由于《纪要》所列出的十一种无效事由均与损害上述价值和利益有关，因此，人民法院可以根据《合同法》第五十二条之规定，认定转让合同无效。

2. 关于债务人或担保人为国家机关的债权转让无效问题

财政部财金〔2005〕74号《关于进一步规范金融资产管理公司不良债权转让有关问题的通知》第二条规定：“债务人或担保人为国家机关的不良债权、经国务院批准列入全国企业政策性破产计划的国有企业债权、国防军工等涉及国家安全信息的债权、以及其他限制转让的债权，不得对外公开转让。”国家发展改革委员会、国家外汇管理局联合发布的发改外资〔2007〕254号《关于规范境内金融机构对外转让不良债权备案管理的通知》第五条亦规定：“对外转让不良债权中不得含有我国各级政府及其所属行政部门作为债务人或提供担保的债权。”审判实务中，对于转让债务人或担保人为国家机关的不良债权合同是否无效存在较大争议。有观点认为，国家机关作为债务人或者担保人，其与国有商业银行之间形成的是借款或担保法律关系，即便担保法律关系无效，亦应依据担保法及其司法解释的规定承担相应的赔偿责任。在该债权转让给其他主体后，双方也是正常的民事活动中的正常债权债务关系，并不会因债权人主张债权而损害国家利益或社会公益，因此，不宜认定此类债权转让合同无效。① 我们认为，国有商业银行剥离或转让的不良债权的产生有其特殊的政策和法律背景，金融资产管理公司受让的不良债权绝大多数是国有商业银行早期甚至是计划经济时期发生的贷款而经过多次展期仍未能收回的逾期、呆账、滞账类贷款。很多贷款是因为当时的政策原因形成，国家机关作为担保人也是特定历史时期的产物。国家实施不良债权剥离政策的目的不仅要使金融机构顺利转轨，而且要解决历史遗留问题，通过国家财政补贴等方式使各方受惠。国家对金融资产管理公司的资产回收率要求不高，也是为了让利于地方，其中债务人或担保人为国家机关的，更是直接的受益者。国家以财政补贴方式解决银行

① 江苏省高级人民法院民二庭：《涉及不良金融资产处置案件的调查报告》，第28页。

呆坏账，意味着国家财政负担了银行不良债权损失，而国家机关完全依靠财政资金运转。如果说金融资产管理公司向国家机关追索债权或者要求其承担担保责任，资产实际上并未流出国有资产管理范围，那么若允许社会投资者也可以向国家机关行使追索权，无疑等于国家以公共财政资金在补贴社会投资者，这并不符合金融不良资产剥离政策的本意。所以，对于转让债务人或者担保人为国家机关的不良债权转让合同，人民法院应当认定为无效。

3. 关于向"三资"企业和境外机构转让不良债权的效力认定问题

在审判实务中，对于此类债权转让合同以及相关担保合同效力的认定，存在较大的争议。我们认为，关于此类债权转让和相关担保效力问题，国家政策和相关司法解释已有比较明确的规定。前述发改外资〔2007〕254号《关于规范境内金融机构对外转让不良债权备案管理的通知》第七条规定："境内金融机构应在对外转让不良债权协议签订后20个工作日内，将对外转让债权有关情况报送国家发展改革委备案，同时抄报财政部、银监会。"商务部商资字〔2005〕37号《关于加强外商投资处置不良资产审批管理的通知》规定："2001年经国务院批准允许金融资产管理公司吸收外资参与资本重组或处置，允许向外商转让所持有的股权、债权等不良资产，或设立外商投资企业从事债务重组、债权追偿等不良债权处置活动，由于此类投资方式政策性强、敏感度高、涉及面广，在审批时应从严掌握，凡此类外商投资企业的设立均应报请国家商务部批准。"根据上述规定，对"三资"企业和境外机构转让金融不良债权，必须履行向相关行政主管部门办理相关报批或者登记或者备案手续，而且相关部门必须出具具体的行政审批意见。我们认为，虽然前述部委通知等在形式上仅是法律位阶层次较低的行政规章，但其中的强制性规定是根据国务院授权制定的，应当具有相当于行政法规的效力。退而言之，即便不能将其视为行政法规，也应当看到，其中的强制性或禁止性规定是针对金融不良债权转让过程中出现的问题而制定和发布的，目的在于规范、管理、保障不良债权处置工作的健康有序进行，防止损害国家利益和社会公共利益。特别是，此类债权转让中通常存在原来的国内担保因不良债权对外转让而转化为对外担保的问题。根据上述国家政策规定以及最高人民法院《关于适用〈中华人民共和国担保法〉若干问题的解释》第六条关于"未经国家有关主管部门批准或者登记对外担保的、未经国家有关主管部门批准或者登记而为境外机构向境内债权人提供担保的，对外担保合同无效；主合同变更或者债权人将对外担保合同项下的权利转让，未经担保人同意和国家有关主管部门批准的，担保人不再承担担保责任"之规定精神，应当认定此类担保合同无效。当然，根据纯粹民法学理和《合同法》第四十四条之规定，未经批准、登记、备案等手续合同，应当属于未生效范畴；但由于实践中此类不良债权转让合同大多已经开始履行或者履行完毕，因此，继续用“生效与未生效”标准和范畴来衡量，已无实益；采用“有效与无效”范畴来评价，更为妥当。基于上述考虑，《纪要》规定：“根据有关规定应当向行政主管部门办理相关报批或者备案、登记手续而未办理，且在一审法庭辩论终结前仍未能办理的，应当认定合同无效。”

4. 关于受让人资质的限制问题

《公务员法》第五十三条第（十四）项明确禁止国家公务员经商牟利；财政部财金〔2005〕74号《关于进一步规范金融资产管理公司不良债权转让有关问题的通知》第三条亦明确禁止与金融不良债权有关联的人员购买不良债权。其目的均在于防止其利用职务或业务之便从事关联交易，侵吞国有资产，损害公平交易，造成国有资产流失。尽管实践中上述人员在个案中可能并未利用身份、地位和信息的优势获取不当利益，但国家法律和政策对身份的限制关涉社会公众对金融不良债权处置的感受与评价，关系到国家利益和社会公共利益的保护。因此，从保护国家利益和社会公共利益的角度出发，根据《合同法》第五十二条第（二）、（四）项之规定精神，有必要将受让人的主体资格欠缺作为单独的判断转让合同效力的依据。为此，《纪要》规定：“受让人为国家公务员、金融监管机构工作人员、政法干警、金融资产管理公司工作人员、国有企业债务人管理人员、参与资产处置工作的律师、会计师、评估师等中介机构关联人或者关联人等参与的非金融机构法人的，或者受让人与参与不良债权转让的金融资产管理公司工作人员、国有企业债务人或者受托资产评估机构负责人员等有直系亲属关系的，应当认定不良债权转让合同无效。”

（二）无效合同的处理

在审判实务中，如果不良债权转让合同被认定无效，其处理问题比较复杂。《纪要》将其区分为两种情形：其一，单笔转让合同无效的处理；其二，打包转让合同无效的处理。

1. 关于单笔转让合同无效的处理问题

单笔转让合同被认定无效后，人民法院应当依据《合同法》第五十八条关于返还财产、赔偿损失的原则处理。其中，受让人要求转让人赔偿损失的，根据民商审判实践长期以来遵循的无效合同处理规则，该赔偿损失数额应以受让人实际支付的价金之利息损失为限。此外，应当特别注意的是，为了便于金融资产管理公司将来继续处置被返还的不良债权，《纪要》规定：“不良债权的诉讼时效自金融不良债权转让合同被认定无效之日起重新计算。”

2. 关于打包转让合同无效的处理问题

如果整体“资产包”中的所有债权均具备《纪要》规定的无效事由或者整体“资产包”处置程序违法，无疑应当认定整体“资产包”转让合同全部无效。但实践中常见情形是，整体“资产包”中仅有单笔或者数笔债权属于无效情形。对于该情形如何处理，审判实践争议颇大。有观点认为，应当认定单笔或数笔债权无效，但该无效属于合同部分无效，不影响其他部分的效力，并应根据无效债权在整体“资产包”债权中所占比例来返还相应价金。也有观点认为，由于整体“资产包”债权处置的标的是“资产包”，而非多个标的之集合体，金融资产管理公司通常只接受买受人对整体“资产包”的报价，不接受分户分笔报价，因此整体“资产包”的转让定价和交易交割环节已经形成一个不可分割的统一整体交易标的，具有不可分割性，客观上难以界定单笔不良债权价格的合理性。所以，若出现单笔或数笔债权无效时，要么认定整体“资产包”转让全部无效，要么驳回无效诉请。我们认为，金融资产管理公司在以整体“资产包”方式转让不良债权时，难以预见其中哪一笔债权可以完全收回；同时，“资产包”中有时仅仅一笔即可让受让人收回成本并盈利。因此，若欲根据现有法律规定和民法学理梳理出一套准确判定无效部分与有效部分的界限标准并使其具备可操作性的，是相当困难的。鉴于交易的关键要素是盈亏情况，而最了解交易内部情况以及盈亏状况的人无疑是受让人，因此，《纪要》在权衡尊重私权处分和保护国家公益的基础上，采取一种尊重现实的处理办法，即在保持人民法院公权认定合同效力的基础上，赋予受让人以合同效力选择权，即受让人可以根据其实际或可能盈亏情况在一定范围内选择是否接受合同全部或者部分无效的后果。具体而言：(1) 如果受让人选择合同全部无效，通常意味着其已经发生亏损或者将来盈利远景不佳，此种场合认定合同无效，既符合《合同法》第五十二条规定精神，也与受让人的请求相契合。(2) 如果受让人主张已履行或已清结部分有效，则意味着受让人可能通过已履行或清结部分回收了其全部成本并实现盈利或预期盈利，此种场合认定该部分有效，其他部分无效，符合《合同法》第五十六条的规定精神。应当注意到，在尊重受让人私权处置及其利益的同时，也要维护公权的评价地位，兼顾作为转让人的金融资产管理公司的权益，因此，受让人在选择部分有效即其已盈利的情形下，必须接受放弃其他无效部分的对价，如此基本实现了私权处分与公权评价、受让人利益与转让人利益之间的平衡。《纪要》中关于“受让人请求认定已履行或已清结部分有效的，人民法院应当认定尚未履行或尚未清结部分无效，并判令受让人将尚未履行部分或尚未清结部分返还给金融资产管理公司，金融资产管理公司不再向受让人返还相应价金”的规定，即是此种权衡之体现。(3) 如果已经履行部分或者已清洁部分属于《纪要》规定无效事由中(一)、(二)、(八)、(九)、(十) 等依法应当认定绝对无效情形的，受让人不能主张选择该部分有效，而只能选择无此情形的其他部分有效，否则人民法院应当认定整体“资产包”全部无效。(4) 由于《纪要》所谓债务人系指国有企业债务人，因此，《纪要》原则上不适用于债务人或担保人为非国有企业的此类纠纷。但如果整体“资产包”存在单笔或数笔不良债权的债务人为非国有企业的情形，无论符合无效事由的不良债权之债务人为国有企业还是非国有企业，因难以将其实际剥离和单独处理，故亦应按照上述规则处理。

3. 关于无效后的返还顺序问题

《纪要》规定，无论是单笔转让和整体“资产包”转让，在合同被认定无效后当事人履行相互返还义务时，均应从不良债权最终受让人开始逐一与前手相互返还，直至完成第一受让人与金融资产管理公司的相互返还。后手受让人直接对金融资产管理公司主张不良债权转让合同无效并请求赔偿的，人民法院不予支持。其中一个问题是：如果执行过程中出现中间环节缺失（诸如自然人死亡、法人注销）等，后手受让人可否超过该中间环节而向其他前手受让人主张返还？我们认为，鉴于该问题实践中出现几率不大，可以在个案中具体解决。

八、举证分配与证据审查

尽管《纪要》规定了诸种无效事由，但无效事由的最终认定有赖于相关证据审查和举证责任分配。在债务人提起转让合同无效之诉中，人民法院应当根据最高人民法院《关于民事诉讼证据的若干规定》及时合理地分配举证责任，重点加强对不良债权的可转让性、转让合同的内容、转让程序的公正合法性以及受让人资质的适格性等方面的审查。

（一）强化转让合同内容的审查

审判实践中普遍存在的问题是：受让人常以涉及商业秘密为由拒不提供其与金融资产管理公司等转让人之间的不良债权转让合同，而是仅向人民法院提供其从金融资产管理公司等转让人获得的有关债权凭证，但该凭证远远不能反映合同双方约定的具体内容，部分法官亦不深究。① 事实证明，不良债权转让合同中存在不少诸如禁止转售、禁止向国有银行、国家机关追偿等限制性条款，这在确定受让人权利范围方面非常重要。因此，《纪要》强调：不良债权转让合同应当成为法庭上必须披露的、用于证明受让人权利合法性和确切权利范围的必要法律文件。受让人不主动提供的，人民法院应当责令其提供；拒不提供的，应当承担举证不能的法律后果。

（二）强化转让合同效力的审查

人民法院在根据《纪要》规定审查转让合同效力时，应当注意三个具体问题：

---

① 江苏省高级人民法院民二庭：《涉及不良金融资产处置案件的调查报告》，第15页。

1. 关于公告程序的审查

财政部、银监会联合发布的财金字〔2005〕47号《金融资产管理公司资产处置公告管理办法》和财金字〔2008〕87号《金融资产管理公司资产处置公告管理办法（修订）》对转让公告的资产范围、公告载体、公告期限以及披露内容作出比较详细的规定。其目的无疑是为便于社会公众的监督，增强金融不良债权处置的透明度和提高不良债权的回收变现率等。因此，人民法院对资产处置公告合规性审查时，着重审查三点：其一，公告的载体是否合规。公告的媒体级别要求拟处置资产的规模是否相适应，发布公告的媒体是否已经在财政部在各地财政监察专员办事处和各地银监局备案。其二，审查公告的时限是否合规。其中，以整体“资产包”方式处置不良资产项目，应在资产处置审核机构审核至少22个工作日前刊登公告，以保障公众在知悉后有充分时间了解资产信息。其三，公告信息与资产信息内容是否一致。即实际转让的“资产包”内容与公告的整体“资产包”内容相比是否出现“掉包”或“加塞”情形。经审查，若出现不合规情形，根据《纪要》规定，人民法院在衡量公告违规对转让合同效力的影响时，应当参照两个标准。第一个标准是：该公告违规行为是否对依照公开、公平、公正、竞争、择优原则处置不良资产造成实质性影响。通常情形下，尽管金融资产管理公司存在一些不符合规定的公告行为，但如果不能证明受让人存在恶意或者与金融资产管理公司之间存在恶意串通行为的，或者尚未对依照公开、公平、公正、竞争、择优原则处置不良资产造成实质性影响的，人民法院不宜仅据此认定债权转让合同无效。第二个标准是：实际转让的“资产包”与转让前公告的“资产包”内容严重不符，且不符合《金融资产管理公司资产处置公告管理办法（修订）》规定的公告要求。如果金融资产管理公司转让债权公告违反《金融资产管理公司资产处置公告管理办法（修订）》规定，实际转让中存在“掉包”或者“加塞”等严重不符情形，可以认定构成公告信息虚假，人民法院应当根据《合同法》第五十二条第（二）项、第（四）项以及《纪要》的规定，认定不良债权转让合同无效。

2. 关于评估程序的审查

实践证明，在金融不良债权评估过程中的确存在由于对债务人资产低估、漏估等原因造成评估报告不真实的情形。根据《纪要》规定精神，人民法院对此应当区分情况予以处理：(1) 如果由于无法全面掌握债务人资产状况或者因债务人企业形态发生变化等客观原因导致评估报告与实际不符的，只要金融资产管理公司或者评估机构尽到必要的审慎注意义务，仍然不能完全了解债务人资产真实状况的，应当属于金融不良债权处置过程中的自身风险，人民法院不宜据此认定转让合同无效。(2) 如果根据国家有关规定应经合法、独立的评估机构评估，但未经评估的，则可以认为金融资产管理公司存在重大过失或者至少未尽谨慎义务，由此可能导致国有资产流失，应当认定转让合同无效。(3)如果有证据证明在评估过程中存在金融资产管理公司与评估机构相互勾结、恶意串通，故意低估、漏估而造成国有资产流失损害国家利益或社会公共利益的，应当认定转让合同无效。

3. 关于处置价格的审查

值得注意的是，国家允许金融资产管理公司通过“打包”的方式处置金融不良债权本身就蕴含着一个前提，就是金融资产管理公司与受让人对资产实际价值的认识和评价存在区别，这种区别的原因主要在于信息不对称。受让人通过充分调查和比较判断后，可能比金融资产管理公司更了解资产或“资产包”的具体价格信息，加之市场行情的变化等多种因素，经常出现受让人以较低的价格受让不良债权并获得高额回报的情形。仅就单笔债权而言，的确可能出现受让人以较低价格受让不良债权并获得高额回报的现象，但综观整体“资产包”全面状况，也完全存在其他资产无法获得清偿的可能。加之，关于不良债权如何合理定价，目前国家相关主管部门尚未形成定价机制，只能依靠市场竞争来形成价格。因此，人民法院不宜仅仅以金融不良债权的出让价格与资产账面额之间的差额幅度作为引起合理怀疑的证据，而应当综合判断。

(三) 强化相关证据调查和审查

审判实践中，一些受让人为了达到诉讼时效中断的效果或者为了适用不同时期对自己最有利的法律或者司法解释，存在伪造、变造证据现象。其中，最为常见的是伪造或者变造借款合同、担保合同、借款借据，修改合同签订时间、债务人还贷时间以及产生诉讼时效中断的证据。人民法院要高度重视对证据真实性的审查，发现当事人伪造、变造证据的，要严格依照程序法的规定予以制裁。同时，鉴于此类案件年代久远，加之转让环节较多，对各方当事人而言均存在证据失散严重的问题，人民法院要适当加强以职权主动审查，尽可能地查清案件事实。

九、利息收取和主体变更

(一) 利息收取的相关问题

无论是民法理论界还是审判实务界，关于受让人对债务人利息收取问题存在较大分歧。基本可以归纳为四个方面的分歧：其一，计算基数；其二，起算时间；其三，利率标准；其四，计收复息。

1. 关于计算基数问题

有观点认为，应当以原借款合同项下本金及自贷款逾期时始直至金融资产管理公司出让给受让人时，按照借款合同约定或者《人民币利率管理规定》计算的利息（包括逾期利息并计收复息）总和为基数。[①] 我们认为，受让人受让的是合同权利，其权利不能大于原权利人，也不能享有原权利人依其为金融机构特殊身份而特别享有的权利。因此，《纪要》明确规定："受让人向国有企业债务人主张利息的计算基数应以原借款合同本金为准。"

2. 关于起算时间问题

有观点认为，因担保权、利息债权、违约金请求权等从权利，以与主权利同其命运为原则，故主债权让与时，从权利原则上也随同转移于受让人，[②] 但当事人不欲其随同转移者，却须于合同中订明。[③] 据此，受让人应当有权自受让之日起取得原债权人收取利息的权利。我们认为，依据合同法理和《合同法》第八十一条之规定，该观点颇有道理。不过，同样根据合同法理，利息债权可以区分为尚未届期和已经届期却尚未支付（即迟延利息）两种情形。其中，尚未届期的利息债权无疑属于从权利，自应随主债权一同转移；但迟延利息则具有独立地位，与从权利并不相同，并不当然地随同主债权一同转移。尽管有立法例推定未支付的利息随同主债权转移与受让人，但这种推定可以反证推翻。[④] 因此，就不良债权利息收取而言，在受让人受让不良债权后，无疑有权收取对主债权尚未届期的利息；但并不必然有权收取已经届期却尚未支付的迟延利息。考虑到不良债权自身的特殊性，尤其是在尚无不良债权合理定价机制且公众普遍认为不良债权转让价格过低情势下，经国家相关主管部门多次沟通并经中央原则同意，认为受让人无权收取不良债权受让日后产生的迟延利息。因此，《纪要》明确规定："受让人向国有企业债务人主张不良债权受让日之后发生的利息的，人民法院不予支持。"

3. 关于利率标准问题

如果不良债权转让合同被认定无效而相互返还时，出让人依据何种标准支付利息？对此，《纪要》尊重民商审判多年来的实践做法而规定，不良债权转让合同被认定无效的，出让人在向受让人返还受让款本金的同时，应当按照中国人民银行规定的同期定期存款利率支付利息。

4. 关于计收复息问题

最高人民法院法释〔2001〕12号《关于审理涉及金融资产管理公司收购、管理、处置国有银行不良贷款形成的资产的案件适用法律若干问题的规定》第

---

① 江苏省高级人民法院民二庭：《涉及不良金融资产处置案件的调查报告》，第30页。

② 韩世远：《合同法总论》，法律出版社2008年版，第419页。

③ 郑玉波：《民法债编总论》，台湾地区三民书局1996年版，第469页。

④ 台湾地区"民法"第295条第2项规定："未支付的利息，推定其随同原本债权转移于受让人。"该规定的法理基础是，利息债权毕竟是原本债权的扩张，与原本债权相伴为其常态。参见崔建远主编：《合同法》，法律出版社2007年第4版，第212页。

七条规定："债务人逾期归还贷款，原借款合同约定的利息计算方法不违反法律法规规定的，该约定有效。没有约定或约定不明的，依照中国人民银行发布的《人民币利率管理规定》计算利息和复息。"最高人民法院法发〔2005〕62号《关于金融资产管理公司收购、处置银行不良资产有关问题的补充通知》第一条规定："国有商业银行（包括国有控股银行）向金融资产管理公司转让不良贷款，或者金融资产管理公司受让不良贷款后，通过债权转让方式处置不良资产的，可以适用本院发布的上述规定。"审判实务中由此引发受让人能否如同金融资产管理公司一样以同样的标准向债务人收取复息的问题，并形成肯定和否定以及折中等不同观点。[①] 我们认为，复息计算规定来源于中国人民银行《人民币利率管理规定》，该规定适用对象仅限于金融机构。虽然最高人民法院法释〔1999〕8号《关于逾期付款违约金应当按照何种标准计算问题的批复》和法释〔2000〕34号关于修改法释〔1999〕8号的批复明确了计算标准，但并未赋予其他合同当事人计收复息的权利。因此，计收复息的权利专属于商业银行和金融资产管理公司等金融机构。根据《合同法》第八十一条关于"债权人转让权利的，受让人取得与债权相关的从权利，但该权利专属于债权人自身的除外"的规定，非金融机构的不良债权受让人，无权向债务人计收复息。

（二）诉讼和执行主体变更

最高人民法院法发〔2005〕62号《关于金融资产管理公司收购、处置银行不良资产有关问题的补充通知》第三条规定："金融资产管理公司转让、处置已经涉及诉讼、执行或者破产等程序的不良债权时，人民法院应当根据债权转让协议和转让人或者受让人的申请，裁定变更诉讼或者执行主体。"《纪要》对此再作重申。此外，为便于金融资产管理公司继续向国有企业债务人追偿，人民法院应当支持金融资产管理公司关于变更受让人为金融资产管理公司的请求。

十、相关规定与适用范围

（一）以往特殊政策的适用范围

《纪要》明确规定：最高人民法院已经发布的关于不良债权处置方面的特殊司法保护政策文件诸如《关于审理涉及金融资产管理公司收购、管理、处置国有银行不良贷款形成的资产的案件适用法律若干问题的规定》《对〈关于贯彻执行最高人民法院"十二条"司法解释有关问题的函〉的答复》《关于金融资产管理公司收购、处置银行不良资产有关问题的补充通知》和《关于国有金

① 浙江省高级人民法院民二庭：《关于审理涉及金融不良债权转让案件综合情况报告》，第14页；广东省高级人民法院民二庭：《关于审理涉及金融不良债权转让案件综合情况报告》，第12页；云南省高级人民法院民二庭：《关于审理涉及金融不良债权转让案件综合情况报告》，第8页。

融资产管理公司处置国有商业银行不良资产案件交纳诉讼费用的通知》等，仅适用于国有商业银行、金融资产管理公司，以及相关地方人民政府或者代表本级人民政府履行出资人职责的机构、部门或者持有国有企业债务人国有资本的集团公司。但是，实践中一直有观点认为，民商审判工作历来强调保护债权人利益，维护社会诚信。在审理金融机构与债务人之间的金融借款案件中，是始终坚持充分保护债权人合法权益，因此，在受让人追索国有企业债务人的案件中，亦应坚持平等保护原则，将金融资产管理公司与受让人一视同仁，不能仅对金融资产管理公司适用特殊司法政策。

我们认为，这种争论的实质是如何认识适用平等保护原则与适用特殊保护政策关系的问题。平等保护不同所有制主体的民事权益不仅是法律的基本要求，也是司法审判的基本原则。无论是对国有企业还是民营企业、内资企业还是外资企业，集体还是个人，在法律上一律平等保护的原则是我国法治进步的重要标志，是人民法院应当始终不渝坚持的价值取向。但必须指出，贯彻平等保护原则与对金融资产管理公司采取的特殊司法政策并不矛盾。根据《金融资产管理公司条例》第二条和第三条之规定，金融资产管理公司作为国有独资的专以收购、管理、处置国有银行不良债权而设立的非银行金融机构，是以最大限度保全金融资产、减少金融损失、促进金融和国企改革为主要经营目标，并非以获取最大利润为主要经营目标的。可见，其设立的目的在于理顺国有商业银行的治理结构、解决我国国有商业银行的国际竞争力问题，是国家金融体制改革战略的重要部分，是防范和化解金融风险的重要手段，因此国家根据行政法规所规定的特殊地位赋予了金融资产管理公司有别于一般民事主体的一定的特殊地位和政策，诸如诉讼收费的减免、税费的减免等。人民法院在处理两者关系时，应当严格适用特殊司法保护政策的范围，不能将国家相关部门和最高人民法院以往发布的对金融资产管理公司的特殊保护政策适用于普通民事主体。这非但没有违背平等保护原则，相反正是对平等保护原则的坚持。如果将特殊政策适用于受让人，恰恰会导致受让人与其他普通民事主体之间的权利义务失衡。因此，对于诉讼费用的减免、以公告形式履行债权转让通知义务等金融资产管理公司特别享有的权利，不能适用于受让不良债权的普通民事主体。同时，人民法院应当坚持平等保护原则。在审理受让人向债务人追索债务的案件中，无论在证据判断还是在诉讼时效的把握上，均应秉持保护合法权利、维护诚实信用的价值取向。权益没有公私之别，只要是合法的权益，均应受到平等保护。人民法院对受让人合法权利的充分保护，就是对金融资产管理公司处置工作的大力支持。受让人能够获得合法的预期回报，不仅将促进这一市场的健康稳定发展，而且能使国家维护金融安全、化解金融风险的金融体制改革政策得到落实。

（二）《纪要》内容的适用范围

《纪要》明确规定：《纪要》规定的内容和精神仅适用于《纪要》发布之后尚在一审或者二审阶段的涉及最初转让方为国有银行、金融资产管理公司通过债权转让方式处置不良资产形成的相关案件。同时，考虑到维护金融不良债权处置工作的稳定性和人民法院裁判的既判力，人民法院依照审判监督程序决定再审的案件，不适用《纪要》。

《纪要》区分了政策性不良债权和商业性不良债权。这种区分的司法裁判意义在于：虽然最高人民法院〔2004〕民二他字第25号《关于人民法院是否受理金融资产管理公司与国有商业银行就政策性金融资产转让协议发生的纠纷问题的答复》明确规定商业银行与金融资产管理公司就政策性不良债权转让协议发生纠纷起诉到人民法院的，人民法院不予受理；但若仅就商业性不良债权转让协议发生纠纷起诉到人民法院的，是否应予受理，目前尚无明确规定。因此，这种区分为最高人民法院与国家相关主管部门进一步沟通协调以明确相关政策典型基础。此外，应当注意的是，商业性不良债权主要指金融资产管理公司从中国银行、中国建设银行、中国工商银行、交通银行收购的不良债权，但并不限于上述几家商业银行。

此外，鉴于不良资产处置涉及面较广，影响较大，所涉问题较多，为此，一些法院在国家相关政策未出台之前采取慎重态度，出台一些“暂缓受理、暂缓审理和暂缓执行”或者“中止受理、中止审理和中止执行”的规定文件，是可以理解的。目前，《纪要》已经发布，各级法院应当废止此类“三暂缓”“三中止”规定，严格执行《纪要》规定的内容和精神。

（撰稿人：高民尚）

最高人民法院
关于审理金融资产管理公司利用外资处置不良债权案件涉及对外担保合同效力问题的通知

2010年7月1日　　　　　　法发〔2010〕25号

各省、自治区、直辖市高级人民法院，解放军军事法院，新疆维吾尔自治区高级人民法院生产建设兵团分院：

为正确审理金融资产管理公司利用外资处置不良债权的案件，充分保护各方当事人的权益，经征求国家有关主管部门意见，现将利用外资处置不良债权涉及担保合同效力的有关问题通知如下，各级人民法院在审理本通知发布后尚未审结及新受理的案件时应遵照执行：

一、2005 年 1 月 1 日之后金融资产管理公司利用外资处置不良债权，向外国投资者出售或转让不良资产，外国投资者受让债权之后向人民法院提起诉讼，要求债务人及担保人直接向其承担责任的案件，由于债权人变更为外国投资者，使得不良资产中含有的原国内性质的担保具有了对外担保的性质，该类担保有其自身的特性，国家有关主管部门对该类担保的审查采取较为宽松的政策。如果当事人提供证据证明依照《国家外汇管理局关于金融资产管理公司利用外资处置不良资产有关外汇管理问题的通知》（汇发〔2004〕119 号）第六条规定，金融资产管理公司通知了原债权债务合同的担保人，外国投资者或其代理人在办理不良资产转让备案登记时提交的材料中注明了担保的具体情况，并经国家外汇管理局分局、管理部审核后办理不良资产备案登记的，人民法院不应以转让未经担保人同意或者未经国家有关主管部门批准或者登记为由认定担保合同无效。

二、外国投资者或其代理人办理不良资产转让备案登记时，向国家外汇管理局分局、管理部提交的材料中应逐笔列明担保的情况，未列明的，视为担保未予登记。当事人在一审法庭辩论终结前向国家外汇管理局分局、管理部补交了注明担保具体情况的不良资产备案材料的，人民法院不应以未经国家有关主管部门批准或者登记为由认定担保合同无效。

三、对于因 2005 年 1 月 1 日之前金融资产管理公司利用外资处置不良债权而产生的纠纷案件，如果当事人能够提供证据证明依照当时的规定办理了相关批准、登记手续的，人民法院不应以未经国家有关主管部门批准或者登记为由认定担保合同无效。

最高人民法院
关于审理涉及中国农业银行股份有限公司处置股改剥离不良资产案件适用相关司法解释和司法政策的通知

2011年3月28日　　　　　　法〔2011〕144号

各省、自治区、直辖市高级人民法院，解放军军事法院，新疆维吾尔自治区高级人民法院生产建设兵团分院：

根据财政部《关于中国农业银行不良资产剥离有关问题的通知》（财金〔2008〕138号）和《关于委托中国农业银行处置股改剥离不良资产的通知》（财金函〔2009〕34号），中国农业银行股份有限公司（原中国农业银行，以下简称农业银行）受财政部委托处置其股改剥离的不良资产。为了支持国家金融体制改革，防止国有资产流失，确保不良资产处置工作的顺利进行，降低处置成本，现就农业银行处置不良资产过程中涉诉相关问题通知如下：

一、人民法院在审理涉及农业银行处置上述不良资产案件时，可以适用最高人民法院就审理涉及金融资产管理公司处置不良资产案件所发布的相关司法解释、司法政策及有关答复、通知的规定。

二、财政部驻各省、自治区、直辖市、计划单列市财政监察专员办事处出具的委托处置资产证明文件，可以作为人民法院确认农业银行处置的不良资产属于受财政部委托处置资产的依据。

（六）担 保

最高人民法院
关于正确确认企业借款合同纠纷案件中有关保证合同效力问题的通知

1998 年 9 月 14 日　　　　　　　　　　法〔1998〕85 号

各省、自治区、直辖市高级人民法院，新疆维吾尔自治区高级人民法院生产建设兵团分院：

近来发现一些地方人民法院在审理企业破产案件或者与破产企业相关的银行贷款合同纠纷案件中，对所涉及的债权保证问题，未能准确地理解和适用有关法律规定，致使在确认保证合同的效力问题上出现偏差，为此特作如下通知：

各级人民法院在处理上述有关保证问题时，应当准确理解法律，严格依法确认保证合同（包括主合同中的保证条款）的效力。除确系因违反担保法及有关司法解释的规定等应当依法确认为无效的情况外，不应仅以保证人的保证系因地方政府指令而违背了保证人的意志，或该保证人已无财产承担保证责任等原因，而确认保证合同无效，并以此免除保证责任。

特此通知。

最高人民法院
关于处理担保法生效前发生保证行为的保证期间问题的通知

2002 年 8 月 1 日　　　　　　　　　法〔2002〕144 号

各省、自治区、直辖市高级人民法院，解放军军事法院，新疆维吾尔自治区高级人民法院生产建设兵团分院：

我院于 2000 年 12 月 8 日公布法释〔2000〕44 号《关于适用〈中华人民共和国担保法〉若干问题的解释》后，一些部门和地方法院反映对于担保法实施前发生的保证行为如何确定保证期间问题没有作出规定，而我院于 1994 年 4 月 15 日公布的法发〔1994〕8 号《关于审理经济合同纠纷案件有关保证的若干问题的规定》对此问题亦不十分明确。为了正确审理担保法实施前的有关保证合同纠纷案件，维护债权人和其他当事人的合法权益，经商全国人大常委会法制工作委员会同意，现就有关问题通知如下：

一、对于当事人在担保法生效前签订的保证合同中没有约定保证期限或者约定不明确的，如果债权人已经在法定诉讼时效期间内向主债务人主张了权利，使主债务没有超过诉讼时效期间，但未向保证人主张权利的，债权人可以自本通知发布之日起 6 个月（自 2002 年 8 月 1 日至 2003 年 1 月 31 日）内，向保证人主张权利。逾期不主张的，保证人不再承担责任。

二、主债务人进人破产程序，债权人没有申报债权的，债权人亦可以在上述期间内向保证人主张债权，如果债权人已申报了债权，对其在破产程序中未受清偿的部分债权，债权人可以在破产程序终结后 6 个月内向保证人主张。

三、本通知发布时，已经终审的案件、再审案件以及主债务已超过诉讼时效的案件，不适用本通知。

（七）信用证

最高人民法院
关于严禁随意止付信用证项下款项的通知

2003 年 7 月 16 日　　法〔2003〕103 号

各省、自治区、直辖市高级人民法院，各受理涉外商事案件的中级人民法院及各海事法院：

今年以来，国际钢材市场价格大幅下跌。受其影响，我国国内部分钢材产品价格也呈下降趋势。进口成本与内销差价的急剧缩小直接影响了钢材进口商的商业利益。一些进口商遂要求银行寻找单据理由对外拒付，或者寻找一些非常牵强的所谓“欺诈”理由申请法院止付信用证项下款项。一些法院随意裁定止付所涉信用证项下的款项，已经对外造成了不良影响。为了维护我国法院和我国银行的国际形象，现通知如下：

1. 严格坚持信用证独立性原则。信用证是独立于基础交易的单据交易，只要受益人所提交的单据表面上符合信用证的要求，开证行就负有在规定的期限内付款的义务。信用证交易与基础交易属于两个不同的法律关系，一般情况下不得因为基础交易发生纠纷而裁定止付开证行所开立信用证项下的款项。

2. 严格坚持信用证欺诈例外原则适用的条件。只有在有充分的证据证明信用证项下存在欺诈，且银行在合理的时间内尚未对外付款的情况下，人民法院才可以根据开证申请人的请求，并在其提供担保的情况下裁定止付信用证项下款项。但如果信用证已经承兑并转让或者信用证已经议付，仍不得裁定止付。

各级人民法院应当对止付信用证项下款项高度重视，严禁在不符合条件的情况下随意裁定止付有关信用证项下款项，已经作出错误止付裁定的，相关人民法院应当立即予以纠正。

特此通知。

最高人民法院
关于当前人民法院审理信用证纠纷案件应当注意问题的通知

2009 年 7 月 24 日　　　　　　　　　　　法明传〔2009〕499 号

各省、自治区、直辖市高级人民法院：

我院法释〔2005〕13 号《关于审理信用证纠纷案件若干问题的规定》自 2006 年 1 月 1 日起实施以来，为各级人民法院审理信用证纠纷案件提供了具有可操作性的法律依据，取得了较好的法律效果和社会效果。然而，自 2008 年全球金融危机爆发以来，各地人民法院受理的信用证纠纷案件又有上升趋势，部分人民法院在审理信用证纠纷案件的过程中，特别是在裁定中止支付信用证项下款项的问题上，没有严格执行我院《关于审理信用证纠纷案件若干问题的规定》的相关规定。为此，在充分调研的基础上，我院结合审判实践，就当前人民法院审理信用证纠纷案件应当注意的几个问题通知如下：

一、各级人民法院应当进一步明确审理信用证纠纷案件的内部分工，将信用证纠纷案件包括申请中止支付信用证项下款项案件统一交负责审理涉外民商事案件的业务庭审理，避免信用证纠纷案件在同一法院不同的业务庭审理而导致裁判尺度不一。

二、各级人民法院在根据当事人的申请做出中止支付信用证项下款项裁定的过程中，应当继续严格执行我院《关于审理信用证纠纷案件若干问题的规定》中的相关规定，特别是要严格把握关于裁定中止支付信用证项下款项应当具备的条件和做出相关裁定的期限。

三、《关于审理信用证纠纷案件若干问题的规定》第十条规定的目的在于保护善意第三人，根据该条第二项的规定，在存在信用证欺诈的情况下，即使开证行或者其指定人、授权人已经对信用证项下票据善意地做出了承兑，而如果没有善意第三人存在，亦不属于信用证欺诈例外的例外情形，人民法院在符合其他相关条件的情况下仍然可以裁定中止支付信用证项下款项。

四、当事人对人民法院作出的中止支付信用证项下款项的有关裁定申请再审，人民法院应不予受理。

五、开证行或者其指定人、授权人通过 SWIFT 系统发出的承兑电文，构成有效的信用证项下承兑。

第二编　海商　海事

（一）海商 海事

最高人民法院
关于国内水路货物运输纠纷案件法律问题的指导意见

2012 年 12 月 24 日　　法发〔2012〕28 号

辽宁、天津、山东、上海、浙江、湖北、福建、广东、广西、海南省（自治区、直辖市）高级人民法院，大连、天津、青岛、上海、宁波、武汉、厦门、广州、北海、海口海事法院：

近年来，国内水路运输发展迅速，为促进国民经济的发展发挥了重要作用。水路运输市场的健康和有序发展，依赖于良好的市场环境和完善的法律保障。但是，与法律体系相对完善的国际海运相比，国内水路运输法律规范的滞后越来越突出，在一定程度上引发了国内水路货物运输纠纷案件的增长。我国目前没有专门针对内河航运的立法，内河航运的条例、规定多为部门规章，法规制度之间存在矛盾，海事审判存在诸多的不统一。为了加强我国海事司法对国内水路运输的保障作用，促进国内水路运输的规范发展，现就人民法院审理国内水路货物运输纠纷案件中的若干法律问题，提出以下指导意见：

一、尊重当事人意思自治，准确适用法律法规，统一国内水路货物运输纠纷案件裁判尺度

本指导意见中的国内水路货物运输纠纷是指由海事法院专门管辖的沿海和内河水路货物运输纠纷。

1. 人民法院审理国内水路货物运输合同纠纷案件，应当适用民法通则、合同法等法律的有关规定，同时可以参照《国内水路货物运输规则》的有关规定。海商法第四章海上货物运输合同的规定，不适用于国内水路货物运输。人民法院参照《国内水路货物运输规则》确定当事人权利义务时，应当在判决书说理部分引用论述，但不应作为判决书引用的法律依据。

2. 当事人在国内水路货物运单或者其他运输合同文件中明确约定其权利

义务适用《国内水路货物运输规则》规定的，人民法院可以按照《国内水路货物运输规则》的有关规定确定合同当事人的权利义务。

二、依法认定国内水路货物运输合同效力，维护国内水路货物运输市场秩序

3. 根据《国内水路运输管理条例》和《国内水路运输经营资质管理规定》的有关规定，从事国内水路运输的企业和个人，应当达到并保持相应的经营资质条件，并在核定的经营范围内从事水路运输经营活动。没有取得国内水路运输经营资质的承运人签订的国内水路货物运输合同，人民法院应当根据合同法第五十二条第（五）项的规定认定合同无效。

4. 国内水路货物运输合同无效，但是承运人已经按照运输合同的约定将货物安全运输到约定地点，承运人请求托运人或者收货人参照合同的约定支付运费，人民法院可以适当予以保护。

国内水路货物运输合同无效，而且运输过程中货物发生了毁损、灭失，托运人或者收货人向承运人主张损失赔偿的，人民法院可以综合考虑托运人或者收货人和承运人对合同无效和货物损失的过错程度，依法判定相应的民事责任。

5. 人民法院审理国内水路货物运输纠纷案件过程中发现从事国内水路货物运输的承运人没有取得相应的运输经营资质，应及时向相关行政主管机关发出司法建议。

三、依法审理国内水路货物运输合同纠纷案件，准确认定合同承运人和实际承运人的责任，保障当事人的合法权益

6. 国内水路货物运输的合同承运人将全部或者部分运输委托给实际承运人履行，托运人或者收货人就全部或部分运输向合同承运人、实际承运人主张权利的，人民法院应当准确认定合同承运人和实际承运人的法律地位和法律责任。人民法院可以参照《国内水路货物运输规则》第四十六条的规定判定合同承运人和实际承运人的赔偿责任，充分保护国内水路货物运输合同托运人或者收货人的合法权益，减少当事人的讼累。

四、准确理解有关留置的法律规定，妥善审理留置权纠纷

7. 国内水路货物运输合同履行完毕，托运人或者收货人没有按照约定支付运费、保管费或者其他运输费用，依照合同法第三百一十五条的规定，承运人对相应的运输货物享有留置权。人民法院在审查承运人的留置权时，应当重点审查承运人留置货物的数量是否是在合理的限度之内，以及承运人留置的货

物是否是其合法占有的货物。债务人对留置货物是否具有所有权并不必然影响承运人留置权的行使，除非运输合同当事人对承运人的留置权另有特殊约定。

五、妥善审理与船舶挂靠有关的纠纷，切实保障当事人的合法权益，维护国内水路运输市场的有序发展

8. 没有运营资质的个体运输船舶的实际所有人，为了进入国内水路货物运输市场，规避国家有关水路运输经营资质的管理规定，将船舶所有权登记在具有水路运输经营资质的船舶运输企业名下，向该运输企业交纳管理费，并以该运输企业的名义从事国内水路货物运输活动，是国内水路货物运输中普遍存在的一种挂靠经营方式。这种挂靠经营方式导致挂靠船舶的所有权登记形同虚设，船舶管理混乱，被挂靠企业对挂靠船舶疏于安全管理，严重冲击了航运市场的安全秩序，导致大量国内水路货物运输纠纷的产生。人民法院在审理与船舶挂靠有关的合同纠纷时，应当严格依照现行船舶管理的法律规范确定法律关系，坚持合同相对性的基本原则，根据合同的签订主体和合同的履行等基本事实，准确认定合同当事人。

9. 挂靠船舶的实际所有人以自己的名义签订运输合同，应当认定其为运输合同承运人，承担相应的合同责任。

10. 挂靠船舶的实际所有人以被挂靠企业的名义签订运输合同，被挂靠企业亦签章予以确认，应当认定被挂靠企业为运输合同承运人，承担相应的合同责任。

11. 在没有签订水路货物运输合同的情形下，可以依照运单上承运人的记载判断运输合同的承运人。如果运单上仅仅加盖了承运船舶的船名章，应当认定该承运船舶的登记所有人为运输合同的承运人，承担相应的合同责任。

12. 挂靠船舶因侵权行为造成他人财产、人身损害，依据民法通则、侵权责任法、海商法和有关司法解释的规定，挂靠船舶的实际所有人和被挂靠企业应当承担连带赔偿责任。

六、正确适用关于诉讼时效制度的法律规定，保护当事人的合法权益

13.《最高人民法院关于如何确定沿海、内河货物运输赔偿请求权时效期间问题的批复》（法释〔2001〕18 号）对国内水路货物运输赔偿请求权诉讼时效期间的中止、中断并没有作出特别规定，人民法院应当适用民法通则有关诉讼时效中止、中断的规定。

（二）海事诉讼程序

最高人民法院
关于印发《第二次全国涉外商事海事审判工作会议纪要》的通知

2005年12月26日　　　　　　　　法发〔2005〕26号

各省、自治区、直辖市高级人民法院，新疆维吾尔自治区高级人民法院生产建设兵团分院：

现将《第二次全国涉外商事海事审判工作会议纪要》印发给你们，请遵照执行。执行中有何问题，望及时报告我院。

附：

第二次全国涉外商事海事审判工作会议纪要

为进一步贯彻“公正司法，一心为民”的方针，落实“公正与效率”工作主题，规范涉外商事海事司法行为，增强司法能力，提高司法水平，开创涉外商事海事审判工作新局面，最高人民法院于2005年11月15日至16日在江苏省南京市召开了第二次全国涉外商事海事审判工作会议。各高级人民法院的分管院长、涉外商事海事审判部门的庭长、具有涉外商事审判管辖权的中级人民法院的分管院长、海事法院院长以及中央有关部门的代表共200人参加了会议。最高人民法院院长肖扬发表了书面讲话，副院长万鄂湘到会讲话。

会议总结交流了2001年来涉外商事海事审判工作的经验，研究了审判实践中亟待解决的问题，讨论了进一步规范涉外商事海事审判工作，为改革开放和经贸、航运事业提供司法保障的措施。会议达成以下共识，并形成纪要：

一、关于案件管辖

1. 人民法院在审理国内商事纠纷案件过程中，因追加当事人而使得案件具有涉外因素的，属于涉外商事纠纷案件，应当按照《最高人民法院关于涉外民商事案件诉讼管辖若干问题的规定》确定案件的管辖。当事人协议管辖不得违反前述规定。

无管辖权的人民法院不得受理涉外商事纠纷案件；已经受理的，应将案件移送有管辖权的人民法院审理。

2. 涉及外资金融机构（包括外国独资银行、独资财务公司、合资银行、合资财务公司、外国银行分行）的商事纠纷案件，其诉讼管辖按照《最高人民法院关于涉外民商事案件诉讼管辖若干问题的规定》办理。

3. 一方当事人以外国当事人为被告向人民法院提起诉讼，该外国当事人在我国境内设有来料加工、来样加工、来件装配或者补偿贸易企业（以下简称“三来一补”企业）的，应认定其在我国境内有可供扣押的财产，该“三来一补”企业所在地有涉外商事案件管辖权的人民法院可以对纠纷行使管辖权。

4. 人民法院在认定涉外商事纠纷案件当事人协议选择的法院是否属于《中华人民共和国民事诉讼法》第二百四十四条规定的“与争议有实际联系的地点的法院”时，应该考虑当事人住所地、登记地、营业地、合同签订地、合同履行地、标的物所在地等因素。

5. 中外合资经营企业合同、中外合作经营企业合同，合资、合作企业的注册登记地为合同履行地；涉及转让在我国境内依法设立的中外合资经营企业、中外合作经营企业、外商独资企业股份的合同，上述外商投资企业的注册登记地为合同履行地。根据《中华人民共和国民事诉讼法》的规定，合同履行地的人民法院对上述合同纠纷享有管辖权。

6. 当事人申请确认涉外仲裁协议效力的案件，由申请人住所地、被申请人住所地或者仲裁协议签订地有权受理涉外商事案件的中级人民法院管辖；申请执行我国涉外仲裁裁决的案件，由被申请人住所地、财产所在地有权受理涉外商事案件的中级人民法院管辖；申请撤销我国涉外仲裁裁决的案件，由仲裁机构所在地有权受理涉外商事案件的中级人民法院管辖；申请承认与执行外国仲裁裁决的案件，由被申请人住所地或者财产所在地有权受理涉外商事案件的中级人民法院管辖。

7. 涉外商事合同的当事人之间签订的有效仲裁协议约定了因合同发生的或与合同有关的一切争议均应通过仲裁方式解决，原告就当事人在签订和履行合同过程中发生的纠纷以侵权为由向人民法院提起诉讼的，人民法院不享有管辖权。

8. 人民法院根据《中华人民共和国民事诉讼法》的规定仅对主合同纠纷或者担保合同纠纷享有管辖权，原告以主债务人和担保人为共同被告向人民法院提起诉讼的，人民法院可以对主合同纠纷和担保合同纠纷一并管辖，但主合同或者担保合同当事人订有仲裁协议或者管辖协议，约定纠纷由仲裁机构仲裁或者外国法院排他性管辖的，人民法院对订有此类协议的主合同纠纷或者担保合同纠纷不享有管辖权。

9. 担保合同的主债务人在我国境外，债权人在我国仅起诉担保人的，人民法院应根据《中华人民共和国民事诉讼法》的相关规定行使管辖权。在审理过程中，如发现依据担保合同的准据法，担保人享有先诉抗辩权或者该案需要先确定主合同债权额的，可以根据不同情况分别作如下处理：（1）人民法院对主合同纠纷享有管辖权的，可以要求原告在一定期限内追加主债务人为共同被告；（2）人民法院对主合同纠纷不享有管辖权的，应裁定中止审理，并指定一定的期限，告知债权人对主债务人提起诉讼或仲裁，或者以其他方式确定主债权额。债权人在指定的期限内对主债务人提起诉讼或仲裁，或者经其他方式可以明确主债权额的，人民法院应在债权人提交相应的生效裁判文书或者其他证明文件后恢复审理。

债权人在指定的期限内拒绝申请追加主债务人为共同被告，或者未对主债务人提起诉讼或仲裁，或者经其他方式仍未能明确主债权额，且人民法院调解不成的，裁定驳回债权人的起诉。

10. 我国法院和外国法院都享有管辖权的涉外商事纠纷案件，一方当事人向外国法院起诉且被受理后又就同一争议向我国法院提起诉讼，或者对方当事人就同一争议向我国法院提起诉讼的，外国法院是否已经受理案件或者作出判决，不影响我国法院行使管辖权，但是否受理，由我国法院根据案件具体情况决定。外国法院判决已经被我国法院承认和执行的，人民法院不应受理。我国缔结或者参加的国际条约另有规定的，按规定办理。

11. 我国法院在审理涉外商事纠纷案件过程中，如发现案件存在不方便管辖的因素，可以根据“不方便法院原则”裁定驳回原告的起诉。“不方便法院原则”的适用应符合下列条件：（1）被告提出适用“不方便法院原则”的请求，或者提出管辖异议而受诉法院认为可以考虑适用“不方便法院原则”；（2）受理案件的我国法院对案件享有管辖权；（3）当事人之间不存在选择我国法院管辖的协议；（4）案件不属于我国法院专属管辖；（5）案件不涉及我国公民、法人或者其他组织的利益；（6）案件争议发生的主要事实不在我国境内且不适用我国法律，我国法院若受理案件在认定事实和适用法律方面存在重大困难；（7）外国法院对案件享有管辖权且审理该案件更加方便。

12. 涉外商事纠纷案件的当事人协议约定外国法院对其争议享有非排他性管辖权时，可以认定该协议并没有排除其他国家有管辖权法院的管辖权。如果一方当事人向我国法院提起诉讼，我国法院依照《中华人民共和国民事诉讼法》的有关规定对案件享有管辖权的，可以受理。

二、关于诉讼当事人

13. 外国企业在我国境内依法设立并领取营业执照的分支机构，具有民事诉讼主体资格，可以作为当事人参加诉讼。因分支机构不能独立承担民事责任，其作为被告时，人民法院可以根据原告的申请追加设立该分支机构的外国企业为共同被告。

外国企业在我国境内设立的代表机构不具有诉讼主体资格的，涉及代表机构的纠纷案件应由外国企业作为当事人参加诉讼。

14. 根据《中华人民共和国民事诉讼法》第四十九条和《最高人民法院关于适用〈中华人民共和国民事诉讼法〉若干问题的意见》第四十条①的规定，外国企业、自然人在我国境内设立的“三来一补”企业具有民事诉讼主体资格，可以作为当事人参加诉讼。因“三来一补”企业不能独立承担民事责任，其作为被告时，人民法院可以根据原告的申请追加设立该“三来一补”企业的外国企业、自然人为共同被告。

15. 人民法院在审理案件过程中查明外国当事人被宣告破产或者进入清算程序的，应通知外国当事人的破产财产管理人或者清算人参加诉讼。

16. 外国当事人作为原告时，应根据《中华人民共和国民事诉讼法》第一百一十条②第（一）项的规定，向人民法院提供身份证明，证明材料应符合我国法律要求的形式。拒不提供的，应裁定不予受理。案件已经受理的，可要求原告在指定期限内补充提供相关资料，期满无正当理由仍未提供的，可以裁定驳回起诉。

17. 外国当事人作为被告时，应针对不同情况分别作如下处理：(1) 原告起诉时提供了被告存在的证明，但未提供被告的明确住址或者依据原告所提供的被告住址无法送达（公告送达除外）的，应要求原告补充提供被告的明确住址。依据原告补充的材料仍不能确定被告住址的，应依法向被告公告送达相关司法文书；(2) 原告起诉时没有提供被告存在的证明，但根据起诉状所列明的被告的姓名、名称、住所、法定代表人的姓名等情况对被告按照法定的送达途径（公告送达除外）能够送达的，送达后被告不在法定的期限内应诉答辩，又

---

① 本纪要引用的《民事诉讼法》第四十九条已于2012年8月31日被第二次修正的《民事诉讼法》改为第四十八条。

② 本纪要引用的《民事诉讼法》第一百一十条已于2012年8月31日被第二次修正的《民事诉讼法》改为第一百二十一条，修改为：“起诉状应当记明下列事项：（一）原告的姓名、性别、年龄、民族、职业、工作单位、住所、联系方式，法人或者其他组织的名称、住所和法定代表人或者主要负责人的姓名、职务、联系方式；（二）被告的姓名、性别、工作单位、住所等信息，法人或者其他组织的名称、住所等信息；（三）诉讼请求和所根据的事实与理由；（四）证据和证据来源，证人姓名和住所。”

拒不到庭的，可以依法缺席审判；（3）原告在起诉时没有提供被告存在的证明，根据起诉状所列明的情况对被告按照法定的送达途径（公告送达除外）无法送达的，应要求原告补充提供被告存在的证明，原告拒不提供或者补充提供后仍无法确定被告真实存在的，可以认定为没有明确的被告，应根据《中华人民共和国民事诉讼法》第一百零八条第（二）项的规定裁定驳回原告的起诉。

18. 外国当事人在我国境外出具的授权委托书，应当履行相关的公证、认证或者其他证明手续。对于未履行相关手续的诉讼代理人，人民法院对其代理资格不予认可。

19. 外国自然人在人民法院办案人员面前签署的授权委托书无需办理公证、认证或者其他证明手续，但在签署授权委托书时应出示身份证明和入境证明，人民法院办案人员应在授权委托书上注明相关情况并要求该外国自然人予以确认。

20. 外国自然人在我国境内签署的授权委托书，经我国公证机关公证，证明该委托书是在我国境内签署的，无需在其所在国再办理公证、认证或者其他证明手续。

21. 外国法人、其他组织的法定代表人或者负责人代表该法人、其他组织在人民法院办案人员面前签署的授权委托书，无需办理公证、认证或者其他证明手续，但在签署授权委托书时，外国法人、其他组织的法定代表人或者负责人除了向人民法院办案人员出示自然人身份证明和入境证明外，还必须提供该法人或者其他组织出具的能够证明其有权签署授权委托书的证明文件，且该证明文件必须办理公证、认证或者其他证明手续。人民法院办案人员应在授权委托书上注明相关情况并要求该法定代表人或者负责人予以确认。

22. 外国法人、其他组织的法定代表人或者负责人代表该法人、其他组织在我国境内签署的授权委托书，经我国公证机关公证，证明该委托书是在我国境内签署，且该法定代表人或者负责人向人民法院提供了外国法人、其他组织出具的办理了公证、认证或者其他证明手续的能够证明其有权签署授权委托书的证明文件的，该授权委托书无需在外国当事人的所在国办理公证、认证或者其他证明手续。

23. 外国当事人将其在特定时期内发生的或者将特定范围的案件一次性委托他人代理，人民法院经审查可以予以认可。该一次性委托在一审程序中已办理公证、认证或者其他证明手续的，二审或者再审程序中无需再办理公证、认证或者其他证明手续。

三、关于司法文书送达

（一）涉外商事纠纷案件司法文书的送达

24. 人民法院向在我国境内没有住所的当事人送达司法文书，可以直接送达给其在我国境内委托的诉讼代理人或者其在我国境内设立的代表机构。外国人、无国籍人或者外国公司、企业、其他组织的法定代表人或者负责人在我国境内的，人民法院可直接向其送达。当事人在我国境内有分支机构或者业务代办人的，经该当事人授权，人民法院可以向其分支机构或者业务代办人送达相关司法文书。人民法院向当事人的诉讼代理人、法定代表人或者负责人、代表机构以及有权接受的分支机构、业务代办人送达司法文书，适用留置送达。

25. 外国当事人如果在我国境内没有可以代其接受送达的代理人或者相关机构，若该当事人所在国与我国签订有司法协助协定或者其所在国是 1965 年海牙《关于向国外送达民事或商事司法文书和司法外文书公约》（以下简称《海牙送达公约》）的成员国，向该当事人送达司法文书依照司法协助协定或者公约的规定执行。具体程序可以分别按照最高人民法院发布的法（办）发〔1988〕3 号《关于执行中外司法协助协定的通知》，最高人民法院、外交部、司法部联合发布的外发〔1992〕8 号《关于执行〈关于向国外送达民事或商事司法文书和司法外文书公约〉有关程序的通知》、司发通〔1992〕093 号《关于执行海牙送达公约的实施办法》的规定办理。如果当事人所在国既与我国签订有司法协助协定，又是《海牙送达公约》的成员国，送达司法文书依照司法协助协定的规定办理。

对在我国境内没有住所的当事人，如果不能适用前述方式送达，可以通过外交途径送达。具体程序可以按照最高人民法院、外交部、司法部联合发布的外发〔1986〕47 号《关于我国法院和外国法院通过外交途径相互委托送达法律文书若干问题的通知》的规定办理。

26. 按照司法协助协定、《海牙送达公约》或者外交途径送达司法文书，自我国有关机关将司法文书转递受送达当事人所在国有关机关之日起满六个月，如果未能收到送达与否的证明文件，且根据其他情况也不足以认定已经送达的，视为不能适用该种方式送达。

27. 在我国境内没有住所的当事人，其所在国允许邮寄送达的，可以邮寄送达。邮寄送达时应附有送达回证，如果当事人未在送达回证上签收，但在邮件回执上签收，视为已经送达。自邮寄之日起满六个月，如无法得到送达与否的证明文件，且根据其他情况也不足以认定已经送达的，视为不能适用邮寄方式送达。

28. 人民法院通过公告方式送达司法文书，公告内容应该在国内外公开发行的报纸上刊登，同时可以在中国涉外商事海事审判网（http：//www.ccmt.org.cn）上公布。

29. 传真、电子邮件等送达方式，如果不违反受送达人住所地法律禁止性规定，人民法院在送达司法文书时可以采用。通过传真、电子邮件方式送达的，应当要求当事人在收到后七日内予以回复，当事人回复时确认收到的时间为送达的时间；若当事人回复时未确认收到的时间，其回复的时间为送达的时间。当事人未回复的，视为未送达。

30. 除公告送达方式外，人民法院可以同时采取多种方式对当事人进行送达，但应根据最先实现送达的送达方式确定送达时间。

31. 人民法院送达司法文书，根据有关规定须通过上级人民法院转递的，应附申请转递函。上级人民法院收到下级人民法院申请转递的司法文书，应当在七个工作日内予以转递。上级人民法院认为下级人民法院申请转递的司法文书不符合有关规定需要补正的，亦应在七个工作日内退回申请转递的人民法院。

32. 人民法院送达司法文书，根据有关规定需提供翻译件的，应由受理案件的人民法院委托我国境内的翻译机构进行翻译。翻译件不加盖人民法院印章，但应由翻译机构或翻译人员签名或盖章证明译文与原文一致。

33. 当事人虽未对人民法院送达的司法文书履行签收手续，但存在以下情形的，视为已经送达：（1）当事人通过口头或者书面形式向人民法院提及了所送达的司法文书的内容；（2）当事人已经按照所送达司法文书的内容履行。

（二）涉港澳台案件司法文书的送达

34. 住所地在香港特别行政区、澳门特别行政区的当事人如果在内地没有可以代其接受送达的代理人或者相关机构，需要向其送达司法文书时，分别按照《最高人民法院关于内地与香港特别行政区法院相互委托送达民商事司法文书的安排》或者《最高人民法院关于内地与澳门特别行政区法院就民商事案件相互委托送达司法文书和调查取证的安排》办理。按照上述两个安排送达司法文书，自内地的高级人民法院或者最高人民法院将有关司法文书递送香港特别行政区高等法院或者澳门特别行政区终审法院之日起满三个月，如未收到送达与否的证明文件，且根据其他情况不足以认定已经送达的，视为不能适用上述安排中规定的方式送达。

35. 人民法院向住所地在香港特别行政区、澳门特别行政区、台湾地区的当事人送达司法文书，可以邮寄送达。邮寄送达时应附有送达回证，如果当事人未在送达回证上签收，但在邮件回执上签收，视为已经送达。自邮寄之日起满二个月，虽未得到送达与否的证明文件，但根据其他情况足以认定已经送达的，期间届满之日视为送达。自邮寄之日起满二个月，未得到送达与否的证明文件，且根据其他情况不足以认定已经送达的，视为不能适用邮寄方式送达。

36. 住所地在香港特别行政区、澳门特别行政区的当事人如果在内地没有可以代其接受送达的代理人或者相关机构，人民法院也不能通过两个安排规定的方式或者邮寄方式送达的，可以通过公告方式送达。

37. 住所地在台湾地区的当事人如果在大陆没有可以代其接受送达的代理人或者相关机构，人民法院也不能通过邮寄方式送达的，可以通过公告方式送达。

38. 通过公告方式向住所地在香港特别行政区、澳门特别行政区、台湾地区的当事人送达司法文书，自公告之日起满六十日，即视为送达。

四、关于诉讼证据

39. 对当事人提供的在我国境外形成的证据，人民法院应根据不同情况分别作如下处理：(1) 对证明诉讼主体资格的证据，应履行相关的公证、认证或者其他证明手续；(2) 对其他证据，由提供证据的一方当事人选择是否办理相关的公证、认证或者其他证明手续，但人民法院认为确需办理的除外。

对在我国境外形成的证据，不论是否已办理公证、认证或者其他证明手续，人民法院均应组织当事人进行质证，并结合当事人的质证意见进行审核认定。

40. 对当事人提供的在我国境外形成的应履行相关公证、认证或者其他证明手续的证据，应当经所在国公证机关公证，并经我国驻该国使领馆认证，或者履行我国与该所在国订立的有关条约中规定的证明手续。如果其所在国与我国没有外交关系，则该证据应经与我国有外交关系的第三国驻该国使领馆认证，再转由我国驻该第三国使领馆认证。

41. 当事人向人民法院提供外文视听资料的，应附有视听资料中所用语言的记录文本及中文译本。

42. 当事人提交的证据材料不属于新的证据，人民法院经审查认为该证据可能影响裁判结果的，应予以质证。

43. 当事人在一审时未申请鉴定，或者申请鉴定后无正当理由不预交鉴定费用或拒不提交相关材料致使无法鉴定，而在二审或者再审期间申请鉴定的，视下列情况分别处理：(1) 人民法院经审查认为，不鉴定不会影响裁判结果的，对当事人的申请不予准许；(2) 人民法院经审查认为，不鉴定可能导致案件的主要事实不清的，对当事人的申请应予准许。

44. 当事人在一审时申请人民法院调取证据未获准许，而在二审或者再审期间申请调取证据的，视下列情况分别处理：(1) 人民法院经审查认为，不调取证据不会影响裁判结果的，对当事人的申请不予准许；(2) 人民法院经审查认为，不调取证据可能导致案件的主要事实不清的，对当事人的申请应予准许。

45. 对经合法传唤的被告未到庭而进行缺席审判的案件，不能免除原告对其诉讼请求的证明责任，人民法院仍应对原告所提交的证据材料进行审查。

五、关于涉外商事合同法律适用

46. 涉外商事合同的当事人可以在订立合同时或者订立合同后，经过协商一致，以明示方式选择合同争议所适用的法律。合同争议包括合同是否成立、成立的时间、效力、内容的解释、履行、违约责任，以及合同的解除、变更、中止、转让、终止等争议。

47. 涉外商事合同的当事人可以在订立合同后至一审法庭辩论终结前通过协商一致改变订立合同时选择的法律，但不得损害第三人的合法利益。

48. 当事人协议选择的法律，是指有关国家及地区的实体法规范，不包括冲突规范和程序法规范。

49. 人民法院按照最密切联系原则确定的涉外商事合同应适用的法律，是指有关国家及地区的实体法规范，不包括冲突规范和程序法规范。

50. 当事人规避中华人民共和国法律、行政法规的强制性或禁止性规定的行为，不发生适用外国法律的效力，人民法院应适用中华人民共和国法律。

51. 涉外商事纠纷案件应当适用的法律为外国法律时，由当事人提供或者证明该外国法律的相关内容。当事人可以通过法律专家、法律服务机构、行业自律性组织、国际组织、互联网等途径提供相关外国法律的成文法或者判例，亦可同时提供相关的法律著述、法律介绍资料、专家意见书等。

当事人对提供外国法律确有困难的，可以申请人民法院依职权查明相关外国法律。

52. 当事人提供的外国法律经质证后无异议的，人民法院应予确认。对当事人有异议的部分或者当事人提供的专家意见不一致的，由人民法院审查认定。

53. 外国法律的内容无法查明时，人民法院可以适用中华人民共和国法律。

54. 适用外国法律违反中华人民共和国法律的基本原则和社会公共利益的，该外国法律不予适用，而应适用中华人民共和国的法律。

55. 涉外商事合同的当事人没有选择合同所适用的法律的，人民法院受理案件后，当事人可以在一审法庭辩论终结前作出选择。如果当事人不能协商一致作出选择，适用与合同有最密切联系地的法律。

56. 人民法院根据最密切联系原则确定合同应适用的法律时，应根据合同的特殊性质，以及当事人履行的义务最能体现合同的本质特性等因素，确定与合同有最密切联系国家的法律作为合同的准据法。在通常情况下，下列合同的最密切联系地的法律是：（1）国际货物买卖合同，适用合同订立时卖方住所地法；如果合同是在买方住所地谈判并订立的，或者合同主要是依买方确定的条件并应买方发出的招标订立的，或者合同明确规定卖方须在买方住所地履行交货义务的，适用买方住所地法。(2) 来料加工、来件装配以及其他各种加工承揽合同，适用加工承揽人住所地法。(3) 成套设备供应合同，适用设备安装运转地法。(4) 不动产买卖、租赁或者抵押合同，适用不动产所在地法。(5) 动产租赁合同，适用出租人住所地法。(6) 动产质押合同，适用质权人住所地法。(7) 借款合同，适用贷款人住所地法。(8) 赠与合同，适用赠与人住所地法。(9) 保险合同，适用保险人住所地法。(10) 融资租赁合同，适用承租人住所地法。(11) 建设工程合同，适用建设工程所在地法。(12) 仓储、保管合同，适用仓储、保管人住所地法。(13) 保证合同，适用保证人住所地法。(14) 委托合同，适用受托人住所地法。(15) 债券的发行、销售和转让合同，分别适用债券发行地法、债券销售地法和债券登记地法。(16) 拍卖合同，适用拍卖举行地法。(17) 行纪合同，适用行纪人住所地法。(18) 居间合同，适用居间人住所地法。

上述合同明显与另一国家或者地区有更密切联系的，适用该国或者地区的法律。

57. 具有中华人民共和国国籍的自然人、法人或者其他组织与外国的自然人、法人或者其他组织订立的在我国境内履行的下列合同，适用中华人民共和国法律：(1) 中外合资经营企业合同；(2) 中外合作经营企业合同；(3) 中外合作勘探、开发自然资源合同；(4) 转让中外合资经营企业、中外合作经营企业、外商独资企业股份的合同；(5) 外国自然人、法人或者其他组织承包经营在我国境内设立的企业的合同。

六、关于国际商事海事仲裁的司法审查

(一) 涉外仲裁协议效力的审查

58. 当事人在合同中约定的适用于解决合同争议的准据法，不能用来确定涉外仲裁条款的效力。当事人在合同中明确约定了仲裁条款效力的准据法的，应当适用当事人明确约定的法律；未约定仲裁条款效力的准据法但约定了仲裁地的，应当适用仲裁地国家或者地区的法律。只有在当事人未约定仲裁条款效力的准据法亦未约定仲裁地或者仲裁地约定不明的情况下，才能适用法院地法即我国法律作为确认仲裁条款效力的准据法。

59. 当事人达成的仲裁协议对仲裁事项或者仲裁机构没有约定或者约定不明，应认定仲裁协议无效，但当事人达成补充协议的除外。

60. 当事人在订立仲裁协议后合并、分立或者死亡的，该仲裁协议对承受仲裁事项所涉权利义务的人具有约束力，但当事人在订立仲裁协议时另有约定的除外。

61. 当事人在订立仲裁协议后转让全部或部分债权债务的，仲裁协议对受让人有效，但当事人另有约定、明确反对或者受让人在受让债权债务时不知有单独仲裁协议的除外。

62. 仲裁协议仅约定纠纷适用的仲裁规则的，视为未约定仲裁机构，但当事人达成补充协议或者按照约定的仲裁规则能够确定仲裁机构的除外。

63. 仲裁协议明确约定两个以上仲裁机构的，当事人可以协议选择其中的一个仲裁机构申请仲裁；当事人无法就仲裁机构达成一致的，仲裁协议无效。

64. 仲裁协议约定由某地的仲裁机构仲裁且该地仅有一个仲裁机构的，该仲裁机构为约定的仲裁机构。该地有两个以上仲裁机构的，当事人可以协议选择其中的一个仲裁机构申请仲裁；当事人无法就仲裁机构达成一致的，仲裁协议无效。

65. 仲裁条款独立于合同中的其他条款。当事人在订立合同时就争议达成仲裁协议的，合同未成立不影响仲裁协议的效力；合同成立后未生效以及生效后变更、解除、终止或者被撤销、被认定无效的，不影响合同中仲裁条款的效力。

66. 仲裁协议应当采用书面形式。是否具有书面形式，按照《中华人民共和国合同法》第十一条的规定办理。当事人在订立的涉外合同中援引适用其他合同、文件中的有效仲裁条款的，是书面形式的仲裁协议。

67. 一方当事人向仲裁机构或者仲裁庭申请仲裁，对方当事人未提出管辖异议且按照仲裁规则的要求指定仲裁员并进行实体答辩的，视为当事人同意接受仲裁。

68. 当事人约定争议可以向仲裁机构申请仲裁也可以向人民法院起诉的，仲裁协议无效。但一方向仲裁机构申请仲裁，另一方未在《中华人民共和国仲裁法》第二十条第二款规定的期间内提出异议的除外。

69. 仲裁协议中约定的仲裁机构名称不准确，但能够确定受理纠纷的具体仲裁机构的，应当认定选定了仲裁机构。

70. 涉外合同应当适用的有关国际条约中有仲裁规定的，发生合同争议时，当事人应当按照国际条约中的仲裁规定提请仲裁。

(二) 涉外仲裁裁决的审查

71. 对在我国境内依法成立的仲裁委员会作出的仲裁裁决，人民法院应当根据案件是否具有涉外因素而适用不同的法律条款进行审查。上述仲裁委员会作出的不具有涉外因素的仲裁裁决，按照《中华人民共和国仲裁法》第五章、

第六章和《中华人民共和国民事诉讼法》第二百一十七条①的规定审查；上述仲裁委员会作出的具有涉外因素的仲裁裁决，按照《中华人民共和国仲裁法》第七章和《中华人民共和国民事诉讼法》第二十八章②的规定进行审查。是否具有涉外因素，应按照《最高人民法院关于贯彻执行〈中华人民共和国民法通则〉若干问题的意见（试行）》第一百七十八条的规定确定。

72. 人民法院对在香港特别行政区作出的仲裁裁决或者台湾地区仲裁机构作出的仲裁裁决，应当按照《最高人民法院关于内地与香港特别行政区相互执行仲裁裁决的安排》或《最高人民法院关于人民法院认可台湾地区有关法院民事判决的规定》办理。

73. 涉及执行香港特别行政区、澳门特别行政区、台湾地区仲裁裁决的收费及审查期限问题，参照法释〔1998〕28号《最高人民法院关于承认和执行外国仲裁裁决收费及审查期限问题的规定》办理。

74. 人民法院受理当事人撤销涉外仲裁裁决的申请后，另一方当事人又申请执行同一仲裁裁决的，受理申请执行仲裁裁决案件的人民法院应在受理后裁定中止执行。

75. 当事人在仲裁程序中未对仲裁庭的管辖权提出异议，在仲裁裁决作出后以仲裁庭无管辖权为由主张撤销或者提出不予执行抗辩的，人民法院不予支持。

76. 当事人向人民法院申请撤销仲裁裁决被驳回后，又在执行程序中提出不予执行抗辩的，人民法院不予支持。

77. 当事人主张不予执行仲裁调解书或者根据当事人之间的和解协议作出的仲裁裁决书的，人民法院不予支持。

78. 涉外仲裁裁决超出仲裁协议范围的，可以撤销超裁部分的裁决；超裁部分与其他裁项不可分的，应撤销该仲裁裁决。

---

① 本纪要引用的《民事诉讼法》第二百一十七条已于2012年8月31日被第二次修正的《民事诉讼法》改为第二百三十七条，修改为："对依法设立的仲裁机构的裁决，一方当事人不履行的，对方当事人可以向有管辖权的人民法院申请执行。受申请的人民法院应当执行。被申请人提出证据证明仲裁裁决有下列情形之一的，经人民法院组成合议庭审查核实，裁定不予执行：（一）当事人在合同中没有订有仲裁条款或者事后没有达成书面仲裁协议的；（二）裁决的事项不属于仲裁协议的范围或者仲裁机构无权仲裁的；（三）仲裁庭的组成或者仲裁的程序违反法定程序的；（四）裁决所根据的证据是伪造的；（五）对方当事人向仲裁机构隐瞒了足以影响公正裁决的证据的；（六）仲裁员在仲裁该案时有贪污受贿，徇私舞弊，枉法裁决行为的。人民法院认定执行该裁决违背社会公共利益的，裁定不予执行。裁定书应当送达双方当事人和仲裁机构。仲裁裁决被人民法院裁定不予执行的，当事人可以根据双方达成的书面仲裁协议重新申请仲裁，也可以向人民法院起诉。"

② 本纪要引用的《民事诉讼法》第二十八章已于2012年8月31日被第二次修正的《民事诉讼法》改为第二十六章。

79. 对存在《中华人民共和国民事诉讼法》第二百六十条[①]规定情形的涉外仲裁裁决，人民法院可以视情况通知仲裁庭在一定期限内重新仲裁。通知仲裁庭重新仲裁的，应裁定中止撤销程序；仲裁庭在指定的期限内开始重新仲裁的，应裁定终止撤销程序；仲裁庭拒绝重新仲裁或者未在指定的期限内重新仲裁的，应通知或裁定恢复撤销程序。对仲裁庭重新仲裁作出的裁决有异议的，有关当事人可以依法申请撤销。

80. 人民法院根据案件的实际情况，可以向相关仲裁机构调阅案件卷宗或者要求仲裁机构作出说明，人民法院作出的有关裁定也可以抄送相关的仲裁机构。

（三）外国仲裁裁决的审查

81. 外国仲裁机构或者临时仲裁庭在我国境外作出的仲裁裁决，一方当事人向人民法院申请承认与执行的，人民法院应当依照《中华人民共和国民事诉讼法》第二百六十九条[②]的规定办理。

82. 对具有执行内容的外国仲裁裁决，当事人仅申请承认而未同时申请执行的，人民法院仅对应否承认进行审查。承认后当事人申请执行的，人民法院应予受理并对是否执行进行审查。

83. 经当事人提供证据证明外国仲裁裁决尚未生效、被撤销或者停止执行的，人民法院应当拒绝承认与执行。外国仲裁裁决在国外被提起撤销或者停止执行程序尚未结案的，人民法院可以中止承认与执行程序；外国法院在相同情况下不中止承认与执行程序的，人民法院采取对等原则。

84. 外国仲裁裁决裁决当事人向仲裁员支付仲裁员费用的，因仲裁员不是仲裁裁决的当事人，其无权申请承认与执行该裁决中有关仲裁员费用的部分，但有关仲裁员可以单独就仲裁员费用以仲裁裁决为依据向有管辖权的人民法院提起诉讼。

七、关于外商投资企业纠纷案件

（一）中外合资经营企业合同、中外合作经营企业合同纠纷

85. 中外合资经营企业合同、中外合作经营企业合同应当报经有关审查批准机关审查批准，在一审法庭辩论终结前当事人未能办理批准手续的，人民法院应当认定该合同未生效。由于合同未生效造成的损失，应当判令有过错的一方向另一方承担损害赔偿责任；双方都有过错的，应当根据过错大小判令双方

---

① 本纪要引用的《民事诉讼法》第二百六十条已于2012年8月31日被第二次修正的《中华人民共和国民事诉讼法》改为第二百七十六条。

② 本纪要引用的《民事诉讼法》第二百六十九条已于2012年8月31日被第二次修正的《民事诉讼法》改为第二百八十三条。

承担相应的民事责任。

86. 在中外合资经营企业合同、中外合作经营企业合同有效的前提下，中外合资经营企业、中外合作经营企业的投资者应当根据合同约定的方式、数额、期限等全面履行各自的出资义务或者提供合作条件的义务，否则应当承担相应的违约责任。对于中外合资经营企业合同、中外合作经营企业合同中约定以土地使用权、厂房、机器设备等需要办理过户手续的方式出资或者提供合作条件的，应当区分已交付合资、合作企业使用但未办理过户手续的情形和未交付使用且未办理过户手续的情形，判令负有履行该义务的一方当事人承担相应的违约责任。

(二) 外商投资企业的股权纠纷

87. 外商投资企业股东及其股权份额应当根据有关审查批准机关批准证书记载的股东名称及股权份额确定。外商投资企业批准证书记载的股东以外的自然人、法人或者其他组织向人民法院提起民事诉讼，请求确认其在该外商投资企业中的股东地位和股权份额的，人民法院应当告知该自然人、法人或者其他组织通过行政复议或者行政诉讼解决；该自然人、法人或者其他组织坚持向人民法院提起民事诉讼的，人民法院在受理后应当判决驳回其诉讼请求。

外商投资企业批准证书记载的股东以外的自然人、法人或者其他组织根据其与外商投资企业的股东之间的协议，向人民法院提起民事诉讼，请求外商投资企业的股东向其支付约定利益的，人民法院应予受理。

88. 外商投资企业的股权转让合同，应当报经有关审查批准机关审查批准，在一审法庭辩论终结前当事人未能办理批准手续的，人民法院应当认定该合同未生效。由于合同未生效造成的损失，应当判令有过错的一方向另一方承担损害赔偿责任；双方都有过错的，应当根据过错大小判令双方承担相应的民事责任。

(三) 外商投资企业的经营管理纠纷

89. 中外合资经营企业、中外合作经营企业的承包经营合同应当报经有关审查批准机关审查批准，在一审法庭辩论终结前当事人未能办理批准手续的，人民法院应当认定该合同未生效。由于合同未生效造成的损失，应当判令有过错的一方向另一方承担损害赔偿责任；双方都有过错的，应当根据过错大小判令双方承担相应的民事责任。

90. 外商投资企业的股东以该外商投资企业为被告向人民法院提起诉讼，请求分配利润的，人民法院应予受理。

91. 外商投资企业以持有该外商投资企业公章的自然人、法人或者其他组织为被告向人民法院提起诉讼，请求返还公章的，人民法院应予受理。

(四) 外商投资企业的清算

92. 外商投资企业终止之前，必须根据《外商投资企业清算办法》的规定进行清算。外商投资企业不能进行普通清算而进行特别清算的，由企业审批机关或其委托的部门负责组织。人民法院对清算过程中发生的纠纷享有管辖权的，应予受理。

在清算终结前，外商投资企业的诉讼主体资格依然存在；已经成立清算组织的，在清算期间，清算组织代表企业参与民事诉讼活动。

八、关于限制当事人出境

93. 人民法院在审理涉外商事纠纷案件中，对同时具备下列条件的有关人员，可以采取措施限制其出境：(1) 在我国确有未了结的涉外商事纠纷案件；(2) 被限制出境人员是未了结案件中的当事人或者当事人的法定代表人、负责人；(3) 有逃避诉讼或者逃避履行法定义务的可能；(4) 其出境可能造成案件难以审理、无法执行的。

采取限制出境措施必须严格依照最高人民法院、最高人民检察院、公安部、国家安全部〔87〕公发 16 号《关于依法限制外国人和中国公民出境问题的若干规定》审查办理，从严掌握。

94. 限制出境措施在案件一方当事人提出申请后采取。人民法院在必要时，可以责令申请人提供有效的担保。

95. 限制出境采取扣留有效出境证件方式的，被扣证人或者其担保人向人民法院提供有效担保（提供担保的数额应相当于诉讼请求的数额）或者履行了法定义务后，人民法院应立即口头通知被扣证人解除限制，收回扣留证件证明，发还所扣留的证件，由被扣证人签收，限制其出境的扣证决定自行撤销。作出扣证决定的人民法院应将解除出境限制的有关情况书面通知公安、边检部门。

96. 人民法院采取限制出境措施过程中产生的费用，由申请人预交，最终应判令由败诉一方当事人负担。

九、关于海上货物运输无正本提单放货纠纷案件

(一) 承运人交付货物

97. 根据《中华人民共和国海商法》第七十一条的规定，承运人应当向持有记名提单的记名人交付货物。

98. 实际承运人应当凭承运人签发的正本提单向正本提单持有人交付货物。

99. 无船承运人作为承运人，应当凭其本人签发的正本提单交付货物。实际承运人应无船承运人请求，为履行海上运输合同签发本人提单的，根据本人签发提单的记载，应当在目的港或者中转港向无船承运人或其代理人交付

货物。

100. 承运人依据《中华人民共和国海商法》第八十六条的规定，将货物在卸货港卸在港务公司或者仓储公司的，不构成无正本提单放货。

(二) 赔偿责任

101. 承运人因无正本提单放货给正本提单持有人造成损失的，应当承担违约责任；提货人因无正本提单提货或者其他责任人因无正本提单放货给正本提单持有人造成损失的，无正本提单提货人或者其他责任人应当承担侵权责任。

102. 承运人承担无正本提单放货责任，不得援引《中华人民共和国海商法》第五十六条关于限制赔偿责任的规定。

103. 承运人与实际承运人对无正本提单放货均负有赔偿责任的，依据《中华人民共和国海商法》第六十三条的规定，应当承担连带责任。

104. 承运人倒签提单或者预借提单，不影响正本提单持有人向承运人主张无正本提单放货的权利。

105. 承运人凭伪造的正本提单放货，应当承担无正本提单放货的赔偿责任。

106. 承运人的代理人根据承运人的指示无正本提单放货，或者承运人的代理人超越代理权无正本提单放货后得到承运人追认的，由承运人承担无正本提单放货的赔偿责任。

(三) 赔偿范围

107. 承运人承担的无正本提单放货违约赔偿责任，应当相当于承运人本人违反运输合同所造成的损失。赔偿范围可以包括：(1) 货物装船时的价值。货物装船时的价值可以依据贸易合同约定的价格、结算单据或者核销单据确定，数额不一致的，依实际支付的货款额确定；(2) 实际支付货款的利息损失；(3) 实际支付的运费和保险费。

108. 无正本提单放货后，正本提单持有人虽然占有货物，但仍有损失的，承运人应当予以赔偿。

109. 提货人因无正本提单提货或者其他责任人因无正本提单放货承担的侵权赔偿责任，应当相当于权利人因此所遭受的实际损失。赔偿范围可以包括：(1) 货物装船时的价值。货物装船时的价值可以依据贸易合同约定的价格、结算单据或者核销单据确定，数额不一致的，依实际支付的货款额确定；(2) 实际支付的运费和保险费；(3) 实际发生的其他损失。

(四) 赔偿责任的免除

110. 有下列情况之一的，承运人不承担无正本提单放货的赔偿责任：(1) 承运人有充分证据证明正本提单持有人认可无正本提单放货；(2) 提单载明的卸货港所在地法律强制性规定到港的货物必须交付给当地海关或港口当局；(3) 目的港无人提货，承运人按照托运人的指示交付货物。

无正本提单放货后，正本提单持有人已经占有货物但没有发生损失的，或者虽有损失但已经挽回，正本提单持有人向人民法院提起诉讼，请求承运人承担赔偿责任的，人民法院不予支持。

(五) 举证责任、索赔请求人、诉讼时效

111. 正本提单持有人以承运人无正本提单放货为由提起诉讼，应当提交正本提单，并提供初步证据，证明凭正本提单在卸货港无法提取货物的事实或者承运人凭无正本提单放货的事实。

112. 根据《中华人民共和国海商法》第二百五十七条的规定，正本提单持有人以无正本提单放货为由向承运人提起的诉讼，时效期间为一年，从承运人应当交付货物之日起计算。

113. 根据《中华人民共和国民法通则》第九十二条、第一百三十五条的规定，正本提单持有人以提货人无正本提单提货或者其他责任人无正本提单放货为由提起侵权诉讼的，时效期间为二年，从正本提单持有人知道或者应当知道货物被提取或者权利被侵害之日起计算。

114. 正本提单持有人向承运人主张权利的，诉讼时效期间中断适用《中华人民共和国海商法》第二百六十七条的规定；正本提单持有人向无正本提单提货人或者承运人以外的其他责任人主张权利的，诉讼时效期间中断适用《中华人民共和国民法通则》第一百四十条的规定。

十、关于海上保险合同纠纷案件

(一) 法律适用

115. 审理海上保险合同纠纷案件，适用《中华人民共和国海商法》的有关规定；《中华人民共和国海商法》没有规定的，适用《中华人民共和国保险法》等其他法律规定。

116. 港口设施及码头等作为保险标的的保险事故，不属于海上事故，亦不属于与海上航行有关的发生于内河或者陆上的事故，海事法院审理港口设施及码头等作为保险标的的保险合同纠纷案件，应当适用《中华人民共和国保险法》的规定。

发生船舶碰撞码头保险事故时，码头保险人行使代位请求赔偿权利向船舶所有人追偿的，适用《中华人民共和国海商法》的规定。

(二) 海上保险合同的订立、解除和转让

117. 保险人知道或者应当知道被保险人故意不履行《中华人民共和国海商法》第二百二十二条第一款规定的如实告知义务，仍继续收取保险费或者支

付保险赔款的，不得再以被保险人未如实告知重要情况为由行使《中华人民共和国海商法》第二百二十三条规定的解除合同的权利。

118. 被保险人违反合同约定的保证条款但未立即书面通知保险人的，从违反保证条款之日起，保险人有权解除合同，但对于被保险人违反保证条款之前发生的保险事故造成的损失，保险人应负赔偿责任。合同解除前被保险人尚未支付保险费的，保险人有权按照比例收取合同解除前的保险费。保险人已经全部收取保险费的，不予退还。

119. 保险人收到被保险人违反合同约定的保证条款通知后，仍收取保险费或者支付保险赔偿的，不得再以被保险人违反合同约定的保证条款为由，行使《中华人民共和国海商法》第二百三十五条规定的解除合同的权利。

保险人根据《中华人民共和国海商法》第二百三十五条的规定要求修改承保条件、增加保险费，被保险人不同意的，保险人可以以书面形式解除合同。

120. 船舶航次保险中，保险船舶应保证开航时适航。被保险人违反此项规定的，从违反之日起，保险人不负赔偿责任。

在船舶定期保险中，被保险人明知船舶不适航而同意开航的，保险人对此种不适航造成的损失，不负赔偿责任。

121. 船舶转让发生在航次之中的，船舶保险合同至航次终了时解除。船舶转让时起至航次终了时止的船舶保险合同的权利、义务转让给船舶受让人。

船舶受让人根据前款规定向保险人请求保险赔偿时，应当提交有效的保险单证。

122. 被保险人已经知道依据预约保险合同分批装运的货物发生保险事故仍以正常情况通知保险人签发保险单证的，保险人可以免除保险赔偿责任。合同另有约定的除外。

（三）保险利益

123. 订立保险合同时被保险人对保险标的不具有保险利益但发生保险事故时被保险人对保险标的具有保险利益的，保险人应当对被保险人承担保险赔偿责任；订立保险合同时被保险人对保险标的具有保险利益但保险事故发生时不具有保险利益的，保险人对被保险人不承担保险赔偿责任。

（四）委付

124. 保险人根据《中华人民共和国海商法》第二百四十九条的规定不接受委付的，不影响被保险人要求保险人按照全部损失赔偿的权利。

（五）保险人行使代位请求赔偿权利

125. 受理保险人行使代位请求赔偿权纠纷的法院应当仅就第三者与被保险人之间的法律关系进行审理，第三者对保险人行使代位请求赔偿权利依据的保险合同效力提出异议的，海事法院不予审查。

126. 保险人向被保险人支付保险赔偿前，被保险人向第三者提起诉讼、提交仲裁或者第三者同意履行义务导致诉讼时效中断的，效力及于保险人。

127. 保险人向被保险人实际赔付保险赔偿取得代位请求赔偿权利后，被保险人与第三者之间就解决纠纷达成的管辖协议以及仲裁协议对保险人不具有约束力。

十一、关于船舶碰撞纠纷案件

（一）法律适用

128.《中华人民共和国海商法》第八章的规定不适用于内河船舶之间发生的碰撞；军事船舶、政府公务船舶在从事商业活动时与《中华人民共和国海商法》第一百六十五条第二款所称的船舶发生碰撞产生纠纷的，适用《中华人民共和国海商法》的有关规定。

129. 船舶触碰造成损害引起的侵权纠纷案件，适用《中华人民共和国民法通则》确定各方当事人的权利义务，适用《最高人民法院关于审理船舶碰撞和触碰案件财产损害赔偿的规定》确定损害赔偿责任范围。

（二）责任主体

130. 船舶所有人对船舶碰撞负有责任，船舶被光船租赁且依法登记的除外。船舶经营人或者管理人对船舶碰撞有过失的，与船舶所有人或者光船承租人承担连带责任，但不影响责任主体之间的追偿。

船舶所有人是指依法登记为船舶所有人的人；船舶没有依法登记的，指实际占有船舶的人。

（三）第三人

131.《中华人民共和国海商法》第一百六十九条第二款规定的第三人财产损失，是指除互有过失的船舶上所载货物或船员、旅客或船上其他人员的物品外，由于船舶碰撞事故所直接造成的其他财产损失。

132.《中华人民共和国海商法》第一百六十九条第三款规定的第三人的人身伤亡，包括碰撞当事船舶上的船员、旅客和其他人员的人身伤亡。

133. 船舶碰撞纠纷的当事人之间已经就船舶碰撞纠纷提起诉讼的，海事法院对船舶碰撞造成第三人财产损失赔偿纠纷案件应当中止审理，待船舶碰撞纠纷案件审理终结后恢复审理。

（四）举证责任和证据认定

134. 第三人因船舶碰撞造成的财产损失提出赔偿请求的，船舶碰撞纠纷的当事人对有关船舶碰撞中的过失程度比例承担举证责任。无法举证的，应承担举证不能的后果。

135. 船舶碰撞纠纷的当事人之间就过失程度比例达成协议的，可以按照约定的比例对第三人的财产损失承担相应的赔偿责任，但不得损害第三人的合法利益。

船舶碰撞纠纷的当事人之间仅就相互赔偿数额达成协议，而未明确相互过失程度比例的，按照赔偿数额确定的比例对第三人的财产损失承担相应的赔偿责任，但不得损害第三人的合法利益。

136. 海事法院根据当事人的申请向有关部门调查收集的证据，在当事人完成举证并出具完成举证说明书后出示。

137. 若无相反证据，船舶碰撞事故发生后，主管机关进行事故调查过程中由海事事故当事人确认的海事调查材料，可以作为海事法院认定案件事实的证据。

（五）强制打捞清除沉船沉物

138. 强制打捞清除沉船沉物而产生的费用，由沉船沉物的所有人或者经营人承担。

139. 就沉船沉物强制打捞清除费用提出的请求为海事赔偿请求，责任人不能依照《中华人民共和国海商法》第十一章的规定享受海事赔偿责任限制。

140. 清除搁浅或者沉没船舶所产生的费用，可以在行使船舶优先权所拍卖船舶的价款中先行拨付。

十二、关于船舶油污损害赔偿纠纷案件

（一）法律适用

141. 我国加入的《1992 年国际油污损害民事责任公约》（以下简称 1992 年油污公约）适用于具有涉外因素的缔约国船舶油污损害赔偿纠纷，包括航行于国际航线的我国船舶在我国海域造成的油污损害赔偿纠纷。非航行于国际航线的我国船舶在我国海域造成的油污损害赔偿纠纷不适用该公约的规定。

142. 对于不受 1992 年油污公约调整的船舶油污损害赔偿纠纷，适用《中华人民共和国海商法》、《中华人民共和国海洋环境保护法》以及相关行政法规的规定确定当事人的责任；油污责任人亦可以依据《中华人民共和国海商法》第十一章的规定享有海事赔偿责任限制。

143. 对于受 1992 年油污公约调整的船舶油污损害赔偿纠纷，船舶所有人及其责任保险人或者提供财务保证的其他人为取得公约规定的责任限制的权利，向海事法院申请设立油污损害赔偿责任限制基金的，适用《中华人民共和国海事诉讼特别程序法》第九章的规定。

（二）索赔主体

144. 因船舶油污直接遭受财产损失的公民、法人或其他组织，有权向油污责任人提起索赔诉讼。

145. 国家海事行政主管部门或其他企事业单位为防止或减轻油污损害而支出的费用，包括清污费用，可直接向油污责任人提起诉讼。

146.《中华人民共和国海洋环境保护法》授权的海洋环境监督管理部门，有权在授权范围内代表国家，就船舶油污造成的海洋环境损失向油污责任人提起诉讼。

（三）举证责任

147. 国家海事行政主管部门作出的调查报告，若无相反证据，可以作为海事法院审理案件的依据。

148. 因船舶油污引起的损害赔偿诉讼，受损害人应对油污损害承担举证责任，责任人应对法律规定的免责事由及船舶油污与损害之间不存在因果关系承担举证责任。

（四）油污责任

149. 对于受 1992 年油污公约调整的船舶油污损害赔偿纠纷，因船舶油污造成损害的，由漏油船舶所有人承担赔偿责任。

对于不受 1992 年油污公约调整的油污损害赔偿纠纷，因船舶碰撞造成油污损害的，由碰撞船舶所有人承担连带赔偿责任，但不影响油污损害赔偿责任人之间的追偿。

（五）油污损害赔偿范围

150. 油污损害赔偿范围包括：（1）船舶油污造成的公民、法人或其他组织的财产损失；（2）为防止或减轻污染支出的清污费用损失。清污费用的计算，应当结合污染范围、污染程度、溢油数量、清污人员和设备的费用以及有关证据合理认定；（3）因船舶油污造成的渔业资源和海洋资源损失，此种损失应限于已实际采取或将要采取的合理恢复措施的费用。

（六）清污费用的清偿

151. 在船舶油污损害赔偿纠纷中，权利人就清污费用的请求与其他污染损害赔偿的请求按照法院所确定的债权数额比例受偿。

十三、其他

152. 涉外海事纠纷案件，本纪要没有特别规定的，适用本纪要关于涉外商事纠纷案件的有关规定。

153. 涉及香港特别行政区、澳门特别行政区以及台湾地区的商事海事纠纷案件，本纪要没有特别规定的，参照适用本纪要关于涉外商事海事纠纷案件的有关规定。

最高人民法院
关于印发《全国法院涉港澳商事审判工作座谈会纪要》的通知

2008年1月21日 法发〔2008〕8号

各省、自治区、直辖市高级人民法院，新疆维吾尔自治区高级人民法院生产建设兵团分院：

2007年11月21日至22日，最高人民法院召开了全国法院涉港澳商事审判工作座谈会。现将《全国法院涉港澳商事审判工作座谈会纪要》印发给你们，请结合工作实际，贯彻执行。

附：

全国法院涉港澳商事审判工作座谈会纪要

为进一步贯彻"公正司法，一心为民"的方针，落实"公正与效率"工作主题，规范涉港澳审判工作，增强司法能力，提高司法水平，最高人民法院于2007年11月21日至22日在广西壮族自治区南宁市召开了全国法院涉港澳商事审判工作座谈会。各高级人民法院分管院长和庭长，以及具有涉港澳商事案件管辖权的中级人民法院分管院长参加了会议。最高人民法院副院长万鄂湘出席会议并讲话。

会议总结交流了近年来涉港澳商事审判工作的经验，研究了审判实践中亟待解决的问题，讨论了促进内地与香港特别行政区、内地与澳门特别行政区司法协助的措施。现就会议达成共识的若干问题纪要如下：

一、关于案件管辖权

1. 人民法院受理涉港澳商事案件，应当参照《中华人民共和国民事诉讼法》第四编和《最高人民法院关于涉外民商事案件诉讼管辖若干问题的规定》确定案件的管辖。

2. 有管辖权的人民法院受理的涉港澳商事案件，如果被告以存在有效仲裁协议为由对人民法院的管辖权提出异议，受理案件的人民法院可以对案件管辖问题作出裁定。如果认定仲裁协议无效、失效或者内容不明确无法执行的，在作出裁定前应当按照《最高人民法院关于人民法院处理与涉外仲裁及外国仲裁事项有关问题的通知》（法发〔1995〕18号）逐级上报。

3. 人民法院受理涉港澳商事案件后，被告以存在有效仲裁协议为由对人民法院的管辖权提出异议，且在人民法院受理商事案件的前后或者同时向另一人民法院提起确认仲裁协议效力之诉的，应分别以下情况处理：

（1）确认仲裁协议效力之诉受理在先或者两案同时受理的，受理商事案件的人民法院应中止对管辖权异议的审理，待确认仲裁协议效力之诉审结后，再恢复审理并就管辖权问题作出裁定；

（2）商事案件受理在先且管辖权异议尚未审结的，对于被告另行提起的确认仲裁协议效力之诉，人民法院应不予受理；受理后发现其他人民法院已经先予受理当事人间的商事案件并正在就管辖权异议进行审理的，应当将案件移送受理商事案件的人民法院在管辖权异议程序中一并解决。

（3）商事案件受理在先且人民法院已经就案件管辖权问题作出裁定，确认仲裁协议无效的，被告又向其他人民法院提起确认仲裁协议效力之诉，人民法院应不予受理；受理后发现上述情况的，应裁定驳回当事人的起诉。

4. 下级人民法院违反《最高人民法院关于涉外民商事案件诉讼管辖若干问题的规定》受理涉港澳商事案件并作出实体判决的，上级人民法院可以程序违法为由撤销下级人民法院的判决，将案件移送有管辖权的人民法院审理。

5. 人民法院受理破产申请后，即使该人民法院不享有涉外民商事案件管辖权，但根据《中华人民共和国企业破产法》第二十一条的规定，有关债务人的涉港澳商事诉讼仍应由该人民法院管辖。

6. 内地人民法院和香港特别行政区法院或者澳门特别行政区法院都享有管辖权的涉港澳商事案件，一方当事人向香港特别行政区法院或者澳门特别行政区法院起诉被受理后，当事人又向内地人民法院提起相同诉讼，香港特别行政区法院或者澳门特别行政区法院是否已经受理案件或作出判决，不影响内地人民法院行使管辖权，但是否受理由人民法院根据案件具体情况决定。

内地人民法院已经受理当事人申请认可或执行香港特别行政区法院或者澳门特别行政区法院就相同诉讼作出的判决的，或者香港特别行政区法院、澳门特别行政区法院的判决已获内地人民法院认可和执行的，内地人民法院不应再受理相同诉讼。

7. 人民法院受理的涉港澳商事案件，如果被告未到庭应诉，即使案件存在不方便管辖的因素，在被告未提出管辖权异议的情况下，人民法院不应依职权主动适用不方便法院原则放弃对案件的管辖权。

二、关于当事人主体资格

8. 香港特别行政区、澳门特别行政区的当事人参加诉讼，应提供经注册地公证、认证机构公证、认证的商业登记等身份证明材料。

9. 人民法院受理香港特别行政区、澳门特别行政区的当事人作为被告的案件的，该当事人在内地设立“三资企业”时向“三资企业”的审批机构提交并经审批的商业登记等身份证明材料可以作为证明其存在的证据，但有相反证据的除外。

10. 原告起诉时提供了作为被告的香港特别行政区、澳门特别行政区的当事人存在的证明，香港特别行政区、澳门特别行政区的当事人拒绝提供证明其身份的公证材料的，不影响人民法院对案件的审理。

三、关于司法文书送达

11. 作为受送达人的香港特别行政区、澳门特别行政区的自然人或者企业、组织的法定代表人、主要负责人在内地的，人民法院可以向该自然人或者法定代表人、主要负责人送达。

12. 除受送达人在授权委托书中明确表明其诉讼代理人无权代为接收有关司法文书外，其委托的诉讼代理人为有权代其接受送达的诉讼代理人，人民法院可以向该诉讼代理人送达。

13. 人民法院向香港特别行政区、澳门特别行政区的受送达人送达司法文书，可以送达给其在内地依法设立的代表机构。

受送达人在内地有分支机构或者业务代办人的，经该受送达人授权，人民法院可以向其分支机构或者业务代办人送达。

14. 人民法院向香港特别行政区、澳门特别行政区受送达人送达司法文书，可以分别按照《最高人民法院关于内地与香港特别行政区法院相互委托送达民商事司法文书的安排》或者《最高人民法院关于内地与澳门特别行政区法院就民商事案件相互委托送达司法文书和调取证据的安排》送达。

按照前款规定方式送达的，自内地的高级人民法院或者最高人民法院将有关司法文书递送香港特别行政区高等法院或者澳门特别行政区终审法院之日起满三个月，如果未能收到送达与否的证明文件且根据各种情况不足以认定已经送达的，视为不能适用上述安排中规定的方式送达。

15. 人民法院向香港特别行政区、澳门特别行政区受送达人送达司法文书，可以邮寄送达。

邮寄送达时应附有送达回证。受送达人未在送达回证上签收但在邮件回执上签收的，视为送达，签收日期为送达日期。

自邮寄之日起满三个月，虽未收到送达与否的证明文件，但根据各种情况足以认定已经送达的，期间届满之日视为送达。

自邮寄之日起满三个月，如果未能收到送达与否的证明文件，且根据各种情况不足以认定已经送达的，视为不能适用邮寄方式送达。

16. 除上述送达方式外，人民法院可以通过传真、电子邮件等能够确认收悉的其他适当方式向受送达人送达。

17. 人民法院不能依照上述方式送达的，可以公告送达。公告内容应当在境内外公开发行的报刊上刊登，自公告之日起满三个月即视为送达。

18. 除公告送达方式外，人民法院可以同时采取多种方式向香港特别行政区、澳门特别行政区的受送达人进行送达，但应当根据最先实现送达的送达方式确定送达时间。

19. 人民法院向在内地的香港特别行政区、澳门特别行政区的自然人或者企业、组织的法定代表人、主要负责人、诉讼代理人、代表机构以及有权接受送达的分支机构、业务代办人送达司法文书，可以适用留置送达的方式。

20. 香港特别行政区、澳门特别行政区的受送达人未对人民法院送达的司法文书履行签收手续，但存在以下情形之一的，视为送达：

（1）受送达人向人民法院提及了所送达司法文书的内容；

（2）受送达人已经按照所送达司法文书的内容履行；

（3）其他可以视为已经送达的情形。

21. 人民法院送达司法文书，根据有关规定需通过上级人民法院转递的，应附申请转递函。

上级人民法院收到下级人民法院申请转递的司法文书，应在七个工作日内予以转递。

上级人民法院认为下级人民法院申请转递的司法文书不符合有关规定需要补正的，应说明需补正的事由并在七个工作日内退回申请转递的人民法院。

四、关于“三资企业”股权纠纷、清算

22. 在内地依法设立的“三资企业”的股东及其股权份额应当根据外商投资企业批准证书记载的股东名称及股权份额确定。

23. 外商投资企业批准证书记载的股东以外的自然人、法人或者其他组织向人民法院提起民事诉讼，请求确认委托投资合同的效力及其在该“三资企业”中的股东地位和股权份额的，人民法院可以对当事人间是否存在委托投资合同、委托投资合同的效力等问题经过审理后作出判决，但应驳回其请求确认股东地位和股权份额的诉讼请求。

24. 在内地设立的“三资企业”的原股东向人民法院提起民事诉讼，请求确认股权转让合同无效并恢复其在该“三资企业”中的股东地位和股权份额的，人民法院审理后可以依法对股权转让合同的效力作出判决，但应驳回其请求恢复股东地位和股权份额的诉讼请求。

五、关于仲裁司法审查

25. 人民法院审理当事人申请撤销、执行内地仲裁机构作出的涉港澳仲裁裁决案件，申请认可和执行香港特别行政区、澳门特别行政区仲裁机构作出的仲裁裁决或者临时仲裁庭在香港特别行政区、澳门特别行政区作出的仲裁裁决案件，对于事实清楚、争议不大的，可以经过书面审理后径行作出裁定；对于事实不清、争议较大的，可以在询问当事人、查清事实后再作出裁定。

26. 当事人向人民法院申请执行涉港澳仲裁裁决，应当在《中华人民共和国民事诉讼法》第二百一十九条[①]规定的期限内提出申请。如果裁决书未明确履行期限，应从申请人收到裁决书正本或者正式副本之日起计算申请人申请执行的期限。

27. 当事人对内地仲裁机构作出的涉港澳仲裁裁决分别向不同人民法院申请撤销及执行的，受理执行申请的人民法院应当按照《最高人民法院关于适用〈中华人民共和国仲裁法〉若干问题的解释》第二十五条的规定中止执行。受理执行申请的人民法院如果对于受理撤销申请的人民法院作出的决定撤销或者不予撤销的裁定存在异议，亦不能直接作出与该裁定相矛盾的执行或者不予执行的裁定，而应报请它们的共同上级人民法院解决。

当事人对内地仲裁机构作出的涉港澳仲裁裁决向人民法院申请执行且人民法院已经作出应予执行的裁定后，如果一方当事人向人民法院申请撤销该裁决，受理撤销申请的人民法院认为裁决应予撤销且该人民法院与受理执行申请的人民法院非同一人民法院时，不应直接作出撤销仲裁裁决的裁定，而应报请它们的共同上级人民法院解决。

28. 当事人向人民法院申请执行内地仲裁机构作出的涉港澳仲裁裁决或者申请认可和执行香港特别行政区、澳门特别行政区仲裁机构作出的仲裁裁决或者临时仲裁庭在香港特别行政区、澳门特别行政区作出的仲裁裁决，人民法院经审查认为裁决存在依法不予执行或者不予认可和执行的情形，在作出裁定前，应当报请本辖区所属高级人民法院进行审查；如果高级人民法院同意不予执行或者不予认可和执行，应将其审查意见报最高人民法院，待最高人民法院答复后，方可作出裁定。

---

① 本纪要引用的《民事诉讼法》第二百一十九条已于2012年8月31日被第二次修正的《民事诉讼法》改为第二百四十三条。

29. 当事人向人民法院申请撤销内地仲裁机构作出的涉港澳仲裁裁决，人民法院经审查认为裁决存在依法应予撤销或者可以重新仲裁的情形，在裁定撤销裁决或者通知仲裁庭重新仲裁之前，应当报请本辖区所属高级人民法院进行审查；如果高级人民法院同意撤销或者通知仲裁庭重新仲裁，应将其审查意见报最高人民法院，待最高人民法院答复后，方可裁定撤销或者通知仲裁庭重新仲裁。

30. 当事人申请内地人民法院撤销香港特别行政区、澳门特别行政区仲裁机构作出的仲裁裁决或者临时仲裁庭在香港特别行政区、澳门特别行政区作出的仲裁裁决的，人民法院应不予受理。

六、其他

31. 有管辖权的基层人民法院审理事实清楚、权利义务关系明确、争议不大的涉港澳商事案件，可以适用《中华人民共和国民事诉讼法》规定的简易程序。

32. 人民法院审理涉港澳商事案件，在内地无住所的香港特别行政区、澳门特别行政区当事人的答辩、上诉期限，参照适用《中华人民共和国民事诉讼法》第二百四十八条①、第二百四十九条②的规定。

33. 本纪要中所称涉港澳商事案件是指当事人一方或者双方是香港特别行政区、澳门特别行政区的自然人或者企业、组织，或者当事人之间商事法律关系的设立、变更、终止的法律事实发生在香港特别行政区、澳门特别行政区，或者诉讼标的物在香港特别行政区、澳门特别行政区的商事案件。

① 本纪要引用的《民事诉讼法》第二百四十八条已于2012年8月31日被第二次修正的《民事诉讼法》改为第二百七十条，修改为："人民法院审理涉外民事案件的期间，不受本法第一百四十九条、第一百七十六条规定的限制。"

② 本纪要引用的《民事诉讼法》第二百四十九条已于2012年8月31日被第二次修正的《民事诉讼法》删去。